FINNISH
A COMPLETE COURSE FOR BEGINNERS

Terttu Leney

TEACH YOURSELF BOOKS

For UK orders: please contact Bookpoint Ltd, 39 Milton Park, Abingdon, Oxon
OX14 4TD. Telephone: (44) 01235 400414, Fax: (44) 01235 400454. Lines are
open from 9.00 – 6.00, Monday to Saturday, with a 24 hour message
answering service. Email address: orders@bookpoint.co.uk

For U.S.A. & Canada orders: please contact NTC/Contemporary Publishing,
4255 West Touhy Avenue, Lincolnwood, Illinois 60646 – 1975 U.S.A.
Telephone: (847) 679 5500, Fax: (847) 679 2494.

Long-renowned as the authoritative source for self-guided learning – with
more than 30 million copies sold worldwide – the *Teach Yourself* series
includes over 200 titles in the fields of languages, crafts, hobbies, sports, and
other leisure activities.

British Library Cataloguing in Publication Data
A catalogue record for this title is available from the British Library

Library of Congress Catalog Card Number: 93-83155

First published in UK 1993 by Hodder Headline Plc, 338 Euston Road,
London NW1 3BH.

First published in US 1993 by NTC/Contemporary Publishing,
4255 West Touhy Avenue, Lincolnwood (Chicago), Illinois 60646 – 1975 U.S.A.

Typeset by Transet Limited, Coventry.
Printed in Great Britain for Hodder & Stoughton Educational,
a division of Hodder Headline Plc, 338 Euston Road, London NW1 3BH
by Cox & Wyman Ltd, Reading, Berkshire.

Impression number   19 18 17 16 15 14 13 12 11 10
Year   2004 2003 2002 2001 2000 1999

CONTENTS

Introduction		1
	How to use the book	2
	General remarks about Finnish	4
	Pronunciation	7
	Harjoitellaan! *Let's practise!*	14
1	Hauska tutustua *Nice to meet you*	17
2	Tervetuloa! *Welcome!*	32
3	Yksi, kaksi, kolme . . . *One, two, three . . .*	47
4	Suoraan eteenpäin *Straight on*	63
5	Hyvää matkaa! *Have a pleasant journey!*	80
6	Puhelimessa *Speaking (on the phone)*	97
7	Hyvää ruokahalua! *Bon appetit!*	116
8	Mitä saa olla? *What would you like?*	132
9	Saunassa: lisää löylyä? *In the sauna: more water on the stove?*	155
10	Voi voi voi! *Oh dear, oh dear!*	175
11	Tulkaa käymään! *Come and see us!*	189
12	Kerro vähän itsestäsi *Tell us a little bit about yourself*	203
13	Anteeksi, puhutteko suomea? *Excuse me, do you speak Finnish?*	225
14	Millainen ilma ulkona on? *What is the weather like outside?*	246
15	Hirvivaara! *Beware of elks on the road!*	265
16	Iltauutiset *The evening news*	281
17	Onnea! *Congratulations!*	299
18	Suomalaisella sisulla *With true Finnish grit*	317
Key to the exercises		329
Finnish–English vocabulary		335
Appendices		345
Index		348

— INTRODUCTION —

Tervetuloa opiskelemaan suomea!
Welcome to studying Finnish!

Teach Yourself Finnish is a functional course intended for learners with no previous knowledge of Finnish. It aims to teach you to communicate in Finnish and to use the language for a given purpose, in a practical way. As far as possible the language used in the dialogues reflects the language used by native speakers in standard Finnish.

The course can also be used by students with some previous knowledge of Finnish to revise and consolidate their language skills.

The language is taught in a cultural context as part of everyday life in Finland. The aim is to familiarise the student with the Finns, their customs, the climate and the country.

The dialogues try to, as far as possible, reflect the kind of language appropriate to the subject of each unit. Therefore it is also necessary for the student to learn to deduce the meaning of what is being said or to get the gist of the conversation. This is, after all, what you have to do in real life. You cannot know all the words and you have to use some guesswork. There is a vocabulary section with all the new words, but try not to become too reliant on it.

The first five units are a survival package. They give a basic introduction to the kind of language you need when you visit the country. Unit 1 covers introductions and greetings, which can be used by an occasional visitor to the country as well as by a more serious student of the language. In the later units you will become familiar with many aspects of Finnish life as well as the language.

The grammar is taught as it occurs naturally in each unit. It is up to you to determine the speed at which you advance through the course. At the end of the course you should be able to communicate in most everyday situations, while visiting Finland.

The emphasis is on the communicative aspect of the language. There are many phrases in the first five units which are best learned as phrases. The grammar explaining the structure of the phrases has intentionally been left to later units.

The Finnish language is very different from English. It is an inflectional language, which means it has endings and cases added to the words. Because the vocabulary bears no resemblance to other major world languages, it is important for the student to develop his or her own way of learning vocabulary. You can do this for example by testing yourself using lists or flash cards. Finnish has many loan-words from other languages particularly, now, from English.

Finnish is one of the two official languages of Finland with about 4.9 million speakers. The other is Swedish which is spoken by about 5 per cent of Finns as their first language. There are about 250 000 Finns in Sweden, many of whom speak Finnish as their mother tongue. Estonian and Hungarian are the nearest major linguistic relatives to Finnish.

Finnish belongs to the Finno-Ugrian language group. There are also several Finnic languages spoken in the western parts of Russia.

How to use the book

Read the introduction in English at the beginning of each dialogue before you read or listen to the dialogue. The dialogues marked with ▣ appear on the cassette which accompanies this book. To develop a good knowledge of pronunciation, you are strongly advised to use the cassette if possible. The introductions give you the context of the dialogues.

Then study the dialogue. The vocabulary after the dialogue gives you the meanings of the new words and the main phrases. Words from all units can be found in the **Finnish-English vocabulary** at the end of the book.

There are several dialogues in each unit. After the dialogues in the **Hyvä tietää.** section you will find explanations of the new material, as well as useful facts connected with the subject matter of the dialogues. There are also many new words in this section. Learning these words is optional and up to the individual student. This vocabulary teaches additional words, which might be useful when visiting Finland or talking to Finns elsewhere.

Grammatical points are explained as they appear. There are tables for learning the full conjugation of verbs and paradigms of nouns, adjectives and pronouns. How you absorb the grammar is up to you. The vocabulary section gives the main parts of each new word.

When you feel confident with the material in the unit, you can check your understanding by completing the tasks in the **Harjoitellaan!** section. The exercises are designed to practise communication. There are some grammar exercises as well, but the main emphasis is on communication.

To complete the unit there is a further dialogue with a vocabulary, which can be used as additional material on the subject and as a comprehension piece.

This is one way of using the course which you can vary to suit your own needs.

The cassette contains selected material from the units. The book can be used without the cassette, but in this case you should try to listen to Finnish spoken by native speakers whenever possible. Reading aloud helps you to increase your confidence in pronunciation. Try to use Finnish whenever you get a chance.

You can listen to the Finnish radio. For details of the wavelengths, write to: Suomen Yleisradio, Radio Finland, Box 10, 00241 Helsinki, Finland.

Finnish words are very different from English ones, so it is a good idea to develop your own system of memorising words. Try learning in an environment that makes you feel relaxed. Make sure you set yourself realistic goals. You don't need any magic to learn Finnish, just a little bit of that famous Finnish characteristic **sisu** (*guts, perseverence* – whatever you'd like to call it) and a little bit of hard work. **Hiljaa hyvä tulee** as the Finns say: *Slowly does it!*

Symbols and abbreviations

This indicates that the cassette can be used for the following section.

This indicates a dialogue.

This indicates exercises – activities where you can practise using the language.

This indicates key words and phrases.

This indicates grammar explanations – the nuts and bolts of the language.

Abbreviations used in this book are: adj. = adjective, n. = noun, part. = participle, cond. = conditional, neg. = negative, gen. = genitive.

—— General remarks about Finnish ——

Finnish is a phonetic language. Each sound is represented by one letter and each letter represents only that one sound (see later for **nk** and **ng**). There are eight letters for vowels in Finnish:

i	e	ä	y	ö	a	u	o

and 13 letters for consonants:

p	t	k	d	g	s	h	v	j	l	r	m	n

The consonants **b, c, f, w, x** and **z** appear only in words of foreign origin.

All the vowels can appear in short or long form.
For example **u** or **uu**, **a** or **aa**, etc.

The consonants can also be long or short. This means they can appear single or double – **k** or **kk**, **t** or **tt**, **p** or **pp**. When the consonants appear in double, they always belong to two different syllables: **kuk-ka, tyt-tö, pap-pi** (- indicates syllable division). The consonants **d, h, v** and **j** appear only in the short form, that is singly.

It is important to distinguish between the short and the long forms! The number of vowels and consonants is important as you can see in this example:

tuli	*fire*
tuuli	*wind*
tulli	*customs*

Finnish has no gender

There are no separate feminine, masculine or neuter words.

Finnish has no article

The difference between *a* and *the* is expressed for instance by the word order.

For example:

Kukka on pöydällä.	*The flower is on the table.*
Pöydällä on kukka.	*There is a flower on the table.*

The stress

The stress is always on the first syllable. The stress is not marked in writing:

Suomi, **Hel**sinki, **si**su, **sau**na

In a compound word the first syllable of the second component is also stressed:

matkasek**k**i, **pank**kikort**t**i, **huol**toasema

In longer words a secondary stress is placed on the third or sometimes the fourth syllable.

suomalainen, **hel**sinkiläinen

Syllable division

Syllable division marks the natural break in the word. When you know where the syllables divide you can divide a word into its natural sections. This makes saying words, particularly those famous Finnish long words, much easier. You also acquire a natural speech rhythm. The dash - is used below to indicate the syllable division.

Finnish words divide into syllables:

Before one consonant

ta-lo	*house*
Suo-mi	*Finland*
ku-va	*picture*

Between two consonants

tyt-tö	*girl*
kuk-ka	*flower*
Lah-ti	*Lahti* (town in Southern Finland)
Mik-ke-li	*Mikkeli* (town in Eastern Finland)

Before the last consonants in a group of three

pank-ki	*bank*
mark-ka	*mark*
kort-ti	*card*

Between two vowels that do not form a diphthong (see below for the list of diphthongs)

rus-ke-a	*brown*
lu-en	*I read*
ha-lu-ai-sin	*I would like*
ra-di-o	*radio*
pi-an	*soon*

A syllable which ends in a consonant is called a closed syllable. A syllable which ends in a vowel is called an open syllable.

Harjoitellaan! Let's practise!

Read the following phrases. Pay particular attention to the rhythm of the word and remember the stress.

O-len suo-ma-lai-nen.	*I am Finnish.*
A-sun Jo-en-suus-sa.	*I live in Joensuu.*
Pu-hun suo-me-a.	*I speak Finnish.*
O-len työs-sä tie-to-ko-ne-fir-mas-sa.	*I work in a computer company.*

Divide the words below into syllables and then practise saying them.

Suomen Yleisradio	Alkoholiliike
Koskenkorva	Rauma-Repola
Mauno Koivisto	Neste
Nokia	Outokumpu
Marimekko	Kone
Aarikka	Mannerheimintie

Ääntäminen
Pronunciation

Vokaalit The Vowels

Here are the Finnish vowels.

a	o	u	ä	ö	y	i	e

All approximations of the sounds are given as in standard Southern English. The sounds are best learned from a native speaker or from the cassette which accompanies this book. Do listen carefully to the sounds on the cassette, if you have it. Whenever possible practise them with a native speaker. Reading aloud will increase your confidence, so try it. If possible, record your own voice and try to compare your pronunciation to that of a native speaker. Pay particular attention to the short and long vowels and the single and double consonants.

The long vowel is a continuous sound, where the two vowels glide into one.

Comparisons in English are given, as guidelines only, where there is a close enough approximation to the Finnish sound.

short vowel

a as in h*u*t, but broader

| mutt**a** | *but* |
| **ja** | *and* |

o as in r*o*t, but more open

| j**o** | *already* |
| n**o**... | *well* ... |

u as in b*oo*k, but more open

| k**u**ka | *who?* |
| **u**sein | *often* |

ä as in c*a*t

| miss**ä**? | *where?* |
| täss**ä** | *here* |

ö as in bett*er*

| h**ö**p**ö**h**ö**p**ö** | *nonsense* |
| s**ö**p**ö** | *cute* |

long vowel

aa as in c*a*lm, but slightly longer

| t**aa**s | *again* |
| ah**aa** | *aah* ... |

oo as in t*au*ght, but more open

| j**oo** | *yes* |
| hal**oo** | *hello* (on the phone) |

uu as in b*oo*m, but longer

| mitä m**uu**ta? | *what else?* |
| m**uu**ten ... | *by the way...* |

ää as in c*a*t, but double the length

| hyv**ää** päiv**ää** | *good day!* |
| sis**ää**n! | *come in!* |

öö as in m*ur*der, but longer and broader

| insin**öö**ri | *engineer* |
| lik**öö**ri | *liqueur* |

y as in French b*u*reau, but more open	**yy** as in b*u*reau, but double the length
yksi *one*	**tyy**li *style*
yleensä *generally speaking*	**myyj**ä *sales assistant*

i as in s*i*t	**ii** as in s*ea*t
kippis! *cheers!*	**kii**tos *thank you*
hyvin *well*	**nii**n *so*

e as in n*e*t	**ee** as in n*e*t, but double the length
ehkä *perhaps*	ja niin ed**ee**lleen *and so on*
hetkinen! *just a moment!*	**etee**npäin *straight on*

Vowels also appear in set combinations. These are called diphthongs. They are two vowel sounds pronounced one after the other as a continous sound. They always belong to the same syllable.

ai ei ui oi yi äi öi au eu iu ou äy öy ie uo yö

ai as in b*i*ke	**ei** as in *ei*ght
vain *only*	**ei** *no*
aina *always*	ok**ei** *ok*

oi as in b*oy*	**ui** as in French L*ui*
n**oin** *approximately*	**kui**nka monta? *how many?*
voi *oh, dear*	**kui**tenkin *however*

yi	**äi**
hyi! *yak!*	**näin** *like this*
l**yi**jytön *lead-free*	**äi**ti *mother*

öi	**ie** as in French c*iel*
silloin täll**öin** *now and then*	v**ie**lä *still*
öisin *at night time*	s**ie**llä *there*

uo	as in p**oo**r	**yö**	
Suomi	*Finland*	**myös**	*also*
tuo	*that*	hy**vää yö**tä!	*good night!*

au	as in S**ou**th	**eu**	
sauna	*sauna bath*	**seu**raava	*next*
kaunis	*pretty, beautiful*	**seu**ra	*company*

iu		**ou**	
t**iu**kka	*tight*	kok**ous**	*meeting*
h**iu**kset	*hair*	j**ou**lu	*Christmas*

äy		**öy**	
t**äy**nnä	*full*	l**öy**ly	*steam in a sauna*
sisäänk**äy**nti	*entrance*	k**öy**hä	*poor*

Konsonantit Consonants

There are 13 consonants in Finnish. As you will discover many of them are similar to English ones.

Notice however the consonants **k**, **p**, **t** are pronounced without aspiration (an explosion of air at the end of the sound). To practise this, you could try holding a piece of paper in front of your mouth and saying the sounds **k**, **p**, **t**, in such a way that you do not make the paper flutter! Listen to the pronunciation on the cassette or imitate a native speaker.

Consonants appear in short and long form. The short form is represented by one consonant and the long form by two consonants. The long form of the consonant **kk**, **pp**, **tt**, etc. always divides into two different syllables. For instance kuk-ka, tyt-tö, kaup-pa. Make sure you say them both! There is a very slight break between them. The first of the pair finishes a syllable and the second begins the next syllable.

k   like in English but without the aspiration

k		**kk**	
ku**k**a?	*who?*	**kukk**a	*flower*
mitä **k**uuluu?	*how are you?*	se**kk**i	*cheque*

p like in English but without aspiration
p   **pp**

kuinka **p**aljon? *how much?*   ki**pp**is   *cheers*
puhelin   *telephone*   kau**pp**a   *shop*

t like in English but without aspiration
t   **tt**

terve!   *hello!*   to**tt**a kai!   *of course!*
terve**t**uloa *welcome*   hei si**tt**en!   *bye then!*

m as in English
m   **mm**

moi!   *hi!*   aikaise**mm**in   *earlier*
miten menee? *how are things?* myöhe**mm**in   *later*

n as in English
n   **nn**

nyt   *now*   en**n**en   *before*
no, **n**iin ... *well ...*   mi**nn**e?   *where to?*

l as in English
l   **ll**

a**l**e   *sale*   mi**ll**oin?   *when?*
lisää *more*   si**ll**oin   *then*

r as in English sound **brr** ... when shuddering with cold. This is
only an approximation. R is a rolling sound in Finnish.
r   **rr**

baa**r**i   *bar*   en ymmä**rr**ä *I don't understand*
pe**r**kele! *devil!*   ymmä**rr**än   *I understand*

s as in stereo. S is a slightly hissing **s** in Finnish.
s   **ss**

ylö**s**   *up*   hi**ss**i   *lift*
ala**s**   *down*   ve**ss**a   *toilet*

The following consonants appear only in short form.

d as in *d*oor

vi**d**eo   *video*
ra**d**io   *radio*

h as in *h*ello

hei!   *hi!*
mi**h**in aikaan?   *at what time?*

h in front of a consonant sounds slightly stronger:
le**h**ti   *leaf; newspaper*

v as in *v*ideo

hy**v**ää **v**iikonloppua!   *Have a nice weekend!*
vai niin!   *Is that so?*

j as in *y*es

joo, **j**oo ...   *yes, yes ...*
juuri niin   *exactly*

nk *and* ng

This is a nasal sound. It is represented by **nk** when it is short and
ng when it is long. So here the two letters in fact represent just
one sound. cf. si**ng**ing

nk   **ng**

Helsi**nk**i   *Helsinki*   Helsi**ng**issä   *in Helsinki*
kaupu**nk**i   *town*   kaupu**ng**issa   *in a town*

Listen to the cassette and get a native Finnish speaker to help
you with the pronunciation, if possible. The guidelines given
above can only be approximations. Examples are given in English
only when a similar sound or a combination of sounds exist in
English.

Non-native consonants

These consonants appear only in loan-words. There are a lot of
new loan-words in Finnish from English. Older loan-words come
from Swedish and some from German. There are also words of
Latin and Greek as well as Russian origin in Finnish. Many of
the Greek and Latin loan-words are in fact translation

loans. For example: *international* = **kansainvälinen** (Lit. *between nations*).

g as in *g*ate

grilli	*grill*
grogi	*tote*
galleria	*gallery*
gallup-tutkimus	*Gallup poll*
gramma	*gram*
gangsteri	*gangster*

b as in *b*un

baari	*bar* or *a café*
bussi	*bus*
bakteeri	*bacteria*
byrokraatti	*bureaucrat*
bensiini	*petrol*
bestselleri	*bestseller*

c as in *c*ell

c-vitamiini	*vitamin C*
cd-soitin	*CD player*
celsiusaste	*Celsius degree*
*camping-alue	*camping place*

(*pronounced c as in *camp*)

f as in *f*ilm

festivaalit	*festival*
farkut	*jeans*
firma	*firm, company*
fax	*fax*
finaali	*final*
semi-finaali	*semi final*

q prounounced like *k*

Quebec	*Quebec*
Qwerty-näppäimistö	*qwerty keyboard (typewriter / computer)*

x pronounced as *ks* and written as **ks**

xerox-valokopio	*Xerox copy*

but also written as **ks**

ksylofoni	*xylophone*
ta**ks**i	*taxi*

z pronounced as *ts* and often written as **ts**

zeniitti	*zenith*
zoom objektiivi	*zoom lens*

but also written as **ts**

ja**ts**i or ja**zz**	*jazz*

The Swedish **å** appears in proper names and place names. It is pronounced like a Finnish long **oo**.

Åke	*man's name*
Åbo	*Swedish name for Turku*
Åland	*Swedish name of Ahvenanmaa*

Harjoitellaan!
Let's practise!

Here are some place names in Finland. Practise pronouncing them. Remember the stress and the syllable divisions.

Towns

Espoo	Jyväskylä	Loviisa	Rovaniemi
Hamina	Kemi	Maarianhamina	Tampere
Hanko	Kotka	Naantali	Tornio
Helsinki	Kuopio	Oulu	Turku
Imatra	Lahti	Pori	Vaasa
Joensuu	Lappeenranta	Porvoo	Vantaa

Seas

Itämeri   Pohjanlahti   Suomenlahti

Provinces

Ahvenanmaa	Pohjanmaa	Savo
Häme	Pohjois-Karjala	Uusimaa
Lappi	Satakunta	Varsinais-Suomi

Phrases

Here are some 'survival phrases' to practise:

Anteeksi, en ymmärrä. *Sorry I don't understand.*	**En ole suomalainen.** *I am not Finnish.*
Puhukaa hitaasti, olkaa hyvä! *Speak slowly, please.*	**Anteeksi, en tiedä.** *Sorry, I don't know.*
Kuinka sanotaan suomeksi ...? *How do you say in Finnish ...?*	**Puhutteko englantia?** *Do you speak English?*

Names

Here is a list of the most common Finnish surnames. It is always important and polite to pronounce people's names correctly. So why not practise saying these surnames. You can also practise any other Finnish names you might know!

Hämäläinen	Koskinen	Mäkinen	Salminen
Heikkinen	Laine	Niemi	Salonen
Heinonen	Lehtinen	Nieminen	Tuominen
Järvinen	Lehtonen	Rantanen	Turunen
Korhonen	Mäkelä	Saarinen	Virtanen

Here are the names of some of the most famous Finns to practise your pronunciation with:

Alvar Aalto	Reima Pietilä	Eliel Saarinen	(architects)
Juha Kankkunen	Paavo Nurmi	Lasse Viren	(sportsmen)
Urho Kekkonen	Mauno Koivisto	J.K.Paasikivi	(presidents)
Karita Mattila	Aulis Sallinen	Esa-Pekka Salonen	(musicians)

Here are some loan-words, say them and guess what they mean.

appelsiini	cd-soitin	pankki	stereo
apteekki	filmi	posti	tee
auto	kaakao	radio	televisio
avokaado	kaaos	raportti	tomaatti
banaani	kamera	sampoo	video
bensiini	kilogramma	sekki	viini
bussi	metri	sokeri	votka

Aakkoset The alphabet

A	a	*aa*		P	p	*pee*
B	b	*bee*		Q	q	*kuu*
C	c	*see*		R	r	*är*
D	d	*dee*		S	s	*äs*
E	e	*ee*		T	t	*tee*
F	f	*äf*		U	u	*uu*
G	g	*gee*		V	v	*vee*
H	h	*hoo*		W	w	*kaksois-vee*
I	i	*ii*		X	x	*äks*
J	j	*jii*		Y	y	*yy*
K	k	*koo*		Z	z	*tset*
L	l	*äl*		Å	å	*ruotsalainen oo*
M	m	*äm*		Ä	ä	*ää*
N	n	*än*		Ö	ö	*öö*
O	o	*oo*				

The sounds after the letters are the names of the letters. Using the names of the letters, spell your own name. You might need to do that, especially if your name is difficult for the Finns to say. You can also practise saying your address! For example: If your name is Sharon Davies, you would spell it:

   äs hoo aa är oo än   dee aa vee ii ee äs (Sharon Davies)

Try a few more:

Steve Smith	Jean Perkins
Mary MacDonald	Eric Young
Ian Wright	Catherine Hyson
Margaret Maguire	Jason Taylor

1

HAUSKA TUTUSTUA
Nice to meet you

In this unit you will learn

- to say who you are
- to say what nationality you are
- to introduce people to each other
- some common Finnish greetings

———— Dialogeja *Dialogues* ————

Hei. Olen ... Hello, I am ...

These people are on a Finnish language course in Finland. Each person gives a short introduction. They say who they are, what nationality they are and what languages they speak. Jukka is the teacher. Look at the box below to help you understand what they are saying.

Hei. Olen Jukka Virtanen.
Olen suomalainen.
Puhun suomea ja ruotsia

Hei. Olen David Smith.
Olen englantilainen.
Puhun englantia.

Hei. Olen Lars Svensson.
Olen ruotsalainen.
Puhun ruotsia ja englantia.

Hei. Olen Vera Makarova.
Olen venäläinen.
Puhun venäjää ja ranskaa.

> **Hei.** Olen Pierre Dupont.
> Olen ranskalainen.
> Puhun ranskaa ja espanjaa.

> **Hei.** Olen Elke Becker.
> Olen saksalainen.
> Puhun saksaa, ranskaa ja
>   englantia.

> **Hei.** Olen Maria Sanchez.
> Olen meksikolainen.
> Puhun espanjaa ja englantia.

> **Hei.** Olen Anil Markandya.
> Olen intialainen.
> Puhun hindiä ja englantia.

Sanat   *words*

hei *hello*	**intialainen** *Indian, an Indian*
olen *I am*	**puhun** *I speak*
suomalainen *Finnish, a Finn*	**suomea** *Finnish*
englantilainen *English, an Englishman (or -woman)*	**englantia** *English*
ruotsalainen *Swedish, a Swede*	**ruotsia** *Swedish*
venäläinen *Russian, a Russian*	**venäjää** *Russian*
ranskalainen *French, a Frenchman (or -woman)*	**ranskaa** *French*
saksalainen *German, a German*	**saksaa** *German*
meksikolainen *Mexican, a Mexican*	**espanjaa** *Spanish*
	hindiä *Hindi*
	ja *and*

Mitä kuuluu? How are you?

Here are three brief exchanges. In each the person is asked: How are you? Once again the box below will help you.

Elke	Hei. Mitä kuuluu?
Lars	Kiitos hyvää. Entä sinulle?
Elke	Kiitos hyvää.

Maria	Terve.
Jukka	Terve. Mitä kuuluu?
Maria	Kiitos, ei erikoista. Entä sinulle?

Jukka	Moi! Miten menee?
Lars	Kiitos kysymästä, oikein hyvin. Entä sinulla?
Jukka	Oikein mukavasti, kiitos.

Mitä kuuluu?	*How are you?* or *How are things?*	**Miten menee?**	*How are things going?*
Kiitos, hyvää.	*Fine, thank you.*	**Kiitos kysymästä.**	*Thanks for asking.*
Entä sinulle?	*How about you?*	**Oikein hyvin.**	*Very well.*
Kiitos, ei erikoista.	*All right, thank you.*	**Entä sinulla?**	*And with you?*
		Oikein mukavasti.	*Very nicely.*

Anteeksi, en ymmärrä
Sorry, I don't understand

Alistair is a Scottish businessman. He knows some Finnish, but he has forgotten what **Mitä kuuluu?** means.

Mikko	Hei Alistair!
Alistair	Hei Mikko!
Mikko	Mitä kuuluu?
Alistair	Anteeksi, en ymmärrä. Hitaasti, ole hyvä!
Mikko	M-i-t-ä k-u-u-l-u-u?
Alistair	Ahaa. Nyt ymmärrän. 'Mitä kuuluu' is 'how are you'!
Mikko	Joo.
Alistair	Kiitos hyvää. Entä sinulle?
Mikko	Kiitos hyvää.

Anteeksi. *I am sorry.* or *Excuse me.*	**Ahaa.** *Oh, I see.*
En ymmärrä. *I don't understand.*	**Nyt.** *Now.*
Hitaasti. *Slowly.*	**Ymmärrän.** *I understand.*
Ole hyvä. *Please; here you are.*	**Joo.** *Yes.*

Oletteko skotlantilainen? Are you Scottish?

Here are four short exchanges about nationality.

David Smith	Oletteko suomalainen?
Jukka Virtanen	Olen.
David Smith	Puhutteko englantia?
Jukka Virtanen	Puhun vähän.

Jukka Virtanen	Oletteko englantilainen?
Alistair Bruce	En, olen skotlantilainen.
Jukka Virtanen	Puhutteko suomea?
Alistair Bruce	En, mutta ymmärrän vähän.

Vera	Oletko suomalainen?
Jukka	Olen.
Vera	Puhutko englantia?
Jukka	Puhun vähän.

Jukka	Oletko englantilainen?
Eileen	En, olen skotlantilainen.
Jukka	Puhutko suomea?
Eileen	En, mutta ymmärrän vähän.

Oletteko? *Are you?* (formal and plural)	**En.** *I don't.*
	Olen. *I am.*
Oletko? *Are you?* (informal and singular)	**Puhun.** *I speak.*
	skotlantilainen. *Scottish*
Puhutteko? *Do you speak?* (formal and plural)	**vähän** *a little*
	mutta *but*
Puhutko? *Do you speak?* (informal and singular)	**ymmärrän.** *I understand.*

Hyvä tietää
Worth knowing

1 *Saanko esitellä?* May I introduce?

Finns often introduce themselves simply by telling you their name
and saying hello. If the situation is fairly formal, you can start by
saying your full name and then the appropriate greeting for the time
of day. **Hauska tutustua** means *pleased to meet you.*

– Mikko Virtanen. Hyvää päivää.
– Leena Mäkinen. Hyvää päivää. Hauska tutustua.
– Hauska tutustua.

Finns shake hands when they are first introduced. At subsequent
meetings this formality is usually dropped, unless there has been a
long interval between meetings, when a handshake acts as a sign of
pleasure at the reunion. The younger generation has more or less
dispensed with the custom of a handshake among themselves, but
they will shake hands when introduced to an older person.

When you want to introduce two people to each other you use the
phrase:

Saanko esitellä ...   *May I introduce ...*

and their names. For example, if you want to introduce Leena
Virtanen and Alistair Kelly to each other:

Saanko esitellä: Leena Virtanen — Alistair Kelly.

This introduction is fairly formal. If the situation is not formal, you
can say simply:

Tässä on Leena Virtanen — Alistair Kelly.

Tässä on means *here is* or *this is.* You can also just say the first
names and leave out the surnames. This is particularly so with
young people and children. If you want to know the name of a child,
you can ask:

Mikä sinun nimi on?   *What is your name?*

2 *Tervehdyksiä* Greetings

Hyvää huomenta, *good morning*, is the first greeting of the day. You can answer it by saying **hyvää huomenta** or **huomenta**. Later on in the day you can say **hyvää päivää** (Lit. *good day*). You can answer by saying **hyvää päivää** or **päivää**.

For a less formal greeting you can say **hei** or **terve** or **moi**. These short greetings are used by young people particularly, as well as among friends and when talking to children.

In the afternoon you cay say **hyvää iltapäivää** *good afternoon*. In the evening you can say **hyvää iltaa** *good evening*. When you are going to bed you can say **hyvää yötä**. All these can be answered by repeating the greeting or the second half of it. Sometimes the word **hyvää** is left out, as in English, and you can say **huomenta** *morning*. This is always informal.

When you are leaving you can say **näkemiin** *goodbye*. Literally it means *until we meet again*, like the French 'au revoir' or German 'auf wiedersehen'.

For an informal *bye* you can say **hei hei!** or **hei!** Young people particularly favour **moi!** or **moi moi!** You can also hear other versions of informal greetings, for example **heippa!** or **hei sitten!**

3 *Kiitoksia paljon!* Many thanks!

Kiitos means *thank you*. You can also say **kiitos paljon** *thank you very much* or **kiitoksia paljon** *many thanks*.

When you pass something to someone you can say **olkaa hyvä** or **ole hyvä**. **Olkaa hyvä** is the formal and the plural. You would use it talking to a stranger and in all formal situations, for example in shops and restaurants. It is also the plural, so you use it when you are addressing more than one person. **Ole hyvä** is the familiar form and it is used when talking to a friend or a child.

Ole hyvä! and **Olkaa hyvä!** also mean *you are welcome* (in the American sense of 'it's nothing' or 'don't mention it'):

| Kiitos. | *Thank you.* |
| Ole hyvä. | *You are welcome.* |

4 *Mitä kuuluu?* How are you?

The standard question *How are you?* is **Mitä kuuluu?** If you are fine, the answer is **Kiitos, hyvää** *fine, thank you* or **Kiitos, ei erikoista** (Lit. *nothing special*). This standard answer is equivalent to the English non-committal *I am fine, thank you.*

If you want to continue by asking the other person how they are, you can say: **Entä sinulle?** *How about you?* To which they might answer for example: **Kiitos hyvää.**

Another phrase for *How are you?* is **Miten menee?** (Lit. *How are things going?*). The answer to this is **Kiitos, hyvin** *Well, thank you*, **Kiitos, mukavasti** *Nicely, thank you* or **Kiitos, ei hassummin** *Not too bad, thank you*. If you want to continue by asking how the other person is, notice the phrase here is slightly different: **Entä sinulla?** *How are things with you?*

5 *Oletko sinä suomalainen?* Are you Finnish?

When you want to ask a question in Finnish, you need to add something to the sentence that contains a question. This can be a word such as *who, where, how, when* and so on. Intonation alone does not make a sentence into a question. If you need to ask a question like: *Are you?* you need to start the question with the verb: **Olet** *you are* and then add a special ending called an interrogative suffix to the verb. This suffix is:

-ko? or **-kö?**

So **olet** means *you are* and **Oletko?** *Are you?*

olet	you are	Oletko?	Are you?
olette	you are	Oletteko?	Are you?
puhut	you speak	Puhutko?	Do you speak?
puhutte	you speak	Puhutteko?	Do you speak?
ymmärrät	you understand	Ymmärrätkö?	Do you understand?
ymmärrätte	you understand	Ymmärrättekö?	Do you understand?

Here are some examples:

Oletko englantilainen?	*Are you English?*
Puhutko suomea?	*Do you speak Finnish?*
Ymmärrättekö suomea?	*Do you understand Finnish?*

You use **olet** (*you are*) when talking to one person. This is the familiar form and the singular. It is used when talking to a person you know well.

Olette means *you are* when talking to more than one person. But it is also the formal address when talking to one person.

Answering questions

You can answer the question by using the verb:

Puhutko suomea?	*Do you speak Finnish?*
Puhun.	*Yes, I do.*

or by using a word meaning *yes* or *no*:

Joo.	*Yes.*
Joo, puhun.	*Yes, I do.*
Kyllä.	*Yes.*

and if the answer is negative:

Puhutko suomea?	*Do you speak Finnish?*
En.	*I don't.*

or

En puhu.	*I don't speak.*

Some more examples:

Oletko suomalainen?	*Are you Finnish?*
Olen.	*I am.*

or

En ole.	*I am not.*

The suffix **-ko?/-kö?** is used to make questions with all kinds of words. You can add the suffix to verbs, nouns, adjectives or pronouns. Here are some examples.

(a) Verbs

Olen.	*I am.*	Olen**ko**?	*Am I?*
Olet.	*You are.*	Olet**ko**?	*Are you?*
Hän on.	*He/she is.*	On**ko** hän?	*Is he/she?*
Se on.	*It is.*	On**ko** se?	*Is it?*
En ole.	*I am not.*	En**kö** ole?	*Am I not?*
Et ole.	*You are not.*	Et**kö** ole?	*Are you not?*
Hän ei ole.	*He/she is not.*	Ei**kö** hän ole?	*Is he/she not?*
Se ei ole.	*It is not.*	Ei**kö** se ole?	*Is it not?*

(b) Nouns

Pekka

Pekka Järvinen

Pekkako? Pekka?/*Do you mean Pekka?*

Pekka Järvinenkö? *Do you mean Pekka Järvinen?*

(c) Adjectives

suomalainen *Finnish*

Hän on skotlantilainen.

Suomalainenko? *Finnish?/Is it Finnish?/Do you mean it is Finnish?*

Skotlantilainenko hän on? *He is Scottish, is he?*

(d) Pronouns

Tämä *This*

Hän on *He/she is*

Tämäkö? *Do you mean this one?*

Hänkö on? *Is it him?*

Notice that the word which asks the question is the first word in the question.

As you will have noticed there are two versions of the suffix that makes a question: **-ko** and **-kö**. You add the suffix **-ko** to words that contain any of these three vowels: **a, o, u**. For example: **Pu**hu**tko? **O**letko?

If the word contains any of these three vowels: **ä, ö** or **y** you add the suffix **-kö**. For example: Ymm**ä**rr**ä**tkö?

The vowels **i** and **e** can appear with both of these groups of

vowels, but if they are the only vowels in the word, then the suffix is
-kö? Helsinkikö? *Do you mean Helsinki?*

This is called vowel harmony. There is more about vowel harmony in
Unit 2.

6 About names

Since the Finnish language has no genders, it is not always obvious
whether a name you hear or see belongs to a man or a woman.

Here are some of the most common names. It is a good idea to prac-
tise saying them, this will give you confidence in using names when
meeting Finns. It is also good practice for your pronunciation. You
will find a list of the most common surnames in the pronunciation
section.

Naisten nimiä	*Women's names*	Miesten nimiä	*Men's names*
Anneli	Sanna	Antero	Janne
Anna	Kati	Antti	Sami
Annikki	Anne	Esa	Jari
Auli	Satu	Ilpo	Petri
Hannele	Tiina	Juhani	Jani
Hanna	Kirsi	Jussi	Timo
Helena	Anu	Kalevi	Pasi
Johanna	Laura	Matti	Kari
Kaarina	Elina	Olli	Teemu
Kirsti	Suvi	Pekka	Juha
Liisa	Ritva	Tapani	Jukka
Marja	Riitta	Tapio	Risto
Marjatta	Eija	Mika	Markku
Minna	Tuula	Marko	Seppo
Sari	Mirja	Mikko	Heikki

7 Suomalainen, venäläinen ...
Finnish, Russian ...

The words which mean nationality end with **-lainen/-läinen**. So if
you know the name of the country, you can make up the word for a

person who comes from that country. For example:

Ranska	*France*	ranskalainen	*French*
Englanti	*England*	englantilainen	*English*
Vietnam	*Vietnam*	vietnamilainen	*Vietnamese*
Viro	*Estonia*	virolainen	*Estonian*

In addition to the word for the national country these words are also adjectives or descriptive words. For example:

vietnamilainen ravintola	*a Vietnamese restaurant*
englantilainen sanomalehti	*an English newspaper*
suomalainen sauna	*a Finnish sauna*

You can also add the ending **-lainen/-läinen** to names of towns or suburbs, in fact to almost any word meaning a place to make up the word for a person or a thing from that place. Here are some examples:

Lontoo	*London*	lontoolainen	*Londoner*
Helsinki		helsinkiläinen	*someone or something from Helsinki*
Joensuu		joensuulainen	*Joensuu (a town in Finland) a person from Joensuu*
Brighton		brightonilainen	*someone from Brighton*
Melbourne		melbournelainen	*someone from Melbourne*

Notice that these words are written with a small letter in Finnish! You choose the ending **-lainen** or **-läinen** using the same rules of vowel harmony as above in choosing between **-ko** and **-kö**.

8 *Sinuttelu ja teitittely*
Informal and formal address

Finnish like French and German has both the formal and informal address, in other words you use different forms when talking to a stranger and when talking to a person you know well.

Sinä olet *you are* is like French 'tu est' or German 'du bist'. You use this form when you talk to a friend or a child. Young people always use it to address one another. It is the singular form.

Te olette *you are* is like the French 'vous êtes' or German 'Sie sind'.

This is the polite form and it is used to address a person you have not previously met, or a person whom you would not normally address by their first name. This form is also the plural, just like in French and German, and it is used when talking to more than one person.

In Finnish the informal address is **sinuttelu** and the formal is **teitittely**. The tendency in Finland today is towards the ínformal. Many firms and organisations practise **sinuttelu** among all the employees or members of the organisation by agreement. But if you are not sure which to use, it is always safer to err on the side of formality lest someone is offended. If they don't want you to use the formal address they'll soon tell you. In the past there were strict rules about who could call whom **sinä** but today people are more relaxed about it.

Harjoitellaan!
Let's practise!

1 The following are situations which you are likely to be in in Finland.

(a) A Finn has just said something to you, but you didn't understand him. What would you say to him?

(b) He repeats what he has said, but you are still not sure what he means. Ask him to say it slowly.

(c) You have just walked into the hotel dining room to have breakfast. How would you greet those already sitting at the table?

(d) You are sitting at the hotel bar with your friends, but you feel tired and want to go to bed. How do you say good-night to the others?

(e) You are going to introduce two people to each other. Which one of the phrases below would you use?

Anteeksi	Hauska tutustua	Näkemiin
Hitaasti, olkaa hyvä	Kiitos	Saanko esitellä

(f) You have just been introduced to a Finn. You want to know whether he speaks English. How would you ask?

(*g*)   You have just met a friend in the street. Say hello and ask him how he is?

(*h*)   A friend wants to know how you are, what does he say?

(*i*)   You have just been introduced to a Finn. Tell him that you are pleased to meet him.

2   Match the names in the list on the left to the nationalities on the right.

(*a*)	Angus MacDonald	(i)	englantilainen
(*b*)	Lin Wong	(ii)	ruotsalainen
(*c*)	Eusebio Senna	(iii)	ranskalainen
(*d*)	Jan van der Haag	(iv)	amerikkalainen
(*e*)	Mohamed Magani	(v)	skotlantilainen
(*f*)	Jane Brown	(vi)	hollantilainen
(*g*)	Ingrid Svensson	(vii)	espanjalainen
(*h*)	Mary Lou Parton	(viii)	brasilialainen
(*i*)	Juanita Estefan	(ix)	japanilainen
(*j*)	Maire Kauppinen	(x)	algerialainen
(*k*)	Yosiko Arai	(xi)	kiinalainen
(*l*)	Pierre Dupont	(xii)	suomalainen

3   This conversation takes place in the morning. Fill in the missing words.

Hyvää _____ .

_____ . Mitä _____ ?

Kiitos _____ . Entä _____ ?

Kiitos, ei _____ .

4   Some more situations for you to practise:

(*a*)   You are leaving a group of friends. How would you say good-bye to them?

(*b*)   Somebody has just done you a big favour. Offer them your thanks.

(*c*)   Tell a Finn who you are and what nationality you are.

(*d*)   How would you tell a Finn that you speak English and French?

(*e*)   You are passing your friend a cup of coffee, say *here you are*.

(*f*)   You have just been asked whether you speak Finnish, tell the person that you understand a little.

5   How would the following introduce themselves? Put yourself in

their place and say who you are, what nationality you are and which languages you speak.

(a) Juan Ramirez; Mexican; Spanish and English
(b) Catherine Edwards; English; English and German
(c) Monique Pillier; French; French and Spanish
(d) Ingrid Johansson; Swedish; Swedish and English
(e) Tiia Riikonen; Finnish; Finnish and English

6 Which town do the people described below come from?

(a) turkulainen
(b) moskovalainen
(c) berliiniläinen
(d) pariisilainen
(e) tukholmalainen
(f) rovaniemeläinen
(g) bristolilainen
(h) madridilainen
(i) hongkongilainen
(j) prahalainen

7 When would you say **näkemiin**?

8 Which one of these questions would you use to address a complete stranger?

Puhutko englantia?   Puhutteko englantia?

9 What do you say if you want to say that you are sorry about something? Remember this same phrase also means *Excuse me.*

10 Which words or phrases from the unit can you spot in this word search? (horizontally and vertically only)

```
A N T E E K S I P
K A I H N O P S U
I O L E H Y V Ä H
I M O I J P S U U
T A K T O L E N N
O H Y Ä O N N J A
S A L S T Y S O S
M A L S I T Y K Ö
I K Ä Ä T E R V E
```

11 Rearrange these lines to make up a dialogue.

(a) Hyvää iltaa.
(b) Kiitos, hyvää.
(c) Mitä kuuluu?
(d) Iltaa.

Vähän lisää ...
A little bit more ...

At the end of each unit there is some extra material. These dialogues are designed to add useful phrases to your vocabulary. There is a vocabulary at the end of the dialogue, but try first just to get the gist of the conversation and only then check the phrases. This should prepare you for real life situations where you understand some of the conversation, but not all of it. To finish Unit 1 here is a short practical dialogue.

Hotellissa   At a hotel

An Englishman called Steve Smith is booking into a hotel. **Virkailija** is the *hotel receptionist*.

Smith	Hyvää päivää.
Virkailija	Hyvää päivää. Voinko auttaa?
Smith	Olen Steve Smith. Varasin huoneen puhelimitse.
Virkailija	Anteeksi, teidän sukunimenne?
Smith	Sukunimeni on Smith.
Virkailija	Ja etunimenne?
Smith	Etunimeni on Steve.
Virkailija	Hetkinen...Joo, tässä on varaus. Yhden hengen huone. Huone on numero 206, toinen kerros. Tässä on avain, olkaa hyvä ja tervetuloa.
Smith	Kiitos.

Voinko auttaa?   *Can I help?*
Varasin huoneen.   *I booked a room.*
puhelimitse   *by phone*
teidän sukunimenne   *your surname*
sukunimeni   *my surname*
etunimenne   *your first name*
etunimeni   *my first name*

Hetkinen.   *Just a moment.*
varaus   *reservation*
yhden hengen huone   *single room*
huone   *room*
toinen kerros   *second floor*
tässä   *here is*
avain   *key*
Tervetuloa.   *Welcome.*
206   *kaksisataakuusi*

TERVETULOA

2

TERVETULOA!
Welcome!

In this unit you will learn

- to say where you are from
- to say where you live and work
- to ask someone where someone else is from
- to ask where someone else lives and works

——————— Dialogeja ———————

Mistä sinä olet? Where are you from?

When you meet a person, you often want to know where he or she is from and where he or she lives.

Tero	Mistä sinä olet?
Tiia	Olen Suomesta.
Tero	Mistä kaupungista?
Tiia	Olen Joensuusta.

Tuula	Mistä sinä olet?
John	Olen Lontoosta.
Tuula	Missä sinä asut?
John	Asun Lontoossa.

Jukka Virtanen	Mistä te olette?
Rory O'Connor	Olen Dublinista.
Jukka Virtanen	Missä te asutte?
Rory O'Connor	Asun nyt Liverpoolissa.

Rory Maguire	Mistä te olette?
Mika Kauppinen	Olen Suomesta.
Rory Maguire	Mistä kaupungista?
Mika Kauppinen	Olen Kuopiosta.

Mistä? *Where from? From which?*	**Missä** *Where? (in which?)*
Mistä sinä olet? *Where are you*	**asun** *I live*
from? (sing. informal)	**Lontoossa** *in London*
Suomesta. *From Finland.*	**Mistä te olette?** *Where are you*
Mistä kaupungista? *From which*	*from? (plural, formal)*
town?	**Dublinista** *from Dublin*
Joensuusta *from Joensuu*	**Missä te asutte?** *Where do you*
Lontoosta *from London*	*live?*
Missä sinä asut? *Where do you*	**Liverpoolissa** *in Liverpool*
live?	**Kuopiosta** *from Kuopio*

Missä sinä asut? Where do you live?

In these dialogues people are asking each other where they work and where they live.

Jussi	Missä sinä asut?
Sinikka	Asun Mikkelissä. Entä sinä?

Jussi	Asun Kouvolassa.
Sinikka	Missä sinä olet työssä?
Jussi	Olen työssä postissa. Entä sinä?
Sinikka	Olen työssä toimistossa.

Arto	Missä sinä asut?
Arja	Asun Vaasassa. Missä sinä asut?
Arto	Asun Porissa.
Arja	Missä sinä olet työssä?
Arto	Olen työssä tietokonefirmassa. Entä sinä?
Arja	Olen työssä yliopistossa.

Kaija	Missä te asutte?
Seppo	Me asumme Jyväskylässä.
Kaija	Missä te olette työssä?
Seppo	Minä olen työssä pankissa ja vaimoni on työssä super-marketissa.

Olli	Missä te asutte?
Merja	Asumme Lieksassa.
Olli	Missä te olette työssä?
Merja	Minä olen työssä sairaalassa ja mieheni on työssä museossa.

olen työssä *I work*		**tietokone** *computer*	
Missä sinä olet työssä? *Where do you work?*		**firma, firmassa** *firm, in a firm, company, in a company*	
Missä te olette työssä? *Where do you work?*		**yliopisto, yliopistossa** *university, at a university*	
me olemme *we are*		**pankki, pankissa** *bank, in a bank*	
Mikkelissä *in Mikkeli*		**vaimo, vaimoni** *wife, my wife*	
Kouvolassa *in Kouvola*		**supermarket, supermarketissa** *supermarket, in a supermarket*	
posti, postissa *post office, in a post office*		**sairaala, sairaalassa** *hospital, in a hospital*	
toimisto, toimistossa *office, in an office*		**mies** *man, husband*	
Vaasassa *in Vaasa*		**mieheni** *my husband*	
Porissa *in Pori*		**museo, museossa** *museum, in a museum*	
me asumme *we live*			

Hei! Olen Heidi

Heidi, Marja-Leena, Petri and Liisa introduce themselves and talk a little bit about themselves.

Hei!

Olen Heidi Kokkonen.
Olen Hämeenlinnasta.
Asun nyt Heinolassa.
Olen työssä supermarketissa.

Hei! Olen Pekka.

Hyvää päivää!
Olen Pekka Halonen.
Olen Helsingistä.
Asun Käpylässä.
Olen työssä kirjastossa Espoossa.

Moi! Olen Marja-Leena.

Moi!
Olen Marja-Leena Turunen.
Olen Vaasasta.
Asun nyt Tampereella.
Olen arkkitehti.
Olen työssä arkkitehtitoimistossa.

Tampereella *in Tampere*	**toimisto** *office*	
kirjasto *library*	**supermarket** *supermarket*	
arkkitehti *architect*		

Hyvää päivää Good day!

 Petri Olen Petri Heiskanen. Olen helsinkiläinen. Asun Töölössä. Olen työssä Espoossa. Olen insinööri. Olen työssä öljyfirmassa. Puhun suomea, ruotsia ja englantia. Puhun paljon englantia työssä. Opiskelen venäjää ja saksaa.

Liisa Hyvää päivää. Olen Liisa Turunen. Olen kotoisin Savonlinnasta. Asun nyt Imatralla, mutta olen työssä koulussa Lappeenrannassa. Opetan englantia. Mieheni on myös opettaja. Hän opettaa kemiaa ja matematiikkaa.

insinööri *engineer*
firma *firm*
öljyfirma *oil company*
paljon *much, a lot of*
opiskelen *I study*
kotoisin *by birth, originally*
koulu *school*
opetan *I teach*

myös *also*
opettaja *teacher*
mieheni *my husband*
Hän opettaa kemiaa. *He teaches chemistry.*
Hän opettaa matematiikkaa. *He teaches mathematics.*

--- **Hyvä tietää** ---

Finnish uses endings to express many of the things which in English are expressed with prepositions (eg. in, to, from, etc.). These endings are called *case endings*. This feature is typical of Finnish.

In Unit 1 you learnt how to make questions by adding the suffix **-ko/-kö** to a word, for example:

Onko hän? *Is he?*
Puhutko englantia? *Do you speak English?*

1 *Missä?* Where? *Mistä?* Where from?

In this unit you tackle the first of the case endings in Finnish. You look at how to say that something or someone is *in a place* and something or someone comes *from a place*. You have seen many examples of these new endings in the dialogues in this unit and now you can examine these new endings in more detail.

(a) -ssa/-ssä

To express where something or someone is, you use the ending -ssa/-ssä. This ending often corresponds to the English prepositions *in* or *at*. This case is called the *inessive case*.

autossa *in a car*
yliopistossa *at a university*

(b) -sta/-stä

To express where something or someone is from, you use the ending

-sta/-stä. This ending corresponds to the English prepositions *from* or *out of*. This case is called the *elative case*.

auto**sta** { *from the car*
{ *out of the car*
yliopisto**sta** *from the university*

But first we have to take a closer look at the system of vowel harmony, which was touched upon in Unit 1.

2 *Vokaaliharmonia* Vowel harmony

The Finnish language features a phenomenon called vowel harmony. This means that the following groups of vowels do NOT appear within one word.

A O U (the so-called back vowels) do not mix with

Ä Ö Y (the so-called front vowels)

E and **I** are neutral vowels and they can mix with both groups of vowels.

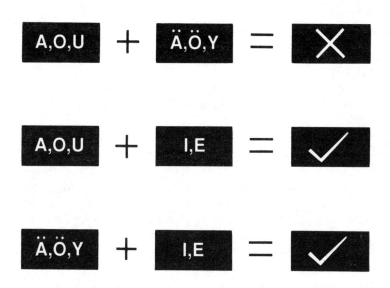

Therefore you need two versions of any case endings which contain a vowel.

(a) **-ssa** and **-sta** are added to words that have one or any combinations of the vowels **a/o/u** in them.

Pori**ssa**, Kuopi**osta**, Suome**ssa**, Joensu**ussa**, Lont**oosta**

(b) **-ssä** and **-stä** are added to words that contain one or any combination of the vowels **ä/ö/y** in them.

ty**össä**, Jyväskyl**ässä**, Jäms**ästä**, Järvenp**äästä**

The vowels **e** and **i** can appear with either of the two vowel groups. But if the word contains only vowels **e** and/or **i**, then the ending added is **-ssä** and **-stä**. For example:

Helsingi**ssä**, Mikkeli**ssä**

For compound words you choose the ending according to the vowels in the last part of the compound word.

Hämeenlinn**assa**, Kankaanp**äässä**

Here are some more examples to clarify the matter. Look at the endings and consider in each case why the ending is **-ssa** or **-ssä**, **-sta** or **-stä**.

Name of a town:	Missä? *Where?*	Mistä? *Where from?*
Vaasa	Vaasa**ssa**	Vaasa**sta**
Joensuu	Joensuu**ssa**	Joensuu**sta**
Lontoo	Lontoo**ssa**	Lontoo**sta**
Liverpool	Liverpooli**ssa**	Liverpooli**sta**
Espoo	Espoo**ssa**	Espoo**sta**
Jyväskylä	Jyväskyl**ässä**	Jyväskyl**ästä**
Kemi	Kemi**ssä**	Kemi**stä**
Helsinki	Helsingi**ssä**	Helsingi**stä**

The **-ssa/ssä** ending (the so-called inessive case) is used to express location in a country, in a town or generally in a place. In English the same thing is expressed with prepositions *in* or *at*. Notice also that the case ending is at the end of the word and a part of it, unlike in English where the preposition is in front of the word and separate from it.

The **-sta/-stä** ending (the so-called elative case) is used to express something coming *from* a place or *out of* a place. For example from a country, from a town, out of a house, etc. This is expressed in English with the prepositions *from* or *out of.*

Both of these cases can also have other functions, but here we are looking at them as expressions of place or location.

-lla/-llä

Another pair of endings is also used with some Finnish place names to say where something is or where it is from.

These case endings are: **-lla/-llä** (the adessive case) and **-lta/-ltä** (the ablative case).

These cases are generally used to express that something is *on* something and comes *off* something. Like the cases above they also have other functions in the language. We also look at them here in their function to express place and location. All these cases are also known as locative cases.

The **-lla/-llä** ending is used for example with street names to say something or someone is *in* or *on* that street:

Asun Töölönkadulla.	*I live in Töölönkatu.*
Stockmann on	*Stockmann's is in*
Aleksanterinkadulla.	*Aleksanterinkatu.*

or in a square or market place:

Olin Kauppatorilla.	*I was at the Kauppatori market.*

As you have seen above, the usual ending to express something or someone is in a town is **-ssa/-ssä**.

There are however a number of Finnish place names that use the ending **-lla/-llä** to mean in that town or village. There are no hard and fast rules for this. You have to do what the natives do, but here are the main Finnish towns which use the ending **-lla/-llä** to express *in* and **-lta/-ltä** *from* that town.

The town:	Missä? *Where?*	Mistä? *Where from?*
Tampere	Tampereella	Tampereelta
Vantaa	Vantaalla	Vantaalta
Imatra	Imatralla	Imatralta

Rauma	Raumalla	Raumalta
Rovaniemi	Rovaniemellä	Rovaniemeltä
Riihimäki	Riihimäellä	Riihimäeltä

With almost all foreign place names, both towns and countries as well as the continents, the usual ending is **-ssa/-ssä** for *in* and **-sta/-stä** for *from*. For example:

Japanissa	*in Japan*	Japanista	*from Japan*
Brasiliassa	*in Brazil*	Brasiliasta	*from Brazil*

One exception here is **Venäjä** *Russia*. *In Russia* is **Venäjällä**.

When you have to add Finnish case endings to foreign words which end in a consonant, you need a link vowel -**i**- and then the appropriate case ending.

Here are some examples:

Brighton	Brightonissa	Brightonista
Hong Kong	Hong Kongissa	Hong Kongista
New York	New Yorkissa	New Yorkista
Wellington	Wellingtonissa	Wellingtonista

3 *Konsonanttivaihtelu* Consonant changes

Another very important feature of Finnish needs to be explained at this point: **konsonantinvaihtelu** or *consonant gradation*.

It would be very straightforward if the case endings were added automatically to the end of the word. But there are some changes that occur with some consonants and also some vowels, when certain endings are added to a word.

Some Finnish consonants are subject to change when a previously open syllable (syllable that ends in a vowel) is closed, in other words when a consonant is added to the syllable.

This happens with all the endings which begin with two consonants or consist of one consonant. Therefore this happens with the endings **-ssa/-ssä**, **-sta/-stä**, **-lla/-llä**, **-lta/-ltä** and **-t** (nominative plural), **-n** (genitive singular).

In all of these the first consonant of the case ending is added to the last existing syllable of the word. Remember syllables always divide between two consonants.

The main consonant changes

t → d	pöy**t**ä *table*	pöy**d**ällä *on the table*
k → disappears	Tur**k**u	Turussa *in Turku*
p → v	kyl**p**y *bath*	kyl**v**yssä *in a bath*
tt → t	konser**tt**i *concert*	konser**t**issa *in a concert*
kk → k	pan**kk**i *bank*	pan**k**issa *in a bank*
pp → p	kau**pp**a *shop*	kau**p**assa *in a shop*
nk → ng	kaupu**nk**i *town*	kaupu**ng**issa *in a town*
nt → nn	Skotla**nt**i *Scotland*	Skotla**nn**issa *in Scotland*

The main consonants that undergo these changes are **k**, **p** and **t** and the double consonants **kk**, **pp** and **tt**. Also combinations of consonants containing these consonants can change.

The change of the vowel -i to -e

The final **-i** in some words, for example **Suomi**, changes into **-e** before the case endings. **Suomessa** *in Finland*. But there is no change in **Ruotsi** *Sweden* and **Ruotsissa** *in Sweden*.

As this only happens with some words, it is a good idea to learn which ones do and which ones don't change when you first come across a word. The changes of vowels and consonants are indicated in the vocabulary.

The final **-i** does NOT change in words that are longer than two syllables, for example: Englannissa, Skotlannissa.

These special features of the language always take a little getting used to. Don't worry unduly, you will master them, but it might take some extra effort. Remember communicating is the most important function of any language. Small grammatical mistakes do not matter, if you are making yourself understood.

 ——————— **Harjoitellaan!** ———————

1 Introduce yourself to a group of Finns. Say who you are and where you are from (which country and which town).

2 These foreigners are going to introduce themselves in Finnish.

Put yourself in their place and say who you are and where you come from, which country and which town.

(a) Bill: Skotlanti, Aberdeen
(b) Mike: Kanada, Toronto
(c) Sarah: Britannia, Lontoo
(d) Pete: Australia, Melbourne

3 Say where you work. (You might need a dictionary here or you might need to check the vocabulary section at the end of this book).

4 You have been introduced to a Finn, ask him the following questions:

(a) where he is from.
(b) where he lives.
(c) where he works.

5 Here are some Finns and their workplaces. Use the information to answer the questions: **Missä hän on työssä?** *Where does he/she work?* **Example:** Leena – toimisto. Leena on työssä toimistossa.

(a) Mirja: pankki
(b) Kari: autokauppa (*car showroom*)
(c) Mika: tavaratalo (*department store*)
(d) Jouko: hotelli
(e) Tiina: ravintola (*restaurant*)
(f) Pekka: kirjasto
(g) Ake: supermarket
(h) Jussi: posti

6 Here are some place names. Use them in the following sentence: **Olin lomalla** ... I *was on holiday in* ... **Example:** Viipuri ja Helsinki: Olin lomalla Viipurissa ja Helsingissä.

(a) Joensuu ja Kuopio:
(b) Rovaniemi ja Inari:
(c) Loviisa ja Porvoo:
(d) Turku ja Tampere:
(e) Jyväskylä ja Oulu:
(f) Hämeenlinna ja Joensuu:
(g) Lappeenranta ja Imatra:
(h) Hamina ja Kotka:

7 Complete the following statements:

The question is **Mistä sinä olet?** *Where are you from?*

(a) Olen _____ (Lontoo)
(b) Olen _____ (Milano)
(c) Olen _____ (Salo)
(d) Olen _____ (Jyväskylä)
(e) Olen _____ (Järvenpää)
(f) Olen _____ (Kemi)
(g) Olen _____ (Tampere)

8 Complete the following sentences:

(a) Olen _____ (Saksa)
(b) Olen _____ (Ranska)
(c) Olen _____ (Kanada)
(d) Olen _____ (Brasilia)
(e) Olen _____ (Nigeria)
(f) Olen _____ (Pakistan)
(g) Olen _____ (Australia)

9 Complete the following sentences by adding the name of the town to the answer.

Missä sinä asut? *Where do you live?*

Asun _____ (Helsinki)
Asun _____ (Joensuu)
Asun _____ (Tampere)
Asun _____ (Lontoo)
Asun _____ (Moskova)
Asun _____ (Milano)

10 Here is an introduction by a Finn. Answer the questions below using the information in the text.

Hei, olen Jukka Kolehmainen. Olen kotoisin Lieksasta. Asun nyt Joensuussa. Olen tietokoneinsinööri. Olen työssä postissa.

(a) Where is Jukka from?
(b) Where does he live?
(c) What is his profession?
(d) Where does he work?

11 Tell a Finn you speak some Finnish.

12 Here are some work places. Match the Finnish with the English equivalent.

(a)	toimisto	(i)	computer firm
(b)	pankki	(ii)	factory
(c)	kirjasto	(iii)	university
(d)	koulu	(iv)	office
(e)	supermarket	(v)	department store
(f)	sairaala	(vi)	bank
(g)	yliopisto	(vii)	library
(h)	tietokonefirma	(viii)	school
(i)	tehdas	(ix)	supermarket
(j)	tavaratalo	(x)	hospital

13 Complete this dialogue by filling in the missing lines of conversation as prompted, (**sinä** = *you*).

Sinä   (*Ask where are you from?*)
Saara   Olen Joensuusta.
Sinä   (*Ask where do you work?*)
Saara   Olen työssä hotellissa.
Sinä   (*Ask where the hotel is?*)
Saara   Se on keskustassa. (*in the centre*)
Sinä   (*Ask do you live in Joensuu?*)
Saara   Joo, asun.

14 You have just met a Finn. You know Finland quite well.

(a) Ask her which town she is from.
(b) She tells you **En ole kaupungista**. What has she told you?

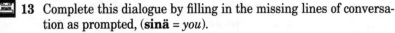

Vähän lisää

This discussion takes place in the bar of a hotel in Helsinki. Read through it and try to follow the gist of the conversation. Don't worry if you don't understand every word, there is a vocabulary and phrases at the end. Imagine you are eavesdropping on the conversation and, like in a real life situation, you understand some things and guess others. You have to prepare yourself for situations like this in the real world outside a text book. Have a go!

SUOMEN SUURIMMAT KAUPUNGIT

LAPIN LÄÄNI

Kemijärvi

Rovaniemi

Tornio   Kemi

Oulu

Raahe   OULUN LÄÄNI

Oulainon

Kajaani

Ylivieska

Uumaja

Kokkola   Haapajärvi

Pietarsaari   Iisalmi   Nurmes

Uusikaarlepyy

VAASAN LÄÄNI   KESKI-   KUOPION
SUOMEN   LÄÄNI
Vaasa   Lapua   LÄÄNI   Kuopio   Lieksa

Seinäjoki   Äänekoski   Suonenjoki   POHJOIS-KARJALAN
Alavus   LÄÄNI
Sundsvall   Kaskinen   Kurikka   Outokumpu

Kristiinankaupunki   Suolahti   Joensuu

Virrat   Mänttä   Pieksämäki   Varkaus

Parkano   Jyväskylä
HÄMEEN   MIKKELIN   Savonlinna
Kankaanpää   Ikaalinen   LÄÄNI   Jämsä
TURUN JA PORIN LÄÄNI   LÄÄNI   Mikkeli   LÄÄNI
Pori   Nokia
Harjavalta   Tampere   KYMEN
Kokemäki   Vammala   Valkeakoski   Heinola   LÄÄNI   Imatra
Rauma   Toijala   Hämeenlinna   Kuusankoski   Lappeenranta
Huittinen   Lahti
Uusikaupunki   Loimaa   Riihimäki   Kouvola
AHVENANMAA   Forssa   Karkkila   Hyvinkää   Anjalankoski
Raisio   Kerava   Järvenpää
Eckerö   Turku   Lohja   Porvoo   Hamina
Grisslehamn   Naantali   Salo   Kotka
Parainen   Karjaa   Vantaa   Loviisa
Kapellskär   Maarianhamina   Helsinki   UUDENMAAN LÄÄNI
Espoo
Tukholma   Hanko   Tammisaari

laivareitti

Baarissa At the bar

Steve	Hyvää iltaa. Olen Steve Smith.
Ari	Iltaa. Minä olen Ari Kauppinen. Hauska tutustua.
Steve	Hauska tutustua.
Ari	Oletko Helsingissä ensimmäistä kertaa?
Steve	Joo, olen. Olen täällä työmatkalla.
Ari	Sinä puhut oikein hyvin suomea. Missä sinä opit suomea?
Steve	Minä opiskelin suomea kielikoulussa Lontoossa.
Ari	No, pidätkö Helsingistä?
Steve	Joo. Helsinki on oikein mukava kaupunki. Asutko sinä Helsingissä?
Ari	En, minä asun Joensuussa.
Steve	Oletko sinä kotoisin Joensuusta?
Ari	Joo, olen. Olen täällä Helsingissä työmatkalla. Mistä sinä olet kotoisin?
Steve	Minä olen Brightonista, Etelä-Englannista.
Ari	Asutko sinä siellä?
Steve	En asu nyt, olen työssä Lontoossa ja asun Etelä-Lontoossa.
Ari	Missäpäin Etelä-Lontoota sinä asut?
Steve	Asun Dulwichissa. Anteeksi, sinä sanoit, että olet Joensuusta. Missäpäin Suomea Joensuu on?
Ari	Se on Pohjois-Karjalassa, Itä-Suomessa.

Ensimmäistä kertaa... *For the first time...*
Työmatkalla. *On a business trip.*
Sinä puhut oikein hyvin suomea. *You speak Finnish very well.*
Missä sinä opit suomea? *Where did you learn Finnish?*
Minä opiskelin suomea. *I studied Finnish.*
kielikoulu *language school*
no *well*
Pidätkö Helsingistä? *Do you like Helsinki?*

joo *yes*
mukava *pleasant, nice*
Oletko sinä kotoisin? *Are you originally from?*
siellä *there*
nyt *now*
Missäpäin Lontoota/Suomea? *Whereabouts in London/in Finland?*
Pohjois-Karjala *Northern Karelia*
kotoisin *by origin*
sinä sanoit *you said*
Etelä-Englannista *from southern England*

3

YKSI, KAKSI, KOLME ...
One, two, three ...

In this unit you will learn

- to tell and ask the time
- about numbers
- to carry out simple transactions at the bank
- to ask the time
- to say when something happens.

—————— Dialogeja ——————

Mitä kello on? What is the time?

You learn how to ask the time and to tell the time.

Mitä kello on? *What is the time?*
Kello on ... *It is ... o'clock.*

Kello on yksi
Kello on 13.00.

Kello on puoli kaksi
Kello on 13.30.

Kello on tasan kolme.
Kello on 15.00.

Kello on viisi minuuttia yli yksi.
Kello on viisi yli yksi.
Kello on 13.05.

Kello on viisi minuuttia vaille kaksi.
Kello on viisi vaille kaksi./viittä
  vaille kaksi.
Kello on 13.55.

Anteeksi, mitä kello on? Excuse me, what is the time?

Here are three short dialogues about asking and telling the time. Helsinkiläinen means a person from Helsinki:

Turisti	Anteeksi, voitteko sanoa, mitä kello on nyt?
Helsinkiläinen	Kello on kymmenen minuuttia yli kolme.
Turisti	Kiitos.
Turisti	Anteeksi, että häiritsen, mutta voisitteko sanoa, paljonko kello on?
Poliisi	Kello on tasan kaksitoista.
Turisti	Kiitos oikein paljon.
Poliisi	Olkaa hyvä!
Jari	Anteeksi, mutta onko kello jo kahdeksan?
Anne	Joo, kello on jo kaksikymmentä minuuttia yli kahdeksan.
Jari	Joko se on niin paljon! Nyt minulla on kiire. Hei hei!
Anne	Hei!

kello *clock, o'clock*	**Voisitteko sanoa?** *Could you tell?*
Voitteko sanoa...? *Can you tell...?*	**tasan** *exactly, on the dot of*
vaille *to (talking about time)*	**jo** *already*
minuutti, minuuttia *minute*	**niin paljon** *so late (when talking*
yli *past*	*about time)*
Anteeksi, että häiritsen, mutta...	**Minulla on kiire.** *I am in a rush.*
Sorry to bother you, but ...	*(I am in a hurry.) I am busy.*
mutta *but*	

Mihin aikaan? Milloin? **At what time? When?**

A visitor to Finland wants to know when the banks and post offices are open. **Portsari** is a hotel doorman.

Turisti Anteeksi, voitteko sanoa mihin aikaan pankit aukeavat aamulla?
Portsari Tavallisesti kello 9.15.
Turisti Ja mihin aikaan ne menevät kiinni?
Portsari Kello 16.15.
Turisti Ja postit?
Portsari Kello 9.00.
Turisti Ja mihin aikaan postit menevät kiinni?
Portsari Ne menevät kiinni kello viisi eli 17.00.
Turisti Ovatko postit auki lauantaina?
Portsari Valitettavasti ne eivät ole auki lauantaina.
Turisti Anteeksi, voisitteko vielä sanoa, missä lähin pankki on?
Portsari Se on aivan hotellin vieressä.
Turisti Kiitoksia oikein paljon.
Portsari Ei kestä.
Turisti Anteeksi, vielä yksi kysymys. Mitä kello on nyt?
Portsari Kello on puoli yhdeksän.
Turisti Kiitos vielä kerran ja näkemiin.
Portsari Näkemiin.

Mihin aikaan? *At what time?*	**tavallisesti** *usually*
Milloin? *When?*	**eli** *or, in other words*
pankki, pankit *bank, the banks*	**valitettavasti** *unfortunately*
ne aukeavat *they open*	**vielä** *still, further, also*
aamulla *in the morning*	**lähin** *the nearest*
ne menevät kiinni· *they close*	**aivan hotellin vieressä** *right by the hotel*
posti, postit *post office, the post offices*	**kysymys, kysymykset** *question, the questions*
Ovatko postit auki? *Are the post offices open?*	**vielä kerran** *once more*
auki/avoinna *open*	**lauantaina** *on Saturday*
kiinni/suljettu *closed*	

📷 Numerot *Numbers*

1	yksi	21	kaksikymmentäyksi
2	kaksi	22	kaksikymmentäkaksi
3	kolme	23	kaksikymmentäkolme
4	neljä	24	kaksikymmentäneljä
5	viisi	25	kaksikymmentäviisi
6	kuusi	26	kaksikymmentäkuusi
7	seitsemän	27	kaksikymmentäseitsemän
8	kahdeksan	28	kaksikymmentäkahdeksan
9	yhdeksän	29	kaksikymmentäyhdeksän
10	kymmenen	30	kolmekymmentä
11	yksitoista	40	neljäkymmentä
12	kaksitoista	50	viisikymmentä
13	kolmetoista	60	kuusikymmentä
14	neljätoista	70	seitsemänkymmentä
15	viisitoista	80	kahdeksankymmentä
16	kuusitoista	90	yhdeksänkymmentä
17	seitsemäntoista	100	sata
18	kahdeksantoista	101	satayksi
19	yhdeksäntoista		
20	kaksikymmentä		

200	kaksisataa	2 000	kaksituhatta
300	kolmesataa	3 000	kolmetuhatta
400	neljäsataa	4 000	neljätuhatta
500	viisisataa	5 000	viisituhatta
600	kuusisataa	6 000	kuusituhatta
700	seitsemänsataa	7 000	seitsemäntuhatta
800	kahdeksansataa	8 000	kahdeksantuhatta
900	yhdeksänsataa	9 000	yhdeksäntuhatta
1 000	tuhat	10 000	kymmenentuhatta

100 000	satatuhatta	0	nolla
200 000	kaksisataatuhatta	$\frac{1}{2}$	puoli
1 000 000	miljoona	$1\frac{1}{2}$	puolitoista
2 000 000	kaksimiljoonaa	$2\frac{1}{2}$	kaksi ja puoli

Pankissa   At the bank

 This conversation takes place at a bank between **asiakas** *customer* and **pankkivirkailija** *bank clerk*. The customer wants to change some traveller's cheques. She wants to know if she can use the cash machines.

Asiakas	Hyvää huomenta
Pankkivirkailija	Hyvää huomenta. Kuinka voin auttaa?
Asiakas	Haluaisin vaihtaa matkasekkejä.
Pankkivirkailija	Kuinka paljon haluaisitte vaihtaa?
Asiakas	150 puntaa.
Pankkivirkailija	Olkaa hyvä ja allekirjoittakaa sekit.
	(the customer signs the cheques)
Asiakas	Voitteko sanoa, mikä punnan kurssi on tänään?
Pankkivirkailija	Hetkinen...katsotaan, punnan kurssi on 7,23 markkaa.
Asiakas	Ahaa.
Pankkivirkailija	Käykö teille 500 markan seteli?
Asiakas	Joo, kyllä käy.
Pankkivirkailija	Olkaa hyvä, tässä: 1 069 markkaa ja 50 penniä. Pankkimaksu on 15 markkaa.
Asiakas	Kiitos. Voisitteko sanoa, voinko käyttää Visa-korttia täällä Suomessa?
Pankkivirkailija	Kyllä voitte. Sitä voi käyttää supermarketeissa, tavarataloissa, huoltoasemilla, pankeissa ja posteissa. Myös ravintoloissa ja hotelleissa.
Asiakas	Voinko ottaa rahaa pankkiautomaateista Visa-kortilla?

Pankkivirkailija Kyllä voitte, jos pankkiautomaatissa on Visa merkki.

Asiakas Kiitos paljon ja näkemiin.

Pankkivirkailija Olkaa hyvä ja näkemiin.

Kuinka voin auttaa? *How can I help you?*

Haluaisin vaihtaa... *I would like to change...*

matkasekki, matkasekkejä *traveller's cheque, traveller's cheques*

punta, punnan, puntaa *(£) pound*

Kuinka paljon? *How much?*

Olkaa hyvä ja allekirjoittakaa... *Please sign ...*

sekit *the cheques*

punnan kurssi *the exchange rate of the pound*

Mikä? *What?*

tänään *today*

Katsotaan. *Let's have a look.*

markka, markan, 15 markkaa *mark, of the mark, 15 marks*

Käykö teille? *Do you mind?*

viidensadan markan seteli *500-mark note*

pankkimaksu *bank charge*

Sitä voi käyttää. *It can be used.*

Visa-kortti *Visa card*

kortti, kortin, korttia *card*

supermarket, supermarketeissa *supermarket, in supermarkets*

tavaratalo, tavarataloissa *department store, in department stores*

huoltoasema, huoltoasemilla *service station, at service stations*

pankki, pankeissa *bank, in banks*

posti, posteissa *post office, in post offices*

ravintola, ravintoloissa *restaurant, in restaurants*

hotelli, hotelleissa *hotel, in hotels*

ottaa rahaa *to take money*

pankkiautomaateista *from cash-dispensing machines*

Visa-kortilla *with a Visa card*

merkki, merkin, merkkiä *sign, mark, brand*

Hyvä tietää

1 *Katsotaan numeroita* Let's look at the numbers

Let's take a closer look at the numbers. As you can see the numbers in Finnish bear no resemblance to those of any of the major Western European languages.

So the first task is to memorise the basic numbers. You will see, however, that once you have learnt those the rest of the numeric system uses combinations of them to make up all the other numbers. All the numbers from 11-19 use the first digit as in 1-9 and add **-toista** (cf. English *-teen*).

11 yksi**toista**   12 kaksi**toista**   13 kolme**toista**

Then all the tens use **-kymmentä** after the first digit e.g. **kaksikymmentä** (Lit. *two of a ten*) and so on until 90.

20 kaksi**kymmentä** 30 kolme**kymmentä** 40 neljä**kymmentä**

The hundreds are made with **-sataa** as their ending.

200 kaksi**sataa**   300 kolme**sataa**   400 neljä**sataa**

The thousands with **-tuhatta** as their second part.

2 000 kaksi**tuhatta**   3000 kolme**tuhatta**

Remember to split the numerals into their components, don't try to say them in one breath! The numbers are written as one word. In practice you don't need to write the numbers out in full very often except, when writing out a cheque, when you are expected to write the sum out in full.

A practical hint for learning the numbers: divide the number into its digits and then into syllables. Then practise saying it.

1250 tu-hat/kak-si/sa-taa/vii-si/kym-men-tä

It is also important to learn to understand numbers when you hear them. When you go shopping listen to the numbers and prices carefully. You can always check that you got the sum or price right by checking it on visual display on the till in the banks and shops.

Note that telephone numbers are said as digits just like in English.

32 175   kolme kaksi yksi seitsemän viisi
241 499   kaksi neljä yksi neljä yhdeksän yhdeksän
67 29 21   kuusi seitsemän kaksi yhdeksän kaksi yksi

Practise your own telephone number and any numbers involved in your address, so that you can say them with confidence. There is more practice in the exercise section.

In everyday speech the final **-i** in the numbers yks**i**, kaks**i**, viis**i** and kuus**i** is often dropped and they are said **yks**, **kaks**, **viis** and **kuus**. This is done particularly when counting:

yks, kaks, kolme   *one, two, three*

2 Puhutaan kellonajoista Let's talk about time

The 24-hour clock is used in Finland in official contexts, for example on the radio and television, at airports and railway stations. All time-tables are given in the 24-hour clock.

In everyday speech people tend to prefer the 12-hour clock. You can add the words **aamulla** (*in the morning*), **päivällä** (*in the daytime*), **illalla** (*in the evening*) or **yöllä** (*in the night time*), if you think there might be any confusion. For example.

Kello 8 illalla.	(20.00)	At 8 o'clock in the evening.
Kello 8 aamulla.	(08.00)	At 8 o'clock in the morning.
Kello 2 päivällä.	(14.00)	At 2 pm.
Kello 2 yöllä.	(02.00)	At 2 am.

Asking the time

You can ask the time by using any one of these three questions:

Mitä kello on?
Kuinka paljon kello on?   *What is the time?*
Paljonko kello on?

The answer begins with **kello on...**

Kello on kaksi.	*It is 2 o'clock.*
Kello on kuusi.	*It is 6 o'clock.*
Kello on kaksitoista.	*It is 12 o'clock.*

Notice how the Finns say *half past the hour*:
Puoli *half* and then the next hour.

Kello on puoli kaksi (13.30).	*It is half past one*
	(Lit. half way to two)
Kello on puoli kuusi (17.30).	*It is half past five.*
Kello on puoli kaksitoista.	*It is 11.30.*

The word **yli** (*over* or *past*) is used to indicate a number of minutes past the hour:

Kello on viisi minuuttia	*It is five minutes past two.*
yli kaksi.	
Kello on 20 minuuttia yli kuusi.	*It is 20 minutes past six.*

The word **vaille** is used to indicate *to the next hour*:

Kello on viisi minuuttia
vaille kaksi.

It is five minutes to two.

Kello on 20 minuuttia
vaille kuusi.

It is 20 minutes to six.

The word **kello** means literally *clock*. It is also used as the equivalent of the English *o'clock*.

Kello 2.

At 2 o'clock.

Hän tulee kello kaksi.

He is coming at 2 o'clock.

Postit aukeavat kello 9.

The post offices open at 9 o'clock.

The word **vuorokausi**, which is abbreviated to **vrk**, is used to mean a 24-hour period. This is used, for example, when quoting prices per day.

100mk/vrk

100 Marks a day

Huoneen hinta on 350mk/vrk.

The price of the room is 350 marks per day.

3 *Puhutaan rahasta* Let's talk about money

The Finnish currency is **markka** (*mark*). It is divided into hundred units called **penni** (*penny*). The international sign is **FIM** *FinnMark*. **Setelit** (*notes*) come in five denominations: 1 000 marks, 500 marks, 100 marks, 50 marks and 20 marks.

Here are the names by which the notes are known in everyday speech:

viisisatanen or **viissatanen**	*500 mark note*
satanen	*100 mark note*
viisikymppinen or **viiskymppinen**	*50 mark note*
kymppi	*10 mark note or coin*

There are coins **kolikot** worth 10, 20 and 50 pennies as well as one mark and five mark coins and a 10-mark coin. Most Finnish telephone kiosks take five-mark coins, as do most vending machines and stamp machines. **Pikkuraha** (Lit. *small money*) is the word used for *change*.

4 The main banks of Finland

OSUUSPANKKI

POSTIPANKKI	The Giro bank
KOP	Kansallis-Osake-Pankki
SYP	Suomen Yhdyspankki
OSUUSPANKKI	regional banks eg. Pohjois-Karjalan Osuuspankki
SUOMEN PANKKI	The Bank of Finland is the governing bank of the country.

5 Inside a bank

Here are some of the notices and signs you might come across in the banks:

VALUUTTA or MATKAVALUUTTA	/	*EXCHANGE*
TALLETUKSET		*savings*
KASSA		*cashier*
KÄYTTÖTILI		*current account*
HENKILÖLLISYYSTODISTUKSENNE,		*your identity card,*
OLKAA HYVÄ!		*please!*
OTTAKAA JONOTUSNUMERO!		*pick up a queuing number!*

You might be asked to prove your identity at the bank. You can use your passport. The Finns often have **henkilökortti** a special identity card. A Finnish driving licence also has an endorsed photograph and it can be used as proof of identity.

Finnish banks are usually open-plan and there is no barrier separating **asiakkaat** (*customers*) from **pankkivirkailijat** (*bank clerks*). Bank robberies are very rare in Finland!

Useful phrases for transactions at a bank

Haluaisin vaihtaa rahaa. *I would like to change some money.*
Haluaisin vaihtaa 100 puntaa. *I would like to change 100 pounds.*
100 dollaria. *100 dollars.*
1 000 frangia. *1,000 francs.*
1 000 Saksan markkaa. *1,000 German marks.*
100 000 Italian liiraa. *100,000 Italian lira.*
Haluaisin vaihtaa eurosekin. *I would like to change a Eurocheque.*

Mikä on ostokurssi? *What is the buying-in rate?*
Mikä on myyntikurssi? *What is the selling rate?*
tilinumero *account number*
saldo *bank balance*
pankkikortti *banker's card*
pankkiautomaattikortti *cash card*
maksukortti *charge card, payment card*
luottokortti *credit card*
tunnusluku *pin number*
sekkivihko *cheque book*

6 *Viikonpäivät* The days of the week

Here are the days of the week in Finnish:

maanantai	ma	*Monday*	maanantaina	*on Monday*
tiistai	ti	*Tuesday*	tiistaina	*on Tuesday*
keskiviikko	ke	*Wednesday*	keskiviikkona	*on Wednesday*
torstai	to	*Thursday*	torstaina	*on Thursday*
perjantai	pe	*Friday*	perjantaina	*on Friday*
lauantai	la	*Saturday*	lauantaina	*on Saturday*
sunnuntai	su	*Sunday*	sunnuntaina	*on Sunday*

The abbreviations are the first two letters of the word. Notice that the ending used to say *on a particular day* is **-na**, which is added to the end of the word. This case is called the *essive case*. The ending is **-na/-nä**. It is used here to mean that something happens on a certain day.

viikonloppu	*weekend*
viikonloppuna	*at the weekend*
maanantai – iltana	*on Monday evening*
lauantaiaamuna	*on Saturday morning*
tänään	*today*
huomenna	*tomorrow*
ylihuomenna	*the day after tomorrow*
eilen	*yesterday*
toissapäivänä	*the day before yesterday*

7 *Pankit, postit* The banks, the post offices

The basic form in the plural is called the nominative plural. The plural nominative ending is **-t**. This form is the equivalent of the English definite plural: the banks, the post offices. The ending **-t** is added to the stem of the word, in other words, if there are any consonants that are subject to the consonant gradation, they change, but also the vowel changes apply before this ending.

Here are some examples:

pan**kk**i	*a bank*	pan**k**it	*the banks*
se**kk**i	*a cheque*	se**k**it	*the cheques*

pankkiautomaatti *a bank machine*	pankkiautomaatit *the bank machines*
kolikko *a coin*	kolikot *the coins*
markka *a mark*	markat *the marks*
penni *a penny*	pennit *the pennies*
dollari *a dollar*	dollarit *the dollars*
kassa *a cashier; a till*	kassat *the cashiers; the tills*
supermarket *supermarket*	supermarketit *the supermarkets*

Note

kirje *letter*	kirjeet *the letters*
huone *room*	huoneet *the rooms*
avain *key*	avaimet *the keys*
suomalainen *a Finn*	suomalaiset *the Finns*
englantilainen *an Englishman / woman*	englantilaiset *the English*
amerikkalainen *an American*	amerikkalaiset *the Americans*

Notice the change in the words which end **-nen**: **-nen** changes to **-set**

nainen	*a woman, a lady*	naiset	*the women, the ladies*
mies	*a man*	miehet	*the men*
tyttö	*a girl*	tytöt	*the girls*
poika	*a boy*	pojat	*the boys* (NB. the **-i** becomes **-j** between the two vowels, and **-k** is dropped due to the consonant gradation)

 ———— **Harjoitellaan!** ————

1 You need to pop into a bank.

(a) How would you ask a passer-by where the nearest bank is?

(b) You are told: **Hotellin vieressä on pankki**. Where is the bank?

(c) You have arrived at a bank. Go up to the counter and say I would like to change some money.

(d) You are changing some traveller's cheques and the bank clerk says: **Henkilöllisyysstodistuksenne, olkaa hyvä.** What does the bank clerk want you to do?

(e) When the bank clerk says: **Olkaa hyvä ja allekirjoittakaa sekit.** What do you need to do?

2 (a) You need some cash and you have your cashpoint card with you. Ask someone where the nearest cash machine is?

(b) It is late in the afternoon. You need to go to the bank, but you are not sure what time the banks close. Ask someone what time the bank closes.

(c) You want to check that the bank is open, how would you ask?

3 If a notice on a shop door says:

avoinna	ma-to	9 00 – 17 00
	pe	8 00 – 20 00
suljettu	la su	

Which days is the shop closed and which day is late opening?

4 You have left your watch in your hotel room.

(a) Ask the receptionist what the time is.

(b) She says: **Kello on puoli yksitoista**. What is the time?

5 Here are some times. Say them aloud first using the 24-hour clock and then the 12-hour version using the phrases *in the morning, in the evening,* etc.

(a) 12.00 (c) 10.30 (e) 24.00 (g) 16.00 (i) 09.45 (k) 17.30
(b) 15.05 (d) 13.50 (f) 12.15 (h) 22.40 (j) 02.30 (l) 14.10

6 Here is the week's schedule for Liisa and Pekka. Liisa is a **muusikko** *musician* with a chamber orchestra on a tour. Pekka is a company representative (**edustaja**) travelling for his work. Re-tell their schedules following the example on page 61.

(a)	Liisa	(b)	Pekka
ma	Joensuu	**ma**	Lieksa
ti	Kuopio	**ti**	Kajaani
ke	Savonlinna	**ke**	Oulu
to	Savonlinna	**to**	Kemi
pe	Lappeenranta	**pe**	Kokkola
la	Helsinki	**la**	Vaasa
su	Helsinki	**su**	Jyväskylä

Example: Maanantaina Liisa on Joensuussa. *On Monday Liisa is in Joensuu.*

7 Which one of these would be out of place in a bank?

pankkikortti, sekki, dollari, sekkivihko, bussi, markka, pankkiautomaatti, kassa

8 When talking about time, what is **vuorokausi** the equivalent of?

9 What are the two units of Finnish currency called in Finnish?

10 What is the abbreviation **klo** short for?

11 The days of the week are abbreviated to the first two letters of the word. Which day of the week is missing from this list?

to, la, su, ke, ti, ma

12 Which two days make up **viikonloppu**?

13 Which number is missing from this sequence?: **yksi, kaksi, kolme, viisi, kuusi.**

14 If a number ends in **-kymmentä**, are we talking about tens or hundreds?

15 You need to ask a Finn a question, but she seems very busy, how would you say: I am sorry to bother you, but ...?

16 You have been told that an event takes place: **kello kahdeksan illalla**. Is that 8 o'clock in the evening or 8 o'clock in the morning?

17 You are saying goodbye to a friend and he says **Nähdään maanantaina**. Which day have you arranged to see him?

Vähän lisää

Here is a conversation at a post office. An Australian tourist is buying stamps to send postcards to Britain and Australia.

🔊 *Postissa* At the post office

Bruce	Hyvää huomenta.
Virkailija	Hyvää huomenta. Kuinka voin auttaa?

Bruce	Haluaisin lähettää pari postikorttia.
Virkailija	Mihin maahan?
Bruce	Britanniaan ja Australiaan.
Virkailija	Postimerkki Britanniaan maksaa 2,90 ja Australiaan 3,40.
Bruce	Saanko viisi postimerkkiä Britanniaan ja kaksi Australiaan.
Virkailija	Olkaa hyvä. Ja muuta?
Bruce	Kiitos, ei muuta.
Virkailija	Se tekee yhteensä 21,30.
Bruce	Olkaa hyvä. Voisitteko sanoa, missä postilaatikko on?
Virkailija	Se on tuolla oven vieressä.
Bruce	Kiitos ja näkemiin.
Virkailija	Näkemiin.

Haluaisin lähettää. *I would like to send.*	**Saanko ...?** *Can I have ...?*
pari postikorttia *a couple of postcards*	**Ja muuta?** *And something else?*
	ei muuta *nothing else*
mihin maahan? *to which country?*	**Se tekee yhteensä ...** *It makes altogether ...*
maksaa *costs*	**postilaatikko** *postbox*
Britanniaan *to Great Britain*	**tuolla** *over there*
postimerkki, 5 postimerkkiä *stamp, 5 stamps*	**oven vieressä** *by the door*
Australiaan *to Australia*	**Joku odottaa kirjettäsi.** *Someone is expecting a letter from you.*

4

SUORAAN ETEENPÄIN
Straight on

In this unit you will learn

- to ask where different places are in a town
- to ask how to get to places
- to understand simple instructions given to you
- to find your way around the centre of Helsinki

─────── Dialogeja ───────

 ### *Missä rautatieasema on?* Where is the railway station?

A tourist in Helsinki wants to know where the railway station, the main post office and one or two other places are. He asks a local.

Turisti	Anteeksi, missä rautatieasema on?
Helsinkiläinen	Se on tuolla oikealla.

Turisti	Anteeksi, missä pääposti on?
Helsinkiläinen	Se on Mannerheimintiellä.

Turisti	Anteeksi, onko hotelli Inter-Continental kaukana?
Helsinkiläinen	Ei ole, se on melko lähellä. Se on tuolla, vasemmalla, hotelli Hesperian vieressä.
Turisti	Anteeksi, missä Finlandiatalo on?
Helsinkiläinen	Se on Mannerheimintiellä, Eduskuntatalon lähellä.
Turisti	Anteeksi, missä City-Sokos on?
Helsinkiläinen	Se on Mannerheimintiellä, pääpostin vieressä.

rautatieasema *railway station*	**Finlandiatalo** *Finlandia Hall*
tuolla *over there*	**Eduskuntatalon lähellä** *near the*
oikealla *on the right*	*parliament building*
pääposti *main post office*	**Eduskuntatalo** *the Finnish*
Mannerheimintie. *A main street in*	*parliament building*
Helsinki.	**City-Sokos** *a department store*
kaukana *far*	**Stockmann** *Finland's most famous*
lähellä *near, nearby, close, by*	*large department store*
vasemmalla *on the left*	**pääpostin vieressä** *next to the*
melko *quite, fairly*	*main post office*
hotelli Hesperian vieressä *next to*	
hotel Hesperia	

Anteeksi, missä Stockmann on? Excuse me, where is Stockmann's?

A tourist wants to know where the Forum shopping centre, Stockmann's and the Academic Bookshop are.

Turisti	Anteeksi, missä Forum ostoskeskus on?
Helsinkiläinen	Se on Mannerheimintiellä, melkein City Sokosta vastapäätä.
Turisti	Ja missä Stockmann on?
Helsinkiläinen	Stockmannin tavaratalo on Mannerheimintien ja Aleksanterinkadun kulmassa.
Turisti	Entä Akateeminen kirjakauppa?
Helsinkiläinen	Se on Pohjois-Esplanadilla, Stockmannin takana.
Turisti	Missä on Helsingin matkailutoimisto?
Helsinkiläinen	Se on myös Pohjois-Esplanadilla, numero 19.

ostoskeskus, ostoskeskuksen	**kirjakauppa, kirjakaupan**
shopping centre	*bookshop, bookstore*
melkein *almost*	**akateeminen, akateemisen**
vastapäätä *opposite*	*academic*
kulmassa *on the corner*	**takana** *behind*
Stockmannin lähellä *near*	**Helsingin matkailutoimisto**
Stockmann's	*Helsinki City Tourist Office*
	myös *also*

vasemmalle suoraan eteenpäin oikealle

Mihin?
Where to?

Vasemmalle Suoraan eteenpäin Oikealle
to the left *straight on / ahead* *to the right*

Missä?
Where?

Vasemmalla Suoraan edessäpäin Oikealla
on the left *straight in front / ahead* *on the right*

Anteeksi, voisitteko sanoa ... Excuse me, could you tell me ...

A tourist at the Helsinki railway station wants to know where the Finlandia Hall is. **Ohikulkija** is a passer-by.

Turisti	Anteeksi, voisitteko sanoa, missä Finlandiatalo on?
Ohikulkija	Kävelkää ensin pääpostin ohi Mannerheimintielle ja kääntykää Mannerheimintiellä oikealle. Kävelkää noin puoli kilometriä suoraan eteenpäin ja Finlandiatalo on oikealla.
Turisti	Kiitos, siis ensin pääpostin ohi Mannerheimintielle ja sitten Mannerheimintiellä oikealle, ja noin puoli kilometriä suoraan eteenpäin ja Finlandiatalo on oikealla?
Ohikulkija	Aivan niin.
Turisti	Kiitoksia paljon.
Ohikulkija	Ei kestä.

◖◗ *Lasipalatsin edessä* In front of Lasipalatsi

Another tourist stops a person in front of Lasipalatsi and wants to know where Stockmann's is.

Turisti	Anteeksi, voisitteko sanoa, missä Stockmann on?
Ohikulkija	Se on Aleksanterinkadun ja Mannerheimintien kulmassa.
Turisti	Onko se kaukana?
Ohikulkija	Ei ole, sinne on noin 500 metriä. Se on tuolla, se näkyy tänne.
Turisti	Kiitos.
Ohikulkija	Olkaa hyvä!

Stockmannin edessä In front of Stockmann's

A tourist standing in front of Stockmann's wants to know where the Helsinki market is.

Turisti	Anteeksi, voisitteko sanoa, missä Kauppatori on?
Ohikulkija	Hetkinen. Kävelkää Aleksanterinkatua Senaatintorille ja sitten kääntykää oikealle ja kävelkää parisataa metriä ja olette Kauppatorilla.
Turisti	Siis, Aleksanterinkatua Senaatintorille ja sitten oikealle.
Ohikulkija	Aivan niin.
Turisti	Kiitos teille!
Ohikulkija	Ei kestä.

STRAIGHT ON

Stockmann's logo.

Kääntykää! *Turn! (plural and polite)*
ensin *first, firstly*
Kävelkää! *Walk! (plural and polite)*
noin *approximately*
pääpostin ohi *past the main post office*
puoli kilometriä *half a kilometre*
siis *so, thus*
aivan niin *exactly, just so*

Lasipalatsin edessä *in front of Lasipalatsi*
sinne *there to, to there*
Se näkyy tänne. *It is visible from here.*
Aleksanterinkatua *along Aleksanterinkatu*
parisataa metriä *a couple of hundred metres*
kiitos teille *thank you*

Joensuun kartta

🔊 *Joensuun kauppatorilla* At the Joensuu market square

A visitor to Joensuu wants to know how to get to the railway station. He is told by a **joensuulainen** (a person from Joensuu) that it is a fair way and it may be a good idea to take a taxi.

Turisti	Anteeksi, missä rautatieasema on?
Joensuulainen	Se on joen toisella puolella. Sinne on noin kilometri. Ottakaa taksi!
Turisti	Kiitos neuvosta. Mistä saan taksin?
Joensuulainen	Torilla on taksiasema.
Turisti	Kiitos.
Joensuulainen	Ei kestä.

Taksissa In a taxi

🔊 The visitor has decided to follow the local's advice. He takes a taxi to the railway station. **Taksinkuljettaja** is a *taxi driver*.

Turisti	Rautatieasemalle, olkaa hyvä.

Taksinkuljettaja	Selvä on. Oletteko ollut täällä Joensuussa kauan?
Turisti	Vain pari päivää. Olin täällä laulujuhlilla. Joensuu on oikein kaunis kaupunki ja ihmiset ovat mukavia.
Taksinkuljettaja	Mihin te nyt menette?
Turisti	Valitettavasti minun täytyy matkustaa takaisin kotiin Bostoniin. Menen ensin Helsinkiin junalla ja sieltä lentokoneella New Yorkiin ja Bostoniin.
Taksinkuljettaja	Nyt olemme rautatieasemalla, 35 markkaa, olkaa hyvä.
Turisti	Tässä, olkaa hyvä.
Taksinkuljettaja	Oikein hyvää matkaa!
Turisti	Kiitos ja näkemiin.

---

joki, joen   river, of the river
Toisella puolella.   On the other side.
Ottakaa taksi.   Take a taxi. (polite and plural)
Kiitos neuvosta.   Thanks for the advice.
Mistä saan taksin?   Where do I get a taxi from?
tori   market square
taksiasema   taxi rank
selvä on   ok
Oletteko ollut...?   Have you been...? (polite)
kauan   long
täällä   here, over here
ihmiset   the people
ovat   are

mukavia (plural)   nice
olin   I was
laulujuhlilla   at the song festival
Mihin te menette?   Where are you going?
Minun täytyy matkustaa.   I must travel.
takaisin   back
kotiin   home
Helsinkiin   to Helsinki
Bostoniin   to Boston
New Yorkiin   to New York
junalla   by train
lentokoneella   by aeroplane
olemme   we are
Oikein hyvää matkaa!   Have a good journey! (or Bon voyage!)

——— Hyvä tietää ———

1 Asking the way

Finding your way about a town using a foreign language can be difficult at first. You can learn all the right questions, but there is no guarantee that the answers given by the Finns are the same as in the dialogues you have learnt. There are as many ways of giving directions, as there are people giving them. So you have to learn some of the basic vocabulary and then rely on signals and signs or people pointing you in the right direction. You can ask to be shown the way on the map:

Näyttäkää kartasta, olkaa hyvä!	*Could you show it to me on the map, please!*

You can always obtain a map of the town, the village or the district in **matkailutoimisto** (*tourist office*). Let's recap on some of the useful phrases:

Anteeksi, voitteko sanoa,...	*Excuse me, can you tell me ...*
Anteeksi, voisitteko sanoa,...	*Excuse me, could you tell me ...*
Anteeksi, tiedättekö...	*Excuse me, do you know...*
...missä on lähin taksiasema?	*...where the nearest taxi rank is?*
...missä lähin posti on?	*...where the nearest post office is?*
...missä lähin Alko on?	*...where the nearest Alko (state-run off-licence) is?*
...missä lähin metroasema on?	*...where the nearest metro station is?*
...missä lähin linja-autopysäkki on?	*...where the nearest coach stop is?*
...missä lähin bussipysäkki on?	*...where the nearest bus stop is?*
...missä lähin raitiovaunupysäkki on?	*...where the nearest tram stop is?*
Anteeksi, voitteko sanoa, missä täällä on pankki?	*...where there is a bank around here?*
Anteeksi, voitteko sanoa, missä täällä on supermarket?	*...where there is a supermarket around here?*
Anteeksi, voitteko sanoa, missä täällä on hyvä kirjakauppa?	*...where there is a good bookshop around here?*

If you are asking directions from a young person or someone you know well, you say **Voitko?** (*Can you?*) and **Voisitko?** (*Could you?*) instead of the formal **Voitteko?** and **Voisitteko?**

2 Following directions

Here are some words and phrases you might come across in the directions given to you. It would be useful to recognise them.

tuolla	*over there*	**risteykseen**	*to the cross roads*
täällä	*here, over here*	**liikennevalot**	*traffic lights*
tätä katua	*along this street*	**liikennevaloissa**	*in/at the*
tuota katua	*along that street*		*traffic lights*
Rantakatua	*along Rantakatu*	**liikennevaloista**	*from the*
risteyksessä	*at the crossroads*		*traffic lights*
risteyksestä	*from the crossroads*	**liikennevaloihin**	*to the traffic lights*

Vähan kielioppia
A little bit of grammar

There are some new case endings in the dialogues of this unit. One of them is the *genitive case*. This case ending corresponds to the English **'s** in *Lisa's friend* and to the **of** in *the name of* the street.

The genitive case

The ending of the singular genitive is **-n**. The consonant changes that you learnt in Unit 2 apply with the genitive, as the ending **-n** closes the syllable to which it is added.

In fact the genitive form shows both consonant and any vowel changes that take place. This is why the genitive will be indicated from now on in the vocabulary section for all the nouns, adjectives and pronouns. The changes of consonants and vowels are also shown.

This is how the case endings are shown in the vocabulary boxes from here onwards:

(a) talo, -n, -a
(b) katu, kadun, katua
(c) suomalai/nen, -sen, -sta

First the nominative, then the genitive and the partitive. The dash - is used to show that the ending is added to the word and there are no changes as in example 1:

talo, talon , taloa.

If there are consonant or vowel changes then the word is written in full as in example 2:

katu, kadun, katua

A combination of an oblique stroke / and ending is used with some words particularly words ending in **-nen**. The oblique stroke separates the stem of the word from an ending, so you drop what comes after it and replace it with the ending indicated with a dash. Here is example 3 written out in full:

suomalainen, suomalaisen, suomalaista.

When you need to add the ending to a foreign word which ends in a consonant, you need to add the link vowel **-i-** (cf. New Yorkissa). Eg.

Bostonin maratoni	*the Boston marathon*
	(Lit. *the marathon of Boston*)
Israelin presidentti	*the president of Israel*
Peterin ystävä	*Peter's friend*

Here are some examples of the genitive case from the unit:

Mannerheimintie	*Mannerheim's Road* (Lit.)
Aleksanterinkatu	*Aleksander's street* (Lit.)
Helsingin matkailutoimisto	*the Tourist Office of Helsinki* (Lit.)
Stockmannin tavaratalo	*The Stockmann's Department Store* (Lit.)
Senaatintori	*The Square of the Senate* (Lit.)

Notice the above are literal translations. In English you would say *The Senate Square, the Helsinki tourist office*, etc. In the same way you can say:

hotellin nimi	*the name of the hotel*
kadun nimi	*the name of the street*
Liisan ystävä	*Liisa's friend*
Pekan vaimo	*Pekka's wife*

The genitive is also used with postpositions. Postpositions are like prepositions (eg. *in, out, at*), but they come after the word and not before it. There are also prepositions in Finnish.

Here are the main postpositions from the unit:

vieressä *next to*   teatterin vieressä *next to the theatre*

edessä	*in front of*	teatterin edessä	*in front of the theatre*
takana	*behind*	teatterin takana	*behind the theatre*
lähellä	*close to*	teatterin lähellä	*close to the theatre*
ohi	*past*	teatterin ohi	*past the theatre*

The partitive case

The partitive case is the other new case in this unit. There is no direct equivalent of this case in English, because the partitive has many different functions in Finnish. First we have to look at how to form the partitive. There are in fact three different endings for the partitive singular depending on the basic form (the nominative) of the word.

The partitive endings are: **-a/-ä** for words ending in a single vowel

katu	*street*	partitive: kat**u**a
tyttö	*girl*	partitive: tyttö**ä**
markka	*mark*	partitive: markka**a**

-ta/-tä for words ending in two vowels or in a consonant

maa	*country*	partitive: maa**ta**
mies	*man*	partitive: mies**tä**
tie	*road*	partitive: tie**tä**

-tta/-ttä for a word ending in **-e**

huone	*room*	partitive: huone**tta**
perhe	*family*	partitive: perhe**ttä**

The partitive case does not usually involve consonant changes, as it does not add an extra consonant to the end of the word. Any vowel changes in the word will be incorporated. Eg. **joki** *river*→ jokea, **järvi** *lake*→ järveä, **Suomi** *Finland*→ Suomea.

When to use the partitive

The partitive together with the basic form, or the nominative as it is called, are the most frequently used cases in Finnish. Here we look at just two of the many uses of the partitive.

(*a*) The partitive with numbers:

nouns, adjectives and pronouns are in the partitive singular after a numeral, with the exception of the numeral one which is followed by the nominative (basic) case:

2 markkaa	*2 marks*
35 markkaa	*35 marks*
12 suomalaista tyttöä	*12 Finnish girls*
35 venäläistä turistia	*35 Russian tourists*

Note the partitive for words which end **-nen: suomalaista**

but: 1 tyttö	*1 girl*
1 markka	*1 mark*
1 suomalainen tyttö	*1 Finnish girl*
1 venäläinen turisti	*1 Russian tourist*

(*b*) The partitive is also used after other words which express quantity or measure:

parisataa metriä	*couple of hundred metres*
puoli kilometriä	*half a kilometre*
monta kilometriä	*many kilometres*
kuppi kahvia	*a cup of coffee*
lasi olutta	*a glass of beer*

(*c*) In this unit the partitive is also used in the expressions:

Aleksanterinkatua	*along Aleksanterinkatu*
Mannerheimintietä	*along Mannerheimintie*
teatteria vastapäätä	*opposite the theatre*

There is much more to come about the partitive, as it is a very important and frequently used case.

The verb to be: *Olla*

olen	*I am*	olin	*I was*
olet	*you are*	olit	*you were*
on	*he/she/it is*	oli	*he/she/it was*
olemme	*we are*	olimme	*we were*
olette	*you are*	olitte	*you were*
ovat	*they are*	olivat	*they were*

en ole	*I am not*	en ollut	*I was not*
et ole	*you are not*	et ollut	*you were not*
ei ole	*he/she/it is not*	ei ollut	*he/she/it wasn't*

emme ole	*we are not*	emme olleet	*we were not*
ette ole	*you are not*	ette olleet	*you were not*
eivät ole	*they are not*	eivät olleet	*they were not*

Notice also that in Finnish the word **ei** (*no*) has endings like a verb.

En ole	*I am not*
et ole	*you are not*
hän ei ole	*he / she is not*

There is no separate future tense in Finnish. **Olen** means both *I am* and *I will be*. The future is indicated by a word like **huomenna** (*tomorrow*) or **pian** (*soon*) or any expression referring to the future.

If you want to ask a question which uses a negative, such as *Aren't you?* you add the interrogative ending **-kö** to the negative:

| Etkö sinä ole suomalainen? | *Aren't you Finnish?* |
| Eikö. hän ole Suomessa? | *Isn't he in Finland?* |

There is a complete reference for the verb *to be*, **olla**, on page 345 in Appendix 1.

Saying I, you, he, she, etc. (personal pronouns)

The personal pronouns **minä** *I*, **sinä** *you*, **me** *we* and **te** *you* are optional in use. The personal endings of the verbs always indicate who is talking, therefore it is not always necessary to add the personal pronouns. But the personal pronouns can be used for emphasis:

| Minä olen suomalainen, | *I am Finnish, I am not* |
| en ole ruotsalainen. | *Swedish.* |

However in the third person you need to use the pronoun **hän** when talking about human beings and **se** when referring to things and inanimate objects. In Finnish, animals are referred to as **se**.

Telling or requesting someone to do something

In Finnish the command form of the verb is called *the imperative*. This form is used to command someone or to tell them what to do. But this form is also used to make a polite request. Often together with **ole hyvä** or **olkaa hyvä**. The imperative form alone can also be a polite request, it all depends on the tone of voice and the way it is said.

How to form the imperative

The singular form or the familiar form is in fact the same as the stem of the present tense of the verb, i.e. the present tense without the personal ending. You are familiar with one such form already in **ole hyvä**! (Lit. *be good*).

The plural and polite command is formed from the infinitive with the ending **-kaa/-kää**. You have seen this in **olkaa hyvä**: ol/la *to be* (the oblique stroke is used to separate the infinitive ending from the verb itself) other examples from the unit:

singular/familiar		the infinitive		plural/polite
käänny!	*turn*	(käänty/ä	*to turn*)	**kääntykää!**
kävele!	*walk*	(kävel/lä	*to walk*)	**kävelkää!**
mene!	*go*	(men/nä	*to go*)	**menkää!**
jatka!	*continue*	(jatka/a	*to continue*)	**jatkakaa!**
tule!	*come*	(tul/la	*to come*)	**tulkaa!**

You can combine the imperative with 'please' to make a more polite request:

Ole hyvä ja tule! *Please come!* Olkaa hyvä ja tulkaa!
or
Tule, ole hyvä! *Please come!* Tulkaa, olkaa hyvä!

These are just examples needed in this unit. A more comprehensive guide to the verbal forms appears later on in the book.

 ——————— **Harjoitellaan!** ———————

 1 (a) You are approaching a stranger in the street in Helsinki to ask the way, how do you start the question?

(b) You want to know where there is a taxi rank, how do you ask the question?

(c) You are told that it is **rautatieaseman vieressä**. Where is it?

2 You need to go to the bank, how would you ask whether there is a bank somewhere close by?

3 (a) You have heard that Stockmann's is the biggest department store in Helsinki, but you are not quite sure where it is? Ask a passer-by where it is?

(b) You are told **Se on Aleksanterinkadun ja Mannerheimintien kulmassa**. Where is it?

(c) You have a map, so you can ask to be shown where exactly it is on the map. How would you ask to be shown it on the map?

(d) You are not quite sure about the distances involved. You want to know whether it is far. How do you ask?

4   You are making this enquiry by the main post office near the railway station. The answer is **noin puoli kilometriä**. How far is that?

5   What do you call the tourist information bureau in a Finnish town?

6   You have been given the following instructions:

Kävele Mannerheimintielle ja käänny oikealle. Kävele suoraan eteenpäin Forumin ja Lasipalatsin ohi (*past*) noin puoli kilometriä ja Kansallismuseo on vasemmalla.

(a)   Which street do you have to walk to?
(b)   Which direction do you have to turn to?
(c)   Which buildings do you pass?
(d)   Which building do you reach after half a kilometre?

7   What are the English equivalents of the words **tie** and **katu** in street names?

8   Which one of these is a place where you can obtain information about a town or region?

tavaratalo, ostoskeskus, kauppa, supermarket, matkailutoimisto, kirjakauppa

9   (a)   You have asked for instructions to a place and you have been told: **Menkää suoraan eteenpäin**. Which direction are you instructed to take?

(b)   If you are told **Mene pääpostin ohi**. What are you instructed to do?

(c)   What does the word **noin** mean in a phrase such as **noin puoli kilometriä**?

(d)   Which form of transport is **rautatieasema** associated with?

(e)   What would you expect to catch at **raitiovaunupysäkki**?

(f)   What are **liikennevalot**?

(g) If a place you want to go to is **joen toisella puolella**, what do you have to cross to get there?

10 A friendly local has just given you instructions to get to where you want to go, how would you thank him for the advice?

Vähän lisää

Helsingin keskustassa in the centre of Helsinki

We wrap up this unit by taking a walk around the centre of Helsinki in the company of an inquisitive tourist and a local guide. Helsinki is small enough for you to see the main sights in the centre on foot. Specially in the summer, walking is the best way to learn to find your way about the town. **Opas** is the guide.

Turisti Mikä katu tämä on?
Opas Täma on Mannerheimintie.
Turisti Mikä tuo rakennus tuossa oikealla on?
Opas Se on Helsingin pääposti.
Turisti Mikä tuo patsas tuolla postin edessä on?
Opas Se on marsalkka Mannerheimin patsas.
Turisti Ahaa. Ja tuo iso rakennus tuolla vasemmalla on sitten Eduskuntatalo.
Opas Niin on. Melkein vastapäätä on Helsingin kaupungin-museo. Se on oikein mielenkiintoinen vanha talo.
Turisti Tuo iso valkoinen rakennus on sitten Finlandiatalo.
Opas Niin on. Se on Alvar Aallon rakennus. Sen lähellä on myös uusi ooppperatalo.
Turisti Ja mikä tuo rakennus on?
Opas Se on Forum. Se on iso moderni ostoskeskus.
Turisti Ja tuolla postin takana on Helsingin rautatieasema.
Opas Niin on. Se on Eliel Saarisen rakennus.
Turisti Rautatieaseman toisella puolella on Suomen Kansallisteatteri.
Opas Kenen patsas on tuossa teatterin edessä?
Turisti Se on Aleksis Kiven patsas.

Opas   Kuka on Aleksis Kivi?
Turisti Hän oli suomalainen kirjailija.
Opas   Ja tuo rakennus tuolla Rautatietorin toisella laidalla?
Turisti Se on Ateneumin taidemuseo.

täma, -n, tätä *this*
tuo, -n, -ta *that*
rakennus, rakennuksen, rakennusta *building*
patsas, patsaan, patsasta *statue*
marsalkka Mannerheim *Marshal Mannerheim*
iso, -n, -a *big*
Niin on. *So it is, yes it is.*
kaupunginmuseo, -n, -ta *city museum*
mielenkiintoi/nen, -sen, -sta *interesting*
vanha, -n, -a *old*
talo, -n, -a *housing, building, hall*
valkoi/nen, -sen, -sta *white*

Alvar Aalto, Alvar Aallon *Alvar Aalto (a Finnish architect)*
sen lähellä *close to it*
uusi, uuden, uutta *new*
moderni, -n, -a *modern*
oopperatalo, -n, -a *opera house*
Eliel Saarinen, Eliel Saarisen *Eliel Saarinen (a Finnish architect)*
Kansallisteatteri, -n, -a *National Theatre*
Aleksis Kivi, Aleksis Kiven *Aleksis Kivi (a Finnish writer)*
Rautatietorin toisella laidalla. *At the other end of the Railway Square.*
taidemuseo *art museum*

5

HYVÄÄ MATKAA!
Have a pleasant journey!

In this unit you will learn

- to make inquiries about travelling
- to ask about departures and arrivals
- to find out about different means of travel
- to purchase tickets and make reservations
- **Hyvää matkaa!**

NURMES–JOENSUU–HELSINKI

	EP 9	802/ 2	804/ Su 6	804/ 4	10
NURMES		8.30	14.20	14.20	20.07
LIEKSA	5.30[1]	9.14	14.58	14.58	20.56
JOENSUU	7.35	10.45	16.25	16.35	22.40
KITEE	8.05	11.23	–	17.07	23.27
PARIKKALA	8.46	12.18	17.29	17.54	1.42
IMATRA	9.25	13.04	18.08	18.38	2.46
LAPPEENRANTA	9.49	13.38	18.32	19.06	3.15
KOUVOLA	10.36	14.30	–	19.55	4.40
LAHTI	11.08	15.03	19.46	20.28	5.17
RIIHIMÄKI	11.42	15.39		21.02	5.56
PASILA	12.24	16.24	20.58[2]	21.49[2]	6.58
HELSINKI	12.30	16.30	21.04	21.55	7.05

1) Korvaava bussi, ma-la 2) 24.9.90 alkaen
Lisämaksulliset junat on merkitty punaisella
Oikeus aikataulumuutoksiin pidätetään.

HELSINKI–JOENSUU–NURMES

	3/ 803	1/ 801	IC 17[1]	EP 7	9
HELSINKI	7.04	13.25	15.30	17.04	22.25
PASILA	7.10[3]	13.31	15.36[3]	17.10[3]	22.32[3]
RIIHIMÄKI	7.52	14.15	16.15	17.50	23.37
LAHTI	8.25	14.49	16.45	18.22	0.19
KOUVOLA	9.01	15.25	17.19	18.56	1.25
LAPPEENRANTA	9.50	16.21	18.02	19.42	3.14
IMATRA	10.17	16.48	18.26	20.06	3.42
PARIKKALA	10.56	17.30	19.09	20.44	5.15
KITEE	11.39	18.15	19.45	21.25	6.13
JOENSUU	12.10	18.52	20.16	21.56	7.00
LIEKSA	13.28	20.13		23.45[2]	8.35
NURMES	14.06	20.55			9.22

1) Väli Imatra–Joensuu vain perjantaisin
2) Korvaava bussi, su-pe
3) 24.9.90 alkaen

Timetable for trains Helsinki-Joensuu-Helsinki

Dialogeja

Helsingin rautatieasemalla At the Helsinki railway station

A tourist goes to the Helsinki railway station to find out about trains to Joensuu. He is at the ticket-office – **lipputoimistossa**.

Turisti Anteeksi, voitteko sanoa, mihin aikaan lähtee ensimmäinen juna Joensuuhun aamulla?

Virkailija Hetkinen...Ensimmäinen juna lähtee 7.04.

Turisti Niin aikaisin! Mihin aikaan se saapuu Joensuuhun?

Virkailija Se saapuu Joensuuhun kello 12.10.

Turisti Matka kestää siis yli viisi tuntia. Mihin aikaan lähtee seuraava juna?

Virkailija Kello 13.25 ja se saapuu Joensuuhun kello 18.52. Nopein juna on Karelia Express. Se lähtee Helsingistä kello 15.30 ja on Joensuussa 20.16. Siinä on lisämaksu 25,–.

Turisti Kuinka paljon maksaa menolippu Joensuuhun?

Virkailija Menolippu on 150,– ja meno-paluu on 286,–

Turisti Ja mihin aikaan lähtee viimeinen juna illalla?

Virkailija Viimeinen juna lähtee 22.25 ja on Joensuussa kello 7.00 aamulla.

Turisti Onko junassa makuuvaunu?

Virkailija Kyllä on. Makuuvaunupaikka maksaa 150,– kahden vuoteen osastossa ja 90,– kolmen vuoteen osastossa.

Turisti Kiitos oikein paljon. Minä mietin asiaa. Ehkä käyn Finnairilla ja kysyn kuinka paljon maksaa lentolippu Joensuuhun. Kiitos vielä kerran ja näkemiin.

Virkailija Näkemiin.

lipputoimisto, -n, -a *ticket office*	**meno/lippu, -lipun, -lippua** *single ticket*
lähte/ä: lähden, lähtee *to depart, to leave, to go*	**meno-paluu** *return ticket*
juna, -n, -a *train*	**viimei/nen, -sen, -stä** *the last*
Joensuuhun *to Joensuu*	**makuuvaunu, -n, -a** *sleeper*
aikaisin *early*	**makuuvaunu/paikka, -paikan,**
saapu/a: saavun, saapuu *to arrive*	**-paikkaa** *berth in a sleeper*
kestä/ä *to last, to take (of time)*	**kahden vuoteen osasto, -n, -a**
siis *so, therefore*	*double berth*
seuraava *next, following*	**Minä mietin asiaa.** *I'll think it over.*
nopein *fastest*	**ehkä** *perhaps*

Siinä on lisämaksu. *There is an*	käy/dä, käyn, käy *to go, to visit*
extra fee on it.	kysy/ä, kysyn, kysyy *to ask*
25, – (markkaa) *25 marks*	vielä kerran *once more*
maksa/a, maksan, maksaa *to pay,*	
to cost	

Finnairin kaupunkiterminaalissa   At the Finnair town terminal

Having found out about the trains the same tourist wants to know about flights to Joensuu.

HELSINKI-JOENSUU

ks.sivu 102	MA	TI	KE	TO	PE	LA	SU	TULO
AY562	0620	0620	0620	0620	0620	0620	-	0710
AY512 ①	-	-	-	-	-	0855	-	1020
KR574	-	-	-	-	-	-	0935	1040
AY564	0950	0950	0950	0950	0950	-	-	1040
FA590	1140	1140	1140	1140	1140	1140	1140	1245
AY566	1630	1630	1630	1630	1630	-	-	1720
AY566	-	-	-	-	-	-	1650	1740
AY568	1940	1940	1940	1940	1940	-	1940	2030
KR570	-	-	-	-	-	1940	-	2045

① Kuopion kautta

Turisti   Hyvää päivää. Haluaisin tietää, mihin aikaan lähtee ensimmäinen lento aamulla Joensuuhun.

Virkailija   Aamukone lähtee kello 6.20 ja se saapuu Joensuuhun kello 7.10.

Turisti   Matka on oikein nopea! Kuinka paljon maksaa lento Joensuuhun?

Virkailija   Normaali menolippu on 475,– ja säästöhinta menopaluu on 570,–.

Turisti   Jaa-a. Se on melko kallis. Kiitos paljon, mutta menen ehkä sittenkin junalla. Minulla on aikaa, mutta minulla ei ole paljon rahaa.

Virkailija   Meillä on myös erikoissäästöhinta, joka on 380,–, mutta se täytyy varata ja maksaa 7 vuorokautta ennen matkaa.

Turisti   Kiitos oikein paljon, mutta minulla ei ole varaa lentää.

Virkailija   Olkaa hyvä ja näkemiin.

lento/lippu, -lipun, -lippua *flight ticket*	**Minulla ei ole rahaa.** *I have no money.*
tietä/ä, tiedän, tietää *to know*	**erikoissäästöhinta** *special economy fare*
aamu/kone, -koneen, -konetta *morning flight* (Lit. *morning plane*)	**Se täytyy varata.** *It must be reserved.*
nopea, -n, -a *fast, quick*	
normaali, -n, -a *normal*	**vuoro/kausi, -kauden, -kautta (vrk)** *24-hour period*
säästö/hinta, -hinnan, -hintaa *economy fare*	**ennen matkaa** *before the journey*
melko *quite*	**Minulla ei ole varaa.** *I can't afford to.*
kallis, kalliin, kallista *expensive*	
sittenkin *after all*	**lentää, lennän, lentää** *to fly*
Minulla on aikaa. *I have time.*	

🔊 *Lomalla* On holiday

Maire and Liisi are discussing holiday plans. A touring holiday in Eastern Finland is planned for the summer.

Maire Mihin te menette lomalle ensi kesänä?
Liisi Me olemme Suomessa. Menemme autolla Itä-Suomeen.
Maire Milloin teillä on loma?
Liisi Loma alkaa kesäkuun lopussa, meillä on neljä viikkoa lomaa.
Maire Matkustatteko koko loman ajan?
Liisi Emme, olemme kesämökillä kaksi viikkoa ja matkalla kaksi viikkoa.
Maire Mistä te lähdette?
Liisi Meidän kesämökiltä. Se on Saimaan rannalla Lappeenrannan lähellä.
Maire Mihin te menette ensin?
Liisi Ajamme ensin Imatralle ja olemme yötä Imatran Valtionhotellissa. Se on oikein kaunis hotelli.
Maire Eikö se ole oikein kallis?
Liisi Onhan se, mutta olemme hotellissa vain yhden yön. Loppuloman olemme leirintäalueilla ja sukulaisten luona.
Maire Ja mihin te menette Imatralta?
Liisi Menemme Punkaharjulle ja olemme yötä Punkaharjun leirintäalueella. Sitten menemme Kerimäelle ja Savonlinnaan. Meillä on liput oopperajuhlille. Menemme katsomaan uutta

suomalaista oopperaa 'Veitsi'. Sitten Savonlinnasta me menemme Kiteen kautta Joensuuhun ja Joensuusta Ilomantsiin.

Maire Mitä Ilomantsissa on?

Liisi Siellä on Runonlaulajan Pirtti ja kaunis ortodoksinen kirkko ja iso luonnonpuisto Petkeljärvellä. Ilomantsista menemme takaisin Joensuuhun Enon kautta ja sitten Kuopioon. Kuopiossa olemme pari yötä. Meillä on siellä ystäviä. Käymme syömässä Puijon tornin ravintolassa. Sieltä on mahtavat näköalat Kallavedelle ja koko Kuopion ympäristöön. Sieltä näkyy kymmeniä järviä.

Maire Mihin te menette sitten Kuopiosta?

Liisi En ole varma vielä. Luultavasti menemme Heinävedelle, Valamon luostariin ja sitten Mikkeliin ja Mikkelistä takaisin kesämökille.

mennä, menen, menee *to go, I go, he/she goes*	**Menemme katsomaan.** *We are going to see.*
loma, -n, -a *holiday*	**uusi, uuden, uutta** *new*
lomalla, lomalle *on holiday, for a holiday*	**Kiteen kautta** *via Kitee*
ensi kesänä *next summer*	**Runonlaulajan Pirtti** *Runesinger's cottage*
autolla *by car*	**ortodoksinen kirkko** *Orthodox church*
teillä on *you have*	
kesäkuun lopussa *at the end of June*	**luonnonpuisto, -n, -a** *nature park*
meillä on *we have*	**ystävä, ystäviä** *friend, friends*
matkustaa, matkustan, matkustaa *to travel*	**Onhan se.** *Well, yes it is.*
	käydä syömässä *go to eat*
koko loman ajan *for the whole holiday*	**Puijon torni** *the Puijo tower*
kesämökillä *at the summerhouse*	**mahtava, -n, -a** *great, fantastic*
Saimaan rannalla. *On the shores of lake Saimaa.*	**näköala, -n, -a** *view*
	Kallavedelle *on to the lake Kallavesi*
ajaa, ajan, ajaa *to drive*	**ympäristöön** *into the surrounding area*
olla yötä *to stay the night*	**Sieltä näkyy kymmeniä järviä.** *Tens of lakes can be seen from there.*
Meillä on ystäviä *We have friends.*	
kallis, kalliin, kallista *expensive*	**Heinävedelle** *to Heinävesi*
yhden yön *for one night*	**Valamon luostari** *the monastery of Valamo*
loppuloma *the rest of the holiday*	
leirintäalueilla *at camp sites*	
sukulaisten luona *at relatives'*	
Meillä on liput oopperajuhlille. *We have tickets for the opera festival.*	

Lisätietoja Pohjois-Karjalan Kesästä puh. 973-201 362
POHJOIS-KARJALAN MATKAILUTOiMISTO, KOSKIKATU 1, 80100 JOENSUU

Hyvä tietää

Finland is a large country. The total area is 338 144 square kilometres. The maximum length is 1 160 kilometres from Hanko on the South coast to the northernmost tip of Lapland. The maximum breadth is 540 kilometres from Vaasa in the west to Ilomantsi in the east. When travelling around the country it is good to keep in mind the fact that the distances can be long.

The railway network run by **VR- Valtion rautatiet** covers the country with well-run railway services. The trains are comfortable and reasonably priced. There are no railways in the North of Lapland. **Kemijärvi ja Kolari** are the northernmost railway stations in Lapland. There is a good coach network, which is run by **Matkahuolto** nationally and by many private companies. There is also the post office coach service. Travelling by bus is always a good way to see the country if you have plenty of time. The express buses are faster: look for **pikavuoro** *express routes*.

The fastest way to get around is to fly on the excellent internal flights run by **Finnair**, Finland's national airline. Most of the flights start and end in Helsinki. There are a few cross-country routes, but not many.

If you are travelling by car, the road network is good and extensive. There are some motorways in the south around Helsinki. In the rest of the country the main roads are good and well signposted. Remember to make sure you have enough petrol when you are travelling in the more remote areas, particularly in Lapland, so that you don't get stranded, as there aren't many petrol stations on the minor roads.

1 *Mistä mihin?* From where to where?

In the earlier units you have learnt to answer the questions **missä?** *where?* and **mistä?** *where from?* Now look at how to answer the question **mihin?** or **minne?** *where to?*

   Mihin? or **Minne?**   *Where to?*

First look at this new case, which means *into* or *to*. It is called the *illative case*. The ending for the illative case can vary a little depending on the type of word it is added to. For most words which end in one vowel:

(a)   The illative case is formed by lengthening the last vowel and adding **-n**.

Here are some examples:

Helsinki**in**	*to Helsinki*	Turku**un**	*to Turku*
Savonlinna**an**	*to Savonlinna*	Ilomantsi**in**	*to Ilomantsi*
Mikkeli**in**	*to Mikkeli*	Lappeenranta**an**	*to Lappeenranta*

If the word has a vowel which changes like the vowel **-i** in Suomi Suomi: Suom**en**; Suom**essa**; Suom**esta**. This vowel change applies in the illative case as well: Suom**een**   *to Finland, into Finland*

But notice that there are no consonant changes of the type **t**→ d, **p**→ v or **k**→ / or the double consonants becoming single in this case. This is because the ending has a long vowel.

Helsi**nk**i**in**	*to Helsinki*	Turku**un**	*to Turku*
pa**nkk**i**in**	*to the bank*	kau**pp**aan	*to a shop*
Engla**nt**i**in**	*to England*		

(b)   If the word is short and ends in two vowels the ending has **-h-** and the last vowel of the word plus **n**.

maa	*country*	maa**han**	*into the country*
työ	*work*	työ**hön**	*to work*
Joen**suu**		Joensuu**hun**	*to Joensuu* (**suu** *mouth* **joen** *of the river*)

(c)   For longer words which end in two vowels the illative ending is **-seen**.

Porvoo	Porvoo**seen**	*to Porvoo*
Lontoo	Lontoo**seen**	*to London*
Espoo	Espoo**seen**	*to Espoo*

The ending **-seen** is also used for words which end in **-e** (their stem ends in **-ee**: huone, huoneen)

huone	*room*	huon**eessa**	*in a room*	huone**eseen**	*into a room*
perhe	*family*	perh**eessä**	*in a family*	perhe**eseen**	*into a family*

2   *Tampereelle ja Imatralle*   To Tampere and Imatra

The *allative case* **-lle** also answers the question *where to*. This case is used with Finnish towns and villages which use the ending **-lla/-llä** to say *where* something is: Tampereella *in Tampere*; Imatralla *in Imatra*. The ending **-lta/-ltä** to say *where from*: Tampereelta *from Tampere*; Imatralta *from Imatra*.

The general meaning of the case ending **-lle** is *on to* or *to* when talking about places. The allative case **-lle** is roughly the equivalent of the English *to* or *on to*, but sometimes also *into*. **Example: kadulla** *in the street*, **kadulta** *from the street*, **kadulle** *to the street*.

Missä? *Where?*	**Mistä?** *Where from?*	**Mihin?** *Where to?*
Tampereella	Tampereelta	Tampereelle
Imatralla	Imatralta	Imatralle
Rovaniemellä	Rovaniemeltä	Rovaniemelle
torilla	torilta	torille (**tori** *market*)
Kirkkokadulla	Kirkkokadulta	Kirkkokadulle
asemalla	asemalta	asemalle (**asema** *station*)
pöydällä	pöydältä	pöydälle (**pöytä** *table*)

3 Let's look at some verbs

Here we take a look at the present tense of the verbs. Finnish verbs can be divided into groups according to their infinitive endings.

The oblique stroke is used here to separate the infinitive ending from the stem of the verb. **Example: saapu/a** *to arrive*. The infinitive ending could be compared to the particle *to* in front of an English verb: *to arrive*. The infinitive is the form of the verb you will find in the dictionary.

The oblique stroke is used in the vocabulary to separate the present tense stem from the personal endings. **Example: saavu/n** *I arrive*.

In the vocabulary sections of this book the verbs are listed in the following order:

(a) the infinitive for example: **saapua** *to arrive*
(b) the first person singular in the present tense: **saavun** *I arrive*
(c) the third person singular in the present tense: **saapuu** *he arrives*

Later on in the book the past tense is added to the vocabulary.

Group I verbs

Infinitives ending -a/-ä

saapu/a	to arrive	lähte/ä	to leave	kysy/ä	to ask
saavu/n	I arrive	lähde/n	I leave	kysy/n	I ask
saavu/t	you arrive	lähde/t	you leave	kysy/t	you ask
saapu/u	he arrives	lähte/e	he leaves	kysy/y	he asks
saavu/mme	we arrive	lähde/mme	we leave	kysy/mme	we ask
saavu/tte	you arrive	lähde/tte	you leave	kysy/tte	you ask
saapu/vat	they arrive	lähte/vät	they leave	kysy/vät	they ask

lentä/ä	to fly	tietä/ä	to know	aja/a	to drive
lennä/n	I fly	tiedä/n	I know	aja/n	I drive
lennä/t	you fly	tiedä/t	you know	aja/t	you drive
lentä/ä	he flies	tietä/ä	he knows	aja/a	he drives
lennä/mme	we fly	tiedä/mme	we know	aja/mme	we drive
lennä/tte	you fly	tiedä/tte	you know	aja/tte	you drive
lentä/vät	they fly	tietä/vät	they know	aja/vat	they drive

Note how the consonant changes apply in the first and second person both in the singular and the plural, because the endings in those personal forms close the final syllable. The ending in the third person singular is a long vowel and in the plural -vat/-vät.

Group II verbs

Verbs with the infinitive ending da/-dä.

käy/dä	to go, to visit	vie/dä	to take	tuo/da	to bring
käy/n	I go	vie/n	I take	tuo/n	I bring
käy/t	you go	vie/t	you take	tuo/t	you bring
käy	he goes	vie	he takes	tuo	he brings
käy/mme	we go	vie/mme	we take	tuo/mme	we bring
käy/tte	you go	vie/tte	you take	tuo/tte	you bring
käy/vät	they go	vie/vät	they take	tuo/vat	they bring

In this group the third person singular has no ending as the stem of the word already ends in two vowels. Consonant changes do not apply in this group because the stem of the verb ends in a long vowel.

Group III verbs

The infinitive ends in a consonant **+a/ä**.

men/**nä**	*to go*	tul/**la**	*to come*	ol/**la**	*to be*
mene/**n**	*I go*	tule/**n**	*I come*	ole/**n**	*I am*
mene/**t**	*you go*	tule/**t**	*you come*	ole/**t**	*you are*
mene/**e**	*he goes*	tule/**e**	*he comes*	on	*he is (irregular form)*
mene/**mme**	*we go*	tule/**mme**	*we come*	ole/**mme**	*we are*
mene/**tte**	*you go*	tule/**tte**	*you come*	ole/**tte**	*you are*
mene/**vät**	*they go*	tule/**vat**	*they come*	o/**vat**	*they are*

As the stem of the verb ends in a consonant the link vowel **-e** is added before the personal ending. Notice that the third person of the verb *to be* is irregular: **on** and **ovat**.

Group IV verbs

The infinitive ending is **-ta/-tä** preceded by a vowel.

halu/**ta**	*to want*	tava/**ta**	*to meet*	pela/**ta**	*to play*
halua/**n**	*I want*	tapaa/**n**	*I meet*	pelaa/**n**	*I play*
halua/**t**	*you want*	tapaa/**t**	*you meet*	pelaa/**t**	*you play*
halua/**a**	*he wants*	tapa/**a**	*he meets*	pela/**a**	*he plays*
halua/**mme**	*we want*	tapaa/**mme**	*we meet*	pelaa/**mme**	*we play*
halua/**tte**	*you want*	tapaa/**tte**	*you meet*	pelaa/**tte**	*you play*
halua/**vat**	*they want*	tapaa/**vat**	*they meet*	pelaa/**vat**	*they play*

In this group an **-a/-ä** is added before the personal ending. Some verbs in the group have a weak (changed) consonant in the infinitive and a strong (unchanged) consonant in all the personal forms: **tavata** *to meet* **tapaan** *I meet*. The vocabulary will show any consonant changes. These are the first four groups of verb conjugation. As you can see the personal endings are the same in all the groups. The forms given here are the present tense forms.

There is no separate future tense in Finnish. Therefore **saavun** means *I arrive* but also *I will arrive*. The future is indicated by the presence of a word that indicates the future: tomorrow, next week, etc. The present tense is also the continuous present tense, therefore **saavun** also means *I am arriving* or the future *I will be arriving*.

Menen huomenna Joensuuhun.	*I'll be going to Joensuu tomorrow.*
Saavun ensi viikolla.	*I'll be arriving next week.*
Juna tulee pian.	*The train will arrive soon.*
Matkustan lomalla Suomeen.	*I will be travelling to Finland in the holidays.*

4 *Minulla ei ole aikaa* I have no time

Finnish has no separate verb for *to have*. The verb to be **olla** is used together with the adessive case **-lla/-llä** to express to have. The adessive ending **-lla/-llä** is added to the word indicating who has, it is followed by **on** (the third person of the verb **olla**) and then what the person has or does not have. Here are the different forms of the personal pronouns:

minulla on	*I have*
sinulla on	*you have*
hänellä on	*he/she has*
meillä on	*we have*
teillä on	*you have*
heillä on	*they have*
minulla ei ole	*I have not*
sinulla ei ole	*you have not*
hänellä ei ole	*he/she has not*
meillä ei ole	*we have not*
teillä ei ole	*you have not*
heillä ei ole	*they have not*

Here are some examples from the unit using this expression in idiomatic phrases:

Minulla ei ole aikaa.	*I have no time.*
Minulla ei ole rahaa.	*I have no money.*
Minulla on aikaa.	*I have time.*
Minulla on rahaa.	*I have money.*
Meillä on neljä viikkoa lomaa.	*We have four weeks' holiday.*

5 *Autolla* By car

The adessive ending **-lla/-llä** can be used to express *by means of something*.

autolla *by car*   bussilla *by bus*

juna**lla** *by train*	lentokonee**lla** *by plane*
taks**illa** *by taxi*	raitiovaunu**lla** *by tram*
linja-auto**lla** *by coach*	polkupyörä**llä** *by bicycle*

Minä maksan Visa**lla**.	*I pay by Visa card.*
Minä maksan sek**illä**.	*I pay by cheque.*
Minä maksan käteise**llä**.	*I pay by cash.*

Harjoitellaan!

1 You are planning a trip to the Savonlinna Opera Festival. You want to get to Savonlinna in time for the evening performance, which begins at 7.00 in the evening. You are at the enquiries desk at the Helsinki railway station.

(a) Ask first of all what time the first train leaves from Helsinki in the morning.
(b) Ask what time that first train gets to Savonlinna.

2 Ring up Finnair enquiries.

(a) Ask about flights to Savonlinna. Ask when the first flight leaves Helsinki.
(b) It turns out to be very early in the morning. Ask when the next flight is? Ask also when it arrives in Savonlinna.
(c) You decide to book the flight. Ask how much it costs.
(d) Now ask for a single ticket.
(e) Ask if you can pay by Visa card, which would save you from having to call in at the Finnair office.

3 How would you ask, how far it is from Helsinki to Savonlinna? To practise the new endings in the unit ask also the following distances: **Example:** Kuinka monta kilometriä on Joensuusta Kuopioon?

Kuinka monta kilometriä on...? *How many kilometres is it from ... to ...?*

(a) Helsinki-Rovaniemi
(b) Helsinki-Joensuu
(c) Joensuu-Savonlinna
(d) Tampere-Helsinki

(e) Turku-Helsinki.

4 If you are quoted **säästöhinta**, what kind of price is that?

5 Which of the following is the Finnish for *a return ticket*:

erikoissäästöhinta menolippu meno-paluulippu
paikkalippu

6 Below you have a route through Southern and Central Finland.
Read out the route in full: **Helsinki–Mikkeli**→ **Helsingistä
Mikkeliin** *from Helsinki to Mikkeli*.

Helsinki – Mikkeli – Kuopio – Jyväskylä – Vaasa – Pori – Turku
– Tampere – Hämeenlinna – Helsinki

7 Read out these routes in full as above:

(a) **Lennämme** (*We fly*) Helsinki–Varsova–Praha–Budapest.

(b) **Matkustamme** (*We travel*) Helsinki–Lontoo–New York–
Toronto.

(c) **Ajamme** (*We drive*) Helsinki–Oslo–Kööpenhamina–
Hampuri.

(d) **Lennämme** Helsinki–Moskova–Tokio–Hong Kong–
Helsinki.

(e) **Menemme junalla** (*We go by train*) Helsinki–
Pietari– Kiova–Moskova–Helsinki.

(f) **Matkustamme** Lontoo–Rooma–Ateena–Venetsia–
Lontoo.

(g) **Lennämme** Helsinki–New York–Los Angeles–
Washington.

8 You are seeing a friend off at the airport. Wish him a pleasant
trip.

9 Here are various ways of travelling, which is the only non-
motorised form of travel: autolla, taksilla, lentokoneella, linja-
autolla, polkupyörällä, junalla.

10 Test your vocabulary:

(a) If you are paying for something **käteisellä**, what do you use
as the means of payment?

(b) Which one of these words means the first: **viimeinen** or
ensimmäinen?

(c) What is **makuuvaunu**?

(d) Which one of these words do you need, if you are asking for the fastest method of travel: seuraava, nopein, kallis, kuuluisa, hidas, viimeinen.

11 A friend has invited you to join him on a trip to Lapland, but unfortunately your holiday is coming to an end. How would you tell him that you don't have the time?

12 You are out cycling with a friend. He suggests stopping for a drink in a café, but you have not brought any money with you. How would you tell your friend that you have no money?

13 You have been offered the chance to travel around with a friend, but you are not sure whether you can afford the time or the money. How would you tell your friend that you are going to think the matter over?

14 If someone asks you **Oletko lomalla vai työmatkalla Suomessa?** What does he want to know?

Vähän lisää

Here are a couple more dialogues on the subject of travelling.

Passintarkastuksessa At the passport control

In this dialogue a tourist is talking to a passport official – **passiviranomainen.**

Passiviranomainen	Passinne, olkaa hyvä.
Turisti	Olkaa hyvä, tässä se on.
Passiviranomainen	Kuinka kauan aiotte olla Suomessa?
Turisti	Kaksi viikkoa.
Passiviranomainen	Oletteko lomalla vai työmatkalla?
Turisti	Työmatkalla.
Passiviranomainen	Tässä passinne, olkaa hyvä.

---

passi, -n, -a *passport*	**aikoa, aion, aikoo** *to intend to*
passinne *your passport*	**työmatkalla** *on a working trip,*
kuinka kauan? *for how long?*	*on business*

Matkatoimistossa Helsingissä At a travel agency in Helsinki

 An American tourist would like to visit the town of Viipuri in Russia. He makes enquiries at a travel agency.

Turisti	Hyvää päivää.
Virkailija	Hyvää päivää. Kuinka voin olla avuksi?
Turisti	Minua haluaisin käydä Viipurissa. Onko teillä edullisia Viipurinmatkoja?
Virkailija	Kyllä meillä on. Milloin haluaisitte matkustaa?
Turisti	Ensi viikolla, jos se on mahdollista.
Virkailija	Ensin yksi kysymys. Minkä maan passi teillä on?
Turisti	Minä olen USA: sta, minulla on USA: n passi.
Virkailija	Ahaa... sitten teillä täytyy olla viisumi, jos haluatte matkustaa Venäjälle.
Turisti	Niinkö? Mistä minä saan viisumin?
Virkailija	Venäjän suurlähetystöstä.
Turisti	Ja kuinka kauan se kestää?
Virkailija	Ainakin pari viikkoa ja joskus kolme tai neljä viikkoa.
Turisti	Minä olen Suomessa enää kolme viikkoa!
Virkailija	Sitten teillä ei varmaan ole aikaa hankkia viisumia. Seuraavan kerran kun tulette Suomeen ja haluatte käydä Venäjällä, on paras hankkia viisumi etukäteen Venäjän suurlähetystöstä tai konsulaatista omassa maassanne.
Turisti	Ai jaaha, sitten minun täytyy kai unohtaa koko asia.
Virkailija	Valitettavasti me emme voi auttaa.
Turisti	No, eihän sille mitään voi. Kiitos ja näkemiin.
Virkailija	Olkaa hyvä ja näkemiin.

Kuinka voin olla avuksi? *How can I be of assistance?*
käy/dä, käyn, käy *to visit, to go to*
edullisia Viipurinmatkoja *cheap trips to Viipuri*
ensi viikolla *next week*
Jos se on mahdollista. *If it is possible.*
ensin *first of all*
kysymys, kysymyksen, kysymystä *question*

enää kolme viikkoa *only three more weeks*
varmaan *certainly, for sure*
hankkia, hankin, hankkii *to obtain*
seuraavan kerran *the next time*
tulla, tulen, tulee *to come*
paras *best*
etukäteen *beforehand*
konsulaatti, konsulaatin, konsulaattia *consulate*
kai *I suppose*

viisumi, -n, -a   *visa*
matkusta/a, -n, -a   *to travel*
Venäjä, Venäjälle   *Russia, to Russia*
Mistä minä saan viisumin?   *Where do I get a visa from?*
suurlähetystö, -n, -ä   *embassy*
ainakin   *at least*

unohtaa, unohdan, unohtaa   *to forget*
koko asia   *the whole thing*
Me emme voi auttaa.   *We can't help.*
No eihän sille mitään voi.   *Well there is nothing we can do about it.*

Viipuri Castle

6

PUHELIMESSA
Speaking (on the phone)

In this unit you will learn

- to make telephone calls
- to make arrangements to meet somebody
- to make suggestions of what to do and where to meet
- to reply to suggestions

Puhelinkeskusteluja
Telephone conversations

Marja puhelimessa Marja speaking

Jussi rings up his friend Timo only to find out that he is still at work.

Marja Hakkaraisella, Marja puhelimessa.
Jussi Hei Marja! Täällä Jussi. Onko Timo kotona?
Marja Ei ole nyt, hän on vielä töissä.
Jussi Milloin hän tulee kotiin?
Marja Tavallisesti noin kello viisi.
Jussi Voitko sanoa, että soitin. Soitan uudelleen noin tunnin
          kuluttua.
Marja Hyvä on, Jussi. Sanon, että soitit. Hei!
Jussi Hei hei!

Hakkaraisella *at the Hakkarainen family/household*	**kotiin** *home*
puhelimessa *on the phone, speaking*	**soitta/a, soitan, soittaa** *to call, I call, he calls*
täällä *here is, this is (on the phone)*	**soitin, soitit, soitti** *I called, you called, he called*
kotona *at home*	**uudelleen** *again*
vielä *still*	**Tunnin kuluttua.** *In an hour's time.*
töissä = työssä *at work*	**että** *that*
tul/la, tulen, tulee *to come*	

Väärä numero The wrong number

In both of these dialogues the caller has dialled the wrong number.
Soittaja is the caller.

Seppo	321 566
Soittaja	Anteeksi, väärä numero.
Seppo	Ei se mitään.
Arttu	32 175. Arttu Kauppinen.
Soittaja	Onko Pekka kotona?
Arttu	Täällä ei ole ketään sen nimistä henkilöä.
Soittaja	Anteeksi, minulla taitaa olla väärä numero. Halusin 33 175.
Arttu	Aa, tämä on 32 175.
Soittaja	Anteeksi.
Arttu	Ei se mitään.

väärä *wrong*	**henkilö, -n, -ä** *person*
ei se mitään Lit. *it is nothing, it is OK*	**Minulla taitaa olla ...** *Looks like I have ...*
ei ole ketään *there is nobody*	**halusin** *I wanted*
sen nimistä henkilöä *person of that name*	**aa** *oh*

Puhelu A phone call

Steve Smith contacts his old friend Mikko on arrival in Helsinki to
arrange a meeting. **Keskus** is the switchboard.

PALVELUNUMEROT

VIKAPALVELU (maksuton)	019		KAAPELIREITIT	055	
PAIKALLISNUMERO-TIEDUSTELU KAUKONUMERO-TIEDUSTELU	012 020		NIMITIEDUSTELU	013	
AIKATIEDOTUS	061		AUTOMAATTINEN HERÄTYS TILAUSHERÄTYS	016 015	
URHEILU-UUTISET	036		RAVIT	035	
VEIKKAUS LOTTO	034		ELOKUVAT TEATTERIT KONSERTIT	042	
JOENSUUN KAUPUNGIN UUTISTIEDOTUS	046		UUTISET	037	
PÄIVÄN SANA	032		PALVELEVA PUHELIN (klo 20–23)	071	
NEUVOTTELUPUHELU	014		KOHTAUSPAIKKA	1280	
ULA-TAKSI (Joensuu) Taksiasemat: Kauppatori Niinivaara Otsolampi	08 123424 31666 51626		KAUKOPUHELUTILAUS KAUKOPUHELUPALVELU (Tiedustelut)	09 020	
RAUTATIEASEMA	3011		SÄHKEIDEN VASTAANOTTO – Ark. 8–20, la 9–15, su 14–17 – Muina aikoina (90) 629785	021	
FINNAIR	120921		MATKAPUHELUT ks. ohjeet luettelon alussa LAIVARADIOPUHELUT Saimaa Radio Meriukelle	92029 92026	
			TEKSTIPUHELINPALVELU (8–22)	92028	
LINJA-AUTOASEMA	33591		ULKOMAANPUHELUT ks. ohjeet luettelon alussa PTL:n VIKAPALVELU	92019	

Finnish telephone service numbers

Keskus	Nokia Oy. Hyvää huomenta.
Steve	Hyvää huomenta. Onko Mikko Turpeinen tavattavissa?
Keskus	Hetkinen...
Mikko	Mikko Turpeinen.
Steve	Huomenta. Täällä Steve Smith.
Mikko	Huomenta. Missä sinä olet?
Steve	Olen tällä hetkellä lentokentällä. Tulin juuri Lontoosta.
Mikko	Kuinka kauan olet Helsingissä?
Steve	Valitettavasti vain pari päivää, mutta olisi mukava tavata, jos sinulle vain sopii.
Mikko	Kyllä minulle sopii. Milloin sinä haluaisit tavata?
Steve	Jaa, minulle ei sovi tänä iltana, koska haluan tavata Leenan, mutta huomenna minulle sopii.
Mikko	Huomenna minulla on aamulla kokous, mutta olen vapaa lounasaikaan. Sopiiko sinulle silloin?
Steve	Valitettavasti minulla on kokous lounasaikaan. Entäpä huomenna illalla?
Mikko	Joo, kyllä se käy, minulla ei ole mitään ohjelmaa huomenna illalla. Voisitko tulla meille? Voisimme syödä jotakin ja käydä saunassa.

Steve	Hyvä on. Tavataan siis huomenna. Mihin aikaan?
Mikko	Kello kuuden jälkeen, Muistatko vielä, missä me asumme?
Steve	Totta kai. Minä voin tulla taksilla. Hei sitten. Nähdään!
Mikko	Hei hei! Nähdään huomenna ja tervetuloa.

tavattavissa *available*		**Entäpä...?** *How about...?*	
tällä hetkellä *at this moment*		**ohjelma, -n, -a** *programme,*	
lento/kenttä, -kentän, -kenttää		*schedule*	
airport		**meille** *to our place*	
juuri *just*		**jotakin** *something*	
mukava *pleasant, nice*		**käy/dä saunassa** *to have a sauna*	
valitettavasti *unfortunately*		**tavataan** *let's meet*	
pari päivää *a couple of days*		**tietysti, totta kai** *of course,*	
vain *only*		*naturally*	
kokous, kokouksen, kokousta		**muista/a, muistan, muistaa**	
meeting		*to remember*	
lounasaikaan *at lunch time*			

How to use a coin-operated public telephone

Steve Lontoosta Steve from London

Steve Smith phones his old friend Leena. He would like to see her. They arrange a meeting for that same evening. Leena's flatmate answers the phone.

Henna	37 87 20.
Steve	Hyvää iltaa. Onko Leena kotona?
Henna	Kyllä on. Pieni hetki ... Leena!

Leena	Leena puhelimessa.
Steve	Hei! Täällä Steve Smith.
Leena	Hei! Mitä kuuluu?
Steve	Kiitos, ei hassumpaa. Entä sinulle?
Leena	Kiitos hyvää. Mistä sinä soitat?
Steve	Soitan hotelli Vaakunasta. Tulin tänä aamuna Lontoosta. Olen täällä työmatkalla. Olisi kiva tavata, jos sinulla on aikaa.
Leena	Joo, olisi oikein kiva tavata. Milloin sinulle sopii?
Steve	Minulle sopii vaikka tänä iltana.
Leena	Minä olen vapaa tänä iltana.
Steve	Missä haluaisit tavata?
Leena	En tiedä, sano sinä!
Steve	Voisimme tavata täällä hotelli Vaakunan baarissa, jos haluat.
Leena	Selvä on. Kello on nyt vähän yli kuusi. Voisimme tavata noin tunnin kuluttua eli vähän yli seitsemän.
Steve	Hyvä on, se sopii minulle. Hei sitten ja nähdään tunnin kuluttua!

ei hassumpaa *not too bad*	**halu/ta, haluaisin, haluaisi** *to want*
täna aamuna *this morning*	*to; I would like to; he would like to*
Olisi kiva tavata. *It would be nice*	**tietä/ä, tiedän, tietää** *to know*
to meet.	**sano/a, sanon, sanoo** *to say,*
Jos sinulle sopii. *If it suits you.*	*to tell*
vaikka, esimerkiksi *for example,*	**sano!** *say! tell!*
for instance	**voi/da, voisin, voisi** *can, be able to;*
tänä iltana *this evening*	*I could, he could*
vapaa, -n, -ta *free*	**baari, -n, -a** *bar*
tava/ta, tapaan, tapaa *to meet*	**eli** *or, in other words*

Puhelinvastaaja Answering machine

Here are some messages left on answering machines. See what you can make of them. There is a vocabulary list on page 102.

Anne täällä, hei! Olen asioilla ja tavattavissa jälleen kello 17. Voit jättää viestisi ja soittopyyntösi äänimerkin jälkeen. Otan yhteyttä myöhemmin.

Tämä on Jukka Virtasen automaattinen puhelinvastaaja. Olen autonumerossani 64 552. Kiitos soitostasi, hei!

Tiina Nykänen täällä, hei! Olen Joensuussa numerossa 83 221. Tulen kotiin lauantaina. Silloin olen koko päivän kotona. Voit jättää viestin äänimerkin jälkeen. Kiitos ja hei!

Olen asioilla. *I am out on business.*	**otta/a, otan, ottaa** *to take*
jälleen, taas *again*	**yhteys, yhteyden, yhteyttä**
Voit jättää viestisi. *You can leave*	*contact, link*
your message.	**myöhemmin** *later*
jättä/ä, jätän, jättää *to leave*	**automaatti/nen, -sen, -sta**
viesti *message*	*automatic*
soittopyyntösi *your request for a*	**puhelinvastaaja** *answering machine*
call	**autonumerossani** *on my car*
äänimerkin jälkeen *after the signal*	*phone number*
ääni/merkki, -merkin, -merkkiä	**Kiitos soitostasi.** *Thank you for*
signal	*your call.*
Otan yhteyttä. *I'll get in touch.*	**koko päivän** *the whole day*

Lisää puheluja More telephone calls

These next three calls are all to people in a firm or an organisation. The caller wants to talk to a person who is unavailable. In each case for different reasons. **Sihteeri** is the secretary.

Jari	Hyvää päivää. Täällä Jari Honkanen. Onko Marja-Leena Timonen tavattavissa?
Sihteeri	Hän ei ole täällä nyt, hän on lomalla.
Jari	Milloin hän tulee takaisin työhön?
Sihteeri	12. syyskuuta.
Jari	Hyvä on. Otan yhteyttä sitten syyskuussa. Kiitos ja kuulemiin!
Sihteeri	Kuulemiin.
Sihteeri	Hyvää huomenta.
Pekka	Täällä Pekka Kauppinen, hyvää huomenta. Onkohan Ville Laurila tavattavissa?
Sihteeri	Valitettavasti hän ei ole täällä nyt. Hän on työmatkalla New Yorkissa.
Pekka	Kiitos ja näkemiin.
Sihteeri	Olkaa hyvä. Näkemiin.

Merja	Hyvää päivää. Täällä Merja Ahokas. Onko Kirsti Hämäläinen tavattavissa?
Sihteeri	Ikävä kyllä hän ei ole täällä nyt. Hän on ulkomailla.
Merja	Anteeksi, mutta tiedättekö, missä hän on?
Sihteeri	Hän on ympäristökonferenssissa Strasbourgissa Ranskassa.
Merja	Tiedättekö, milloin hän tulee takaisin?
Sihteeri	Hän tulee takaisin 15. elokuuta, mutta sitten hän on lomalla kaksi viikkoa.
Merja	Hyvä on. Kiitos. Soitan hänelle sitten syyskuun alussa. Hei!

ikävä kyllä = valitettavasti *unfortunately*	**syyskuu, -n, -ta** *September*	
takaisin *back*	**12. kahdestoista** *twelfth*	
ulkomailla *abroad*	**15. viidestoista** *fifteenth*	
ympäristö, -n, -ä *environment*	**syyskuun alussa** *at the beginning of September*	
elokuu, -n, -ta *August*	**kuulemiin** *goodbye* (on the phone)	

Kesäteatteriin To the open-air theatre

Pirkko and Tepa have made a preliminary arrangement to go to the theatre. Tepa rings Pirkko to confirm it.

Tepa	Hei täällä Tepa!
Mika	Hei!
Tepa	Onko Pirkko kotona?
Mika	On. Pieni hetki...Pirkko...puhelimeen!
Pirkko	Pirkko puhelimessa.
Tepa	Täällä Tepa, hei. Miten menee?
Pirkko	Kiitos hyvin. Entäs sinulla?
Tepa	Ihan mukavasti. Niin, minä soitan huomisesta. Vieläkö sinä haluat lähteä kesäteatteriin?
Pirkko	Joo, kyllä minä haluaisin.
Tepa	No, hyvä on. Minä ostan liput päivällä lipputoimistosta. Esitys alkaa kello 19.00.
Pirkko	Okei. Mihin aikaan haluat tavata ja missä?
Tepa	Sanotaan vaikka kello puoli seitsemän teatterin kassan vieressä. Nähdään sitten huomenna. Toivottavasti on hyvä ilma.

Pirkko Toivottavasti. Hei sitten!
Tepa Hei!

puhelimeen *to the phone*	**sanotaan** *let's say*
puheli/n, -men, puhelinta,	**alkaa** *begins*
puhelimia *telephone*	**kassa, -n, -a** *cashier, booking*
Soitan huomisesta. *I am ringing*	*office, box office*
about tomorrow.	**toivottavasti** *hopefully,*
kesäteatteri, -n, -a *open-air theatre*	*let's hope*
(Lit. *summer theatre*)	**hyvä ilma** *fine weather*
osta/a, ostan, ostaa *to buy*	
esitys, esityksen, esitystä	
performance	

—————— Hyvä tietää ——————

1 *Puhelimessa* On the telephone

You can start a telephone conversation simply by greeting the person who answers the phone and introducing yourself by saying:

> **Täällä** Terttu Leney, *This is Terttu Leney,*
>   hyvää huomenta. *good morning.*

There are different ways of answering the telephone. You can simply state the telephone number. You can say the name of the family whose telephone it is. Example:

> Hakkaraisella. *At the Hakkarainen household.*

and then continue by saying which member of the family has answered the telephone:

> Hakkaraisella, Marja *At the Hakkarainen*
>   puhelimessa. *household, Marja speaking.*

Sometimes people say **haloo**, this is not so common now, but it used to be. If you are ringing a firm or an office or any institution, the telephonist usually says the name of the firm or organisation.

> Nokia Oy, hyvää huomenta. *Nokia Ltd, good morning.*

Then you will have to ask for the person you want to talk to in the firm or the organisation.

Onko Mikko Turpeinen tavattavissa?	*Is Mikko Turpeinen available?*
Onko Mikko Turpeinen paikalla?	*Is Mikko Turpeinen there?*

You will hear **hetkinen** or **pieni hetki** (*just a moment*) or perhaps **yhdistän** (*I'll put you through*). **Numero on varattu** means the number is engaged.

Haluatteko odottaa?	*Do you want to wait?* or *Do you want to hold?*

If you want to hold on you can say: **Odotan** (*I'll wait*). If you don't want to hold on, you might say: **Soitan myöhemmin uudelleen**. *I'll ring back later*. If you are ringing a person in an organisation on a direct line you might hear the following:

Mikko Turpeisen puhelin, Leena Saraste puhelimessa.	*Mikko Turpeinen's telephone, Leena Saraste speaking.*

This means that you have got through to the right number, but the phone has been answered by a colleague of the person whose extension it is.

2 *Puhelinluettelo* Telephone directory

If you need the telephone directory ask for **puhelinluettelo** and if you need the operator ask for **keskus** or **vaihde** (*the switchboard*).

Suuntanumero is the STD code. They begin with 9 in Finland. If you want to make a long distance call **kaukopuhelu** you can do that from a telephone kiosk **puhelinkioski** or from the post office **Tele** section, where you pay for your call after you have made it. **Tele** sections are part of larger post offices.

The local calls are called **lähipuhelu tai paikallispuhelu**. A reverse charge call is **vastapuhelu**. The emergency numbers **hätänumerot** are in the beginning of the directory. The general emergency number **yleinen hätänumero** is 112. If you are looking for services you will find them on the yellow pages **keltaiset sivut**.

If you are in a supermarket, department store or at a railway station and want to make a phone call, look for the sign **yleisöpuhelin** (*public telephone*). Most phones accept one mark and five-mark coins. There are also card phones.

Mobile phones

The Finns are keen users of mobile telephones. There were already about half a million mobile phones in the country in 1991! Mobile phones are known as **matkapuhelin** (*travel phone*) or **autopuhelin** (*car phone*) or **taskupuhelin** (*pocket telephone*). There are also several everyday names for them, for example: **kenkäpuhelin** (**kenkä** *shoe*, because they look like a shoe) or **kännykkä**, a word derived from **käsi** (*hand*). Their popularity is growing all the time. The mobile telephone network covers the country.

Vähän kielioppia

The past tense

When you are talking about things and events that have taken place in the past, you need to use the past tense of the verb. The simple past tense is called the imperfect in Finnish. The simple past tense or imperfect in Finnish is marked by **-i**, which is added before the personal ending. Sometimes the vowel **-i** can cause other vowels to change when it is added. Here we take a look at just a few examples. A fuller account of the past tense and its negatives comes later.

The easiest group of verbs to put in the past tense is the group III (see Unit 5, p.90). These are the verbs such as **mennä, tulla, olla** and **opiskella**, where the infinitive ending is a consonant plus **-a/-ä**. The present tense of these verbs has a link vowel **-e**: menen, tulen, olen, opiskelen.

To form the imperfect or past tense you replace the link vowel **-e** with the vowel **-i** which indicates the past tense.

ol/la	to be	tul/la	to come	men/nä	to go
present	past	present	past	present	past
olen	olin	tulen	tulin	menen	menin
olet	olit	tulet	tulit	menet	menit
on	oli	tulee	tuli	menee	meni
olemme	olimme	tulemme	tulimme	menemme	menimme
olette	olitte	tulette	tulitte	menette	menitte
ovat	olivat	tulevat	tulivat	menevät	menivät

Notice that the third person in the singular has a short **-i**.

The meaning of the imperfect **menin** is *I went* or *I was going*, **tulin** *I came* or *I was coming*, **olin** *I was*. As this group of verbs has the link vowel **-e** the past tense is easy. However, in the other groups there is much more variation caused by the addition of the vowel **-i**.

Group IV verbs

These are verbs like **halu/ta** and **tava/ta**. They end in **-ta/-tä** preceded by a vowel. In the present tense they have **-a/-ä** added before the personal endings: **haluan, tapaan**. These verbs have **-si** in the past tense before the personal ending instead of the vowel **-a/-ä**, which they have in the present tense.

halu/ta	to want	tava/ta	to meet
present	past	present	past
haluan	halusin	tapaan	tapasin
haluat	halusit	tapaat	tapasit
haluaa	halusi	tapaa	tapasi
haluamme	halusimme	tapaamme	tapasimme
haluatte	halusitte	tapaatte	tapasitte
haluavat	halusivat •	tapaavat	tapasivat

Notice the verb **tavata** has a weak grade consonant **-v** in the infinitive and the strong grade **-p** all through the conjugation in the present tense and the past tense. There are other verbs of this type in this group.

Notice also the short ending **-si** in the third person singular.

Group I verbs

These are verbs which end in **-a/-ä** in the infinitive.
For example: luke/a, kirjoitta/a

Generally speaking the **-a/-ä/-e/-i** of the stem is replaced by the **-i** of the past tense. There are some exceptions, which are dealt with below. Notice the third person singular has a short **-i**.

soitta/a	*to telephone*	**muista/a**	*to remember*
present	past	present	past
soitan	soitin	muistan	muistin
soitat	soitit	muistat	muistit
soittaa	soitti	muistaa	muisti
soitamme	soitimme	muistamme	muistimme
soitatte	soititte	muistatte	muistitte
soittavat	soittivat	muistavat	muistivat

In this group too **-e** is always replaced by **-i**:

luke/a *to read*   luen *I read*   luin *I read*

If the verb has an **-a** in both the first and second syllable then the second **-a** becomes **-o** in front of the **-i** of the past tense.

aja/a	*to drive*	**anta/a**	*to give*
present	past	present	past
ajan	ajoin	annan	annoin
ajat	ajoit	annat	annoit
ajaa	ajoi	antaa	antoi
ajamme	ajoimme	annamme	annoimme
ajatte	ajoitte	annatte	annoitte
ajavat	ajoivat	antavat	antoivat

If the last vowel of the stem is **-o/-ö/-u/-y** then the **-i** of the past tense is added after that vowel before the personal ending.

asu/a	to live	sano/a	to say	kysy/ä	to ask
present	past	present	past	present	past
asun	asuin	sanon	sanoin	kysyn	kysyin
asut	asuit	sanot	sanoit	kysyt	kysyit
asuu	asui	sanoo	sanoi	kysyy	kysyi
asumme	asuimme	sanomme	sanoimme	kysymme	kysyimme
asutte	asuitte	sanotte	sanoitte	kysytte	kysyitte
asuvat	asuivat	sanovat	sanoivat	kysyvät	kysyivät

Note that the third person singular does not lengthen the stem vowel: asui, sanoi, kysyi.

Some exceptions in group I verbs

tietä/ä	to know	lentä/ä	to fly
present	past	present	past
tiedän	tiesin	lennän	lensin
tiedät	tiesit	lennät	lensit
tietää	tiesi	lentää	lensi
tiedämme	tiesimme	lennämme	lensimme
tiedätte	tiesitte	lennätte	lensitte
tietävät	tiesivät	lentävät	lensivät

There are other verbs like this, their past tense will be indicated in the vocabulary.

From this unit onwards the past tense is marked in the vocabulary boxes in the third person singular to show any changes. Remember that the third person singular always has a strong grade.

For example: luke/a, luen, lukee,   **luki**
      asu/a, asun, asuu,   **asui**

The group III verbs are dealt with in the next unit.

Kiitos soitostasi!   Thank you for your call!

When you need to indicate that something is yours, you can use endings, which are called possessive suffixes. They perform the same function as the words *my, your, his* in English. The difference is that these are endings in Finnish and not separate words.

The possessive suffixes are:

-ni	*my*	-mme	*our*
-si	*your* (singular/informal)	-nne	*your* (plural/formal)
-nsa/-nsä	*his/her/their*		(after a case ending long vowel plus **-n**)
		-nsa/-nsä	*their*

The possessive suffix is added to the very end of the word. If the word has a case ending the possessive suffix is added after the case ending.

kirjassa**ni**　*in **my** book*   toimistossa**nne**　*in **your** office*

The case endings **-n** (genitive), **-n** of the illative and the **-t** of the nominative plural are dropped, when a possessive suffix is added.

kirjaa**ni**　*into **my** book*   toimistoo**si**　*into **your** office*

Generally speaking the possessive suffix is more of a feature in the written language than in everyday spoken language, where the possessive pronouns often replace the suffix.

kirja**ni**   toimistossa**mme**
minun kirja   **meidän** toimistossa

The possessive suffix is used in set phrases in everyday speech:

vaimo**ni**　*my wife*   vanhempa**ni**　*my parents*
miehe**ni**　*my husband*

and in phrases like;

Kiitos soitost**asi.**	*Thanks for your call.*
Voit jättää viest**isi.**	*You can leave your message.*
Kiitos kirjeest**äsi.**	*Thanks for your letter.*

Notice also the strong grade in the forms when the **-t/-n** endings are replaced: **laukut** (*the bags*), but **laukkuni** (*my bags*).

Tunnin kuluttua In an hour's time

A few useful expressions of time from the unit:

tunnin kuluttua   *in an hour's time* Kuluttua means literally *having passed/gone by* and it is preceded by the genitive ending **-n**.

viikon kuluttua	*in a week's time*
vuoden kuluttua	*in a year's time*
hetken kuluttua	*in a moment('s time)*
tänä aamuna	*this morning*
tänä iltana	*this evening*
juuri	*just now* (talking about very recent past)

Kuukaudet The months

tammikuu	*January*	heinäkuu	*July*
helmikuu	*February*	elokuu	*August*
maaliskuu	*March*	syyskuu	*September*
huhtikuu	*April*	lokakuu	*October*
toukokuu	*May*	marraskuu	*November*
kesäkuu	*June*	joulukuu	*December*

The inessive ending **-ssa** is used to say in a certain month.

tammikuussa	*in January*
helmikuussa	*in February*
maaliskuussa	*in March*

Notice the names of the months are written with a small letter, except of course at the beginning of a sentence.

tammikuusta	*from January*	helmikuusta	*from February*
tammikuuhun	*to/until January*	helmikuuhun	*to/until February*

Similarly for all the months.

tammikuun alussa	*in the beginning of January*
tammikuun lopussa	*at the end of January*
tammikuun puolivälissä	*in the middle of January*
12. tammikuuta	*12th of January/ January the 12th* NB. the partitive ending **-ta**: tammikuu**ta**

Järjestysnumerot Ordinal numbers

The ordinal numbers end in **-s**, except for *first* and *second*. Here is a list of the first 31: they are the ones you need for expressing dates.

1.	ensimmäinen *first*	11.	yhdestoista *eleventh*
2.	toinen *second*	12.	kahdestoista *twelfth*
3.	kolmas *third*	13.	kolmastoista *thirteenth*
4.	neljäs *fourth*	14.	neljästoista *fourteenth*
5.	viides *fifth*	15.	viidestoista *fifteenth*
6.	kuudes *sixth*	16.	kuudestoista *sixteenth*
7.	seitsemäs *seventh*	17.	seitsemästoista *seventeenth*
8.	kahdeksas *eighth*	18.	kahdeksastoista *eighteenth*
9.	yhdeksäs *ninth*	19.	yhdeksästoista *nineteenth*
10.	kymmenes *tenth*		

20. kahdeskymmenes *twentieth*
21. kahdeskymmenesyhdes or ensimmäinen *twenty-first*
22. kahdeskymmeneskahdes or toinen *twenty-second*
23. kahdeskymmeneskolmas *twenty-third*

and so on till:

31. kolmaskymmenesyhdes/ensimmäinen *thirty-first*

You can practise the ordinal numbers gradually. Learn one a day and you'll master the 31 that you need for expressing dates.

Kokous on 12.marraskuuta.   *The meeting is on the 12th of November.*

Notice the partitive ending on the month.

Loma alkaa 15.kesäkuu**ta**.   *The holiday begins on the 15th of June.*

Me tulemme Suomeen   *We are coming to Finland on*
4. joulukuu**ta**.   *the 4th of December.*

If you are not sure about a date, get somebody to write it down for you!

✓ ———— Harjoitellaan! ————

1   Tell a Finn your full telephone number.

2   Talking about telephone numbers. What does the Finn want to know if he asks for your **kotinumero**? And for your **työnumero**?

3   Do the following:

(a) Introduce yourself on the telephone.

(b) The friend you want to talk to is still at work. Ask when he will be at home.

(c) Say that you'll call again in an hour's time.

(d) You want to make an arrangement to meet your friend. Ask when would suit him.

(e) Say: I have nothing planned for tomorrow.

(f) Thank someone for their call.

(g) Say: I'll be in touch later.

(h) Ask someone to hold on.

4   You are ringing a friend in Finland. Someone else answers the phone. How will you ask if your friend (e.g. Petri) is at home?

5   You are ringing the tourist information bureau in the town you are staying in. You have been given the name of the person you need to talk to: Leena Vartiainen. How will you ask whether she is available?

6   You have just dialled what you thought was your friend's number and a strange voice answers. You realise you have dialled the wrong number. What do you say?

7   What do the following mean:

(a) Virtasella, Liisa puhelimessa.

(b) Haluatteko jättää viestin?

(c) Yleinen hätänumero.

8   Complete the following dialogue. You are making a phone call to a friend.

Henna   Kauppisella, Henna puhelimessa.
Sinä   (*Introduce yourself and ask if Ari is at home.*)
Henna   Ari ei ole nyt kotona. Hän on työssä.
Sinä   (*Ask what time is he coming home?*)
Henna   Hän tulee kotiin noin kello neljä.
Sinä   (*Say that you will call back later.*)
Henna   Hei hei!
Sinä   (*Say goodbye.*)

9   Here are ten of the months in Finnish. Which two are missing?

maaliskuu   toukokuu   marraskuu   kesäkuu   syyskuu
helmikuu   joulukuu   heinäkuu   tammikuu   lokakuu

10   When is your friend arriving if he says **kesäkuun alussa**?

11 Which one of these phrases means *Thank you for your call?*

(a) Kiitos kirjeestäsi.
(b) Kiitos soitostasi.
(c) Kiitos vielä kerran.

12 Make up your own message for an answering machine.

(a) Say hello.
(b) Apologise for not being at home to answer the call.
(c) Say you will be available tomorrow.
(d) Ask the caller to leave a message.
(e) Thank the caller for his call.
(f) Say goodbye.

--- **Vähän lisää** ---

Here are a couple of extra dialogues about making arrangements on the telephone.

Milloin voisimme tavata? When could we meet?

Johanna and her friend Bill are trying to find a good time to meet. They are both busy people.

Johanna	Hei, täällä Johanna.
Bill	Hei Johanna! Mitä kuuluu?
Johanna	Kiitos oikein hyvää. Ja sinulle?
Bill	Ihan hyvää. Kiva kun soitit. Olisi mukava tavata.
Johanna	Milloin sinä haluaisit tavata?
Bill	Sopiiko sinulle huomenna?
Johanna	Mihin aikaan?
Bill	No, vaikka kello 12.
Johanna	Valitettavasti minulla on silloin kokous. Entä ylihuomenna?
Bill	Ylihuomenna, siis keskiviikkona 12.joulukuuta, hetkinen... katson kalenterista. Joo, olen vapaa lounastunnilla. Missä haluaisit tavata?
Johanna	Minä voisin tulla sinun toimistoon.
Bill	Minä en ole toimistossa keskiviikkona aamulla. Minulla on kokous keskustassa, Eteläsataman lähellä.

	Voisimme tavata vaikka hotelli Palacen baarissa.
Johanna	Joo, kyllä se sopii minulle. Haluatko myös syödä hotelli Palacessa?
Bill	En tiedä, onko siellä hyvä ravintola?
Johanna	On, se on kyllä vähän kallis, mutta ruoka on oikein hyvää.
Bill	No, syödään sitten siellä. Siis puoli yksi hotelli Palacen baarissa. Varaatko sinä pöydän vai varaanko minä?
Johanna	Varaa sinä, jos sinulla on aikaa. Minulla on oikein kiire tänään ja huomenna.
Bill	Hyvä on, minä varaan pöydän. Nähdään sitten keskiviikkona. Hei.
Johanna	Hei.

Bill books a table at the Palace Hotel restaurant as promised. Hovimestari is the headwaiter.

Hovimestari	Hotelli Palace. Hyvää päivää. Kuinka voin auttaa?
Bill	Päivää. Haluaisin varata pöydän ravintolasta keskiviikoksi.
Hovimestari	Mihin aikaan?
Bill	Kello yksi, jos se sopii.
Hovimestari	Kuinka monelle?
Bill	Kahdelle.
Hovimestari	Meillä on tilaa. Siis keskiviikkona 12.joulukuuta kello yksi. Ja millä nimellä?
Bill	William Clare.
Hovimestari	Anteeksi, voisitteko tavata nimen?
Bill	W–i–l–l–i–a–m C–l–a–r–e.
Hovimestari	Kiitos herra Clare ja tervetuloa.

Kiva kun soitit. *Nice of you to call.*
Katson kalenterista. *I'll look in the diary.*
ravintola, -n, -a *restaurant*
ruoka on hyvää *food is good*
kallis, kalliin, kallista *expensive*
siellä *there*
varata, varaan, varaa, varasi *to reserve, to book*

Varaan pöydän. *I'll reserve a table.*
keskiviikoksi *for Wednesday*
Kuinka monelle? *For how many?*
meillä on tilaa *we have room/space*
Millä nimellä? *What name?* (Lit. *by what name?*)
Voisitteko tavata nimen? *Could you spell the name?*

7

HYVÄÄ RUOKAHALUA!
Bon appetit!

In this unit you will learn

- about food and eating in Finland
- to say what you like and what you don't like
- to state preferences
- to order food and drinks in a restaurant or a bar

─────────────── **Dialogeja** ───────────────

Minä pidän kahvista! I like coffee!

 Kaisa asks Leena about her morning routine.

Kaisa Mihin aikaan sinä nouset ylös aamulla?
Liisa Nousen noin kello seitsemän.
Kaisa Mihin aikaan sinä syöt aamiaista?
Liisa Tavallisesti noin kello puoli kahdeksan. Käyn aina ensin suihkussa.
Kaisa Mitä sinä juot tavallisesti aamulla?
Liisa Juon aina kahvia. Ainakin kaksi, joskus jopa kolme tai neljä kuppia.
Kaisa Eikö se ole liian paljon?

Liisa	On se, mutta minä pidän kahvista!
Kaisa	Juotko sinä koskaan teetä?
Liisa	En koskaan. En pidä teestä.
Kaisa	Mitä sinä syöt aamulla?
Liisa	En syö mitään.
Kaisa	Juot vain kahvia ja et syö mitään! Se ei ole oikein terveellistä.
Liisa	Joo, joo, kyllä minä tiedän. Kaikki sanovat niin.

nous/ta, nousen, nousee, nousi
 to rise, to get up, to ascend
ylös *up*
aamiai/nen, -sen, -sta *breakfast*
käy/dä, käyn, käy, kävi *to go,*
 to visit
käydä suihkussa *to have/to take*
 a shower
suihku, -n, -a *shower*
juo/da, juon, juo, joi *to drink*
syö/dä, syön, syö, söi *to eat*
pitä/ä, pidän, pitää, piti *to like,*
 to be fond of

Pidän kahvista. *I like coffee.*
terveelli/nen, -sen, -stä *healthy*
ainakin *at least*
joskus *sometimes*
jopa *even*
ei mitään *nothing*
Minä en syö mitään. *I don't eat*
 anything.
Sinä et syö mitään. *You don't eat*
 anything.
kaikki *all, everybody, everything*
kaikki sanovat *everybody says,*
 all say

Mitä sinä haluaisit juoda? What would you like to drink?

Leena and Steve have met at the Vaakuna bar. Steve wants to have something typically Finnish. Leena recommends cranberry vodka.

Leena	Mitä sinä haluaisit juoda?
Steve	Haluaisin maistaa jotakin oikein suomalaista.
Leena	Oletko koskaan maistanut karpalovotkaa? Se on oikein hyvää.
Steve	Hyvä on, otan karpalovotkaa. Mitä sinä haluaisit juoda?
Leena	Minä otan olutta.
	Baarimikolle *(to the bartender):*
Steve	Yksi karpalovotka ja yksi olut.
Baarimikko	Pullo vai tuoppi?
Leena	Pullo. Mitä olutta teillä on?
Baarimikko	Lahtelaista, Koffia, Lapin Kultaa...

Leena	Otan Lapin Kultaa, kiitos.
Baarimikko	Olkaa hyvä. Yhteensä 48 markkaa.
(pause)	
Steve	Kippis!
Leena	Kippis ja terveydeksesi!

maistaa, maistan, maistaa, maistoi *to taste*	**baari/mikko, -mikon, -mikkoa** *bartender*
jotakin *something*	**pullo, -n, -a** *bottle*
Oletko maistanut...? *Have you tasted...?*	**tuoppi, tuopin, tuoppia** *beer mug, draught beer*
karpalovotka, -n, -a *cranberry vodka*	**Lahtelainen, Koff, Lapin Kulta** *(brand names of Finnish beers)*
ottaa, otan, ottaa, otti *to take, to have (of drink/food)*	**kippis** *cheers*
olut, oluen, olutta *beer*	**terveydeksesi** *your health*

Aamukahvilla Having morning coffee

  Leena and Steve are having breakfast.

Leena	Haluatko kahvia vai teetä?
Steve	Kahvia, kiitos.
Leena	Käytätkö kermaa vai maitoa?
Steve	Maitoa, kiitos.
Leena	Entä sokeria?
Steve	Ei kiitos.

vai? *or?* **käyttä/ä, käytän, käyttää, käytti** *to use*	**sokeri, -n, -a** *sugar* **kerma, -n, -a** *cream* **maito, maidon, maitoa** *milk*

Ellin baarissa At Elli's bar

Steve has popped into a café which serves food at lunch time. He would like to have something typically Finnish. The waitress recommends meatballs. **Tarjoilija** is the waitress.

HERNEKEITTO 12,00
PALAPIHVIT JA PERUNAT 35,80
LIHA-MAKARONILAATIKKO 18,50
KALAMUREKEPIHVIT JA PERUNAT 21,00
NAKIT JA PERUNASOSE 19,50
LIHAPULLAT JA PERUNAT 32,50
SILAKKAPATA JA PERUNAT 38,00

VAAPUKKAKIISSELI 12,50
JÄÄTELÖ 8,50
HEDELMÄSALAATTI 12,50

OLUT 8,00
MAITO 2,50
PIIMÄ 2,50
TUOREMEHU 3,00
TEE 2,50

RUISLEIPÄ 4,50
KARJALANPIIRAKAT JA MUNAVOI 12,50

Tarjoilija	Hyvää päivää. Mitä saa olla?
Steve	Hyvää päivää. Mitä te suosittelette tänään?
Tarjoilija	Pidättekö enemmän kalasta vai lihasta?
Steve	Minä pidän enemmän lihasta.
Tarjoilija	Jos haluatte syödä jotakin oikein suomalaista, suosittelen lihapullia ja perunoita ja niiden kanssa karjalanpiirakoita ja munavoita
Steve	Hyvä on. Otan lihapullia ja perunoita ja kaksi karjalanpiirakkaa.
Tarjoilija	Ja jotakin juotavaa?
Steve	Lasi tuoremehua.
Tarjoilija	Entä jälkiruokaa?
Steve	Otan vaapukkakiisseliä.

Tarjoilija	Ja muuta?
Steve	Pieni kuppi kahvia. Sitten ei muuta.
Tarjoilija	Yhteensä 52,50.

baari, -n, -a   *bar, café, eating place*
tarjo/ta, tarjoan, tarjoaa, tarjosi
   to serve, to offer
herne/keitto, -keiton, -keittoa
   pea soup
palapihvi, -n, -ä   *beef casserole*
peruna, -n, -a, perunoita   *potato,*
   potatoes
liha-makaronilaatikko   *baked meat*
   and pasta
kalamurekepihvi   *fishcake*
nakki, nakin, nakkia, nakkeja
   Frankfurter sausage
peruna/sose, -soseen, -sosetta
   mashed potato
lihapulla, -n, -a, lihapullia
   meatball, meatballs
silakka, silakan, silakkaa, silakoita
   Baltic herring, herrings
uunisilakka   *baked Baltic herring*
vaapukka, vaapukan, vaapukkaa
vaapukoita   *raspberry, raspberries*
kiisseli, -n, -ä   *fruit pudding*
jäätelö, -n, -ä   *ice-cream*
hedelmä, -n, -ä, hedelmiä   *fruit,*
   fruit(s)

salaatti, salaatin, salaattia   *salad*
piimä, -n, -ä   *soured milk, buttermilk*
tuoremehu, -n, -a   *fresh fruit juice*
ruis/leipä, -leivän, -leipää
   ryebread
karjalan/piirakka, -piirakan,
   -piirakkaa, -piirakoita   *Karelian*
   pasty, pasties
munavoi, -n, -ta   *butter with*
   chopped boiled egg
Mitä saa olla?   *What would you*
   like?
suositel/la, suosittelen, suosit-
   telee, suositteli   *to recommend*
enemmän   *more*
kala, -n, -a   *fish*
liha, -n, -a   *meat*
jotakin   *something*
jotakin juotavaa   *something to*
   drink
lasi, -n, -a   *glass*
jälki/ruoka, -ruoan, -ruokaa
   dessert, pudding
Muuta?   *Something else?*
Ei muuta.   *Nothing else*
   (that is all).

Hyvä tietää

1 Mennään syömään!   Let's go and eat!

Kotiruoka *home cooking* is the best way to sample Finnish delicacies. You will also find restaurants that specialise in regional Finnish cooking. It is possible to find genuine Finnish dishes in **seisova pöytä** *buffet lunch table* menus in Finnish hotels and restaurants, as well as in beer restaurants and café-type restaurants, at railway stations and in department stores. Buffet lunches usually include Finnish dishes and the prices are very reasonable. You pay a fixed price and help yourself. The buffet meals served on the car ferries in Sweden and Finland are famous and well worth a try!

For the young traveller particularly **yliopiston ruokala** *the university canteens* serve typical Finnish food. The multitude of pizzerias and kebab houses along the high streets show that the Finns travel a lot these days and prefer foreign food when they go out to eat. This is unfortunate from the point of view of a foreigner in Finland who would like to taste Finnish food. You can find restaurants that serve typical Finnish food, but you might have to do a little detective work to find them. The best place to ask is the local tourist office.

The Finnish youngsters have taken to **hampurilainen ja ranskalaiset perunat** (*hamburger and French fries*) with great gusto.

2 *Ateriat ja ruoka-ajat* Meals and mealtimes

Aamiainen *breakfast* is the first meal of the day. Breakfast is also called **aamukahvi** *morning coffee* or **aamupala** *morning snack*.

A typical Finnish breakfast consists of **puuro** *porridge*, particularly children eat porridge, but many adults do as well. Hotels and restaurants also serve porridge at breakfast time. There are many varieties of porridge in Finland:
kaurapuuro made with oats
ruispuuro made with rye flakes
ohrapuuro made with barley as well as many combinations of mixed cereals.

Aamiaishiutaleet *breakfast cereals* or **murot** *rice crispies* and **mysli** *muesli* are also commonly available for breakfast.

Kahvi *coffee*, **tee** *tea*, **kaakao** *cocoa* are usual hot drinks at breakfast time. Finns will often have **leipää ja juustoa** a *slice of bread with cheese* for breakfast. Many varieties of breakfast buns like a French-type brioche **voipulla** or **aamiaissarvi** a kind of Finnish croissant or **pulla** (general word for buns of different varieties) are also available.

Breakfast is eaten fairly early, around 7 or 7.30, as the working day starts very early in Finland.

Lounas *lunch* or **päiväruoka** *midday meal* as it is also called is often eaten fairly early. In schools **päiväruoka** can be as early as 10.30 or 11.00. In offices **ruokatunti** or **lounastunti** *the lunch-break* is anytime between 11.30 and 2.00

Iltapäiväkahvi *afternoon coffee* is something of an institution in Finnish society. The coffee is often accompanied by a sumptuous selection of **pulla** *buns*, **kakku** *cakes* and **pikkuleipä** *biscuits*! This is where you have to watch your waistline if you have a sweet tooth. There are many cafés where you will find people meeting over a cup of coffee and **leivos** a kind of miniature gateau. These cakes come in many varieties. In Helsinki there are several famous coffee houses worth a try!

Iltaruoka *evening meal*, **illallinen** *supper* or **päivällinen** *dinner* are all names used for the main evening meal.

Iltaruoka is served any time between 4.30 and 7 o'clock. If however you have invited friends around for a meal, it can be later. The names used for this meal vary from one family to another (cf. English usage supper, dinner, tea). However, **päivällinen** and **illallinen** can be used for formal occasions, whereas **iltaruoka** is a very domestic word. Many workplaces offer their workforce a midday meal for free or at low cost and this means that the evening meal at home can then be very light.

Iltatee or **iltapala** *evening tea* is a snacky meal in the evening: **voileipiä** *sandwiches* and **kuppi teetä tai kahvia** *a cup of tea or coffee* or pizza or a pie, for example **lohipiirakka** *salmon pie* or **kaalipiirakka** *pie made with cabbage*. So if you have been invited for **iltapala** it might be well worth making some enquiries about the meal beforehand, just in case you find that you have eaten your evening meal an hour earlier and are then expected to tuck into a pie!

The Finns are famous for their hospitality (**vieraanvaraisuus**) and nothing offends a Finnish hostess more than a guest who does not eat!

Välipala is *a snack*. Particularly schoolchildren have **välipala** when they get home from school.

3 *Kahvipöytä* The coffee table

At all celebrations – birthdays, namedays, christenings, weddings and so on – coffee with cakes and savouries is served. Also at meetings and conferences and congresses coffee is served accompanied by a selection of savouries like **karjalanpiirakat** or **voileivät** and sweet things **pulla**, **täytekakku** *cream gâteau*, **pikkuleivät** *cookies*, **kahvikakut** *coffee cakes*.

Vähän kielioppia

Kahvia, pullaa, täytekakkua... Coffee, buns, gâteau...

The partitive case is used widely when talking about food and drink. For the formation of the partitive see Unit 4 page 73. **Examples**:

Kupissa on kahvia.

There is (some) coffee in the cup.

Lasissa on karpalovotkaa.

There is cranberry vodka in the glass.

The partitive corresponds to English, when you talk about foodstuffs and drinks and materials and do NOT use an article, but you could put the word *any* or *some* in front of the word. Example: **kahvia** *coffee, some coffee* or *any coffee*.

The partitive is also used as an object case, when talking about food and drink.

Juon kahvia.   *I drink coffee.*
Syön kalaa.   *I eat fish.*

The partitive

This is used for:

a partial object i.e. **kalaa, kahvia** *some fish, some coffee*
a general statement i.e. **Juon kahvia.** *I drink coffee.*
continuous action i.e. **Luen kirjaa.** *I am reading a book.*
after words that express measure:
kuppi kahvia   *a cup of coffee*
lasi viiniä   *a glass of wine*

after numbers (see Unit 4 page 74):
kaksi kuppia   *two cups*
kolme olutta   *three beers*

The partitive plural is the indefinite plural in Finnish, for example: apples, oranges, etc. In the vocabulary boxes from now on you will find the partitive plurals for all the nouns and adjectives:

omena, -n, -a, **omenia** *apples, some apples*
hyvä, -n, -ä; **hyviä** *good*

We will come back to the formation of the plural later in more detail. In principle the endings for the partitive are the same in the plural and the singular. The plural is indicated by the vowel **-i**, which comes before the case ending and which can cause changes. More about that later.

The genitive case

As an accusative, is used when:
(*a*) the object is defined or limited in number:

Juon oluen.   *I drink a(one) beer.*
Syön (yhden) voileivän.   *I eat a(one) sandwich.*

(*b*) the action is in the future with intention to complete it:

Luen kirjan.   *I'll read the book.*
Ostan kartan.   *I'll buy a map.*

More about the object to come. When the genitive ending is used for the object case the case is called the accusative, other accusative forms are the singular nominative and the plural nominative with the ending **-t**.

Ruoka on hyvää The food is good

When referring to food and materials the complement to the verb *to be* is also in the partitive.

Ruoka on hyvää.   *The food is good.*
Tämä olut on suomalais**ta**.   *This beer is Finnish.*
Votka on kallis**ta**.   *Vodka is expensive.*
Maito on terveellis**tä**.   *Milk is healthy.*

But the subject of these sentences is in the nominative. The object in a negative sentence is in the partitive.

En osta karttaa.	*I won't buy a map.*
En ota olutta.	*I shan't have any beer.*
En juo teetä.	*I don't drink tea.*
En syö lihaa.	*I don't eat meat.*
En käytä sokeria.	*I don't use sugar.*

Pidän kahvista I like coffee

The Finnish verb **pitä/ä** *to like, to be fond of* is used with the elative case **-sta/-stä**. (cf. English *to be fond of*).

Pidän kahvista. *I like coffee.*

In colloquial Finnish the verb **tykä/tä** is also used to mean *to like* and it is also followed by the **-sta/-stä** ending:

Tykkään suklaasta. *I like chocolate.*

Here are the main parts for these two verbs:

pitä/ä (*to like, to be fond of*)

Present and future tense pidän, pidät, pitää, pidämme, pidätte, pitävät	*I like you, you like ...*
Negative present and future tense en/et/ei/ emme/ette/eivät pidä	*I don't like, you don't like...*
Imperfect (the simple past) pidin, pidit, piti pidimme, piditte, pitivät	*I liked, you liked...*
Negative past tense en/et/ei pitänyt, emme/ette/eivät pitäneet	*I didn't like, you didn't like...*

tykä/tä (*to like, to be fond of*)

Present and future tense tykkään, tykkäät, tykkää, tykkäämme, tykkäätte, tykkäävät	*I like, you like...*

Negative present and future tense

| en/et/ei/ | *I don't like, you don't like...* |
| emme/ette eivät tykkää | |

Imperfect (the simple past)

| tykkäsin, tykkäsit, tykkäsi, | *I liked, you liked...* |
| tykkäsimme, tykkäsitte tykkäsivät | |

Negative past tense

| en/et/ei tykännyt, | *I didn't, you didn't like...* |
| emme/ette/eivät tykänneet | |

NB. the past participle used in the negative past tense is formed with **-nut/nyt** ending in the singular and with **-neet** in the plural. The ending is added to the infinitive stem: **pitä/ä** → **pitänyt, pitäneet syö/dä** → **syönyt, syöneet, juo/da** → **juonut, juoneet**.

En pitänyt.	*I didn't like.*
En juonut.	*I didn't drink.*
Emme syöneet.	*We didn't eat.*

In group IV verbs (i.e. verbs ending in a vowel plus **ta/tä**) and the verbs in the V group, which end in the vowel **-i** plus **ta/tä** (e.g. **valita** *to choose*) the past participle ending is **-nnut/-nnyt** in the singular and **-nneet** in the plural.

| **En tavannut**. | *I didn't meet.* |
| **Emme tykänneet**. | *We didn't like.* |

The group III verbs have the consonant from their stem plus **ut/yt tul/la** → **tullut, tulleet, ol/la** → **ollut, olleet, nous/ta** → **noussut, nousseet**.

| **En ollut**. | *I wasn't.* |
| **En noussut**. | *I didn't get up.* |

The past tense of (syödä) and (juoda)

The dipthongs **uo**, **yö** and **ie** lose the first vowel when the **-i** of the past tense is added.

syön	*I eat*	söin	*I ate*
syöt	*you eat*	söit	*you ate*
syö	*he eats*	söi	*he ate*
syömme	*we eat*	söimme	*we ate*
syötte	*you eat*	söitte	*you ate*
syövät	*they eat*	söivät	*they ate*

juon	*I drink*	join	*I drank*
juot	*you drink*	joit	*you drank*
juo	*he drinks*	joi	*he drank*
juomme	*we drink*	joimme	*we drank*
juotte	*you drink*	joitte	*you drank*
juovat	*they drink*	joivat	*they drank*

viedä   *to take*

vien	*I take*	vein	*I took*
viet	*you take*	veit	*you took*
vie	*he takes*	vei	*he took*
viemme	*we take*	veimme	*we took*
viette	*you take*	veitte	*you took*
vievät	*they take*	veivät	*they took*

Pidätkö...?   Do you like?

Mistä sinä pidät?	*What do you like?*
Millaisesta viinistä sinä pidät?	*What kind of wine do you like?*
Pidätkö enemmän punaviinistä vai valkoviinistä?	*Do you like red wine more than white wine?*
	Do you prefer red wine to white wine? (or)
Haluaisitko mieluummin kahvia vai teetä?	*Which would you rather have coffee or tea?*
Tykkäätkö suklaasta?	*Do you like chocolate?*
Tykkäätkö suomalaisesta oluesta?	*Do you like Finnish beer?*

These verbs are not limited to talking about food and drink:

Pidätkö musiikista?	*Do you like music?*
Millaisesta musiikista sinä pidät?	*What kind of music do you like?*
Mistä säveltäjästä sinä pidät eniten?	*Which composer do you like most?*
Pidän Sibeliuksesta.	*I like Sibelius.*

Words endings in -nen

There are a lot of words in Finnish which end in **-nen**. Here are some examples conjugated in the different cases. All words which end in **-nen** conjugate in this way:

suomalainen *Finnish, a Finn*	Millainen? *What kind?*	nainen *woman*	punainen *red*	Virtanen *(surname)*
suomalai/nen	millai/nen	nai/nen	punai/nen	Virta/nen
suomalaise/n	millaise/n	naise/n	punaise/n	Virtase/n
suomalais/ta	millais/ta	nais/ta	punais/ta	Virtas/ta
suomalaise/lla	millaise/lla	naise/lla	punaise/lla	Virtase/lla
suomalaise/lta	millaise/lta	naise/lta	punaise/lta	Virtase/lta
suomalaise/lle	millaise/lle	naise/lle	punaise/lle	Virtase/lle
suomalaise/ssa	millaise/ssa	naise/ssa	punaise/ssa	Virtase/ssa
suomalaise/sta	millaise/sta	naise/sta	punaise/sta	Virtase/sta
suomalaise/en	millaise/en	naise/en	punaise/en	Virtase/en
suomalaise/na	millaise/na	naise/na	punaise/na	Virtase/na
suomalaise/ksi	millaise/ksi	naise/ksi	punaise/ksi	Virtase/ksi
plural nominative				
suomalaise/t *the Finns*	millaise/t	naise/t	punaise/t	Virtase/t
plural partitive				
suomalaisi/a *Finns, Finnish*	millaisi/a	naisi/a	punaisi/a	Virtasi/a

Me söimme suomalaisessa ravintolassa.	*We ate at a Finnish restaurant.*
Kaisa Virtasella on kolme lasta.	*Kaisa Virtanen has three children.*
Virtaset asuvat meidän talossa.	*The Virtanen family live in our block of flats.*
Millaisesta musiikista sinä pidät?	*What kind of music do you like?*

——— Harjoitellaan! ———

 1 You have just been asked: **Haluaisitko kupin kahvia?**
   (a) How would you say *yes, please*?
   (b) How would you say *no, thank you*?

2 You have been recommended fish from the menu at the restaurant. How would you say: *I don't like fish?*

3 You are at a bar. It is time to order a drink. Ask for the following:

(*a*) a beer
(*b*) two beers
(*c*) a fruit juice
(*d*) a large cup of coffee
(*e*) a Coca Cola
(*f*) a glass of water (**vesi**; part. **vettä**)
(*g*) a cup of cocoa
(*h*) a glass of milk

4 You would also like some ryebread. How would you ask for that?

5 Here is a list of drinks. Say which ones you like and which ones you don't like. **Example**: Pidän oluesta. or En pidä oluesta.

(*a*) maito   (*e*) piimä   (*i*) appelsiinimehu
(*b*) viski   (*f*) votka   (*j*) kahvi
(*c*) tee   (*g*) kaakao   (*k*) limonaati (*lemonade*)
(*d*) punaviini   (*h*) valkoviini (*l*) shamppanja

6 Cultivated and wild berries are used a lot in Finnish cooking. See if you can spot them in the word search:

```
A M A N S P U O P A M U J S M S J J H G D
V A A P U K K A U O H E E S U T U O L A I
U S T I K J U S O T E L M E S P O R U I S
K A U P A T O S L H R Ä T A T U L O I R A
O M U U R A I N U N U K L A I N U S T I N
U N A M P S O O K E K U M E K O K E L O P
L O I S A T E R K P K I I V K A K U L O R
O T A R T I S I A T A L A E A J A H L M N
K A R V I A I N E N K O S M A N S I K K A
U U K S O I A K U I N E R U I S K O I R A
R U K A R P A L O I T A S O E U S L U O T
```

vaapukka	*raspberry*	karviainen	*gooseberry*
mansikka	*strawberry*	puolukka	*lingonberry*
mustikka	*blueberry*	muurain	*arctic cloudberry*
herukka	*currant*	karpalo	*cranberry*

A *lingonberry*, also called a red whortleberry is used to make a sauce that is served with meat in the same way that cranberries are used.

7   What kind of music do you like? Say which ones of the following
you like and which ones you don't like. **Example**: Pidän.../En
pidä...

(a) klassinen musiikki   (d) pop-musiikki
(b) jatsi (*jazz*)   (e) rock and roll
(c) kansanmusiikki   (f) tanssimusiikki
     (*folk music*)   (*dance music*)

8   You have just tasted a particularly delicious cake. How would
you compliment the hostess?

9   What time of day would you eat **lounas**?

10 You have a friend visiting you.

(a) Ask your friend what he would like to drink.
(b) Ask him, if he would like to taste some **lakkalikööri** (*cloud-
berry liqueur*).
(c) Tell him it is very good.

11 You are at a pub, the waitress is taking the orders.

(a) Tell her you would like a beer.
(b) You all have your drinks now. What do you say, when you
raise your glasses?

12 Look at the menu on page 119. It is your turn to order. Complete
the dialogue below.

Tarjoilija	Hyvää päivää. Mitä saa olla?
Sinä	(*Greet the waitress and ask her what she would recommend.*)
Tarjoilija	Haluatteko lihaa vai kalaa?
Sinä	(*Say you would like fish.*)
Tarjoilija	Silakkapata on oikein hyvää.
Sinä	(*Say you'll have the herrings.*)
Tarjoilija	Mitä juotavaa te haluaisitte?
Sinä	(*Tell her you would like a beer.*)
Tarjoilija	Ja jälkiruokaa?
Sinä	(*Tell her you'll have the fruit salad.*)

Vähän lisää

 To complete this unit you learn how to book a table at a restaurant.
Hovimestari is the *head waiter*.

Haluaisin varata pöydän I would like to reserve a table

Hovimestari	Ravintola Kultainen Kupoli. Hyvää päivää.
Dave	Hyvää päivää, täällä Dave Pugmire. haluaisin varata pöydän.
Hovimestari	Kyllä se käy ja miksi päiväksi?
Dave	Tämän viikon keskiviikoksi, lounasaikaan.
Hovimestari	Hyvä on. Pieni hetki…siis mihin aikaan?
Dave	12.30.
Hovimestari	Valitettavasti meillä ei ole vapaata pöytää ennen kello yhtä. Sopiiko kello yksi?
Dave	Joo, kyllä se sopii.
Hovimestari	Kuinka monelle hengelle?
Dave	Kahdelle. Haluaisin pöydän sellaiselta paikalta, josta näkyy Uspenskin katedraali.
Hovimestari	Kaikista meidän pöydistä on hyvä näköala Uspenskin katedraaliin päin. Millä nimellä pöytä tulee?
Dave	Dave Pugmire.
Hovimestari	Anteeksi, kuinka nimi kirjoitetaan?
Dave	D–a–v–e P–u–g–m–i–r–e.
Hovimestari	Siis Dave Pugmire. Hyvä on, herra Pugmire ja tervetuloa.
Dave	Kiitos ja kuulemiin.
Hovimestari	Kuulemiin.

kultai/nen, -sen, -sta, -sia *golden*	**herra, -n, -a, herroja** *Mr., gentleman*
kupoli, -n, -a, kupoleja *cupola*	**kaikista meidän pöydistä** *from all our tables*
Miksi päiväksi? *For which day?*	**katedraaliin päin** *towards the cathedral*
ennen kello yhtä *before one o'clock*	**Kuinka nimi kirjoitetaan?** *How is the name written?*
josta näkyy *from which is visible, can be seen*	
näköala, -n, -a *view*	

8

MITÄ SAA OLLA?
What would you like?

In this unit you will learn

- to ask for things in shops
- to say what you would like and how much you would like
- more about food in Finland
- where to shop for what
- the most commonly used measures

Dialogeja

 Leipomo-osastolla **At the bakery counter**

The customer wants to taste local ryebread. She also wants some rolls and Karelian pasties. **Myyjä** is the *shop-assistant*.

Myyjä	Kenen vuoro?
Asiakas	Taitaa olla minun. Hyvää päivää.
Myyjä	Hyvää päivää. Mitä saa olla?
Asiakas	Minä haluaisin tuoretta leipää.
Myyjä	Ruisleipää vai valkoista leipää?
Asiakas	Haluaisin maistaa jotakin paikallista ruisleipää.

Myyjä   Tässä on tuoretta leipomo Tsupukan riihileipää. Se on oikein hyvää.
Asiakas Hyvä on, otan yhden sellaisen.
Myyjä   Ja saako olla muuta?
Asiakas Joo. Saisinko kymmenen karjalanpiirakkaa?
Myyjä   Olkaa hyvä. Ja sitten?
Asiakas Kuusi sämpylää. Ja sitten vielä yksi tavallinen pullapitko.
Myyjä   Olkaa hyvä. Ja muuta?
Asiakas Ei muuta, kiitos.

Kenen? *Whose?*	**leipomo, -n, -a, -ja** *bakery*
vuoro, -n, -a, vuoroja *turn*	**riihileipä** *special ryebread*
tuore, tuoreen, tuoretta, tuoreita *fresh*	**sellai/nen, -sen, -sta, -sia** *one like that, one of that sort*
leipä, leivän, leipää, leipiä *bread, a loaf (of bread)*	**sämpylä, -n, -ä, sämpylöitä** *bread roll*
ruisleipä *ryebread*	**tavalli/nen, -sen, -sta, -sia** *ordinary*
valkoi/nen, -sen, -sta, -sia *white*	**pullapitko, -n, -a, -pitkoja** *sweet bun loaf*
yksi, yhden, yhtä *one*	
paikalli/nen, -sen, -sta, -sia *local*	

Lihaosastolla   At the meat counter

The customer is buying meat. She wants to know what the day's special offers are.

Myyjä   Hyvää päivää. Mitä saisi olla?
Asiakas Hyvää päivää. Mitä teillä on tänään tarjouksessa?
Myyjä   Meillä on tänään tarjouksessa oikein hyvää paistijauhelihaa ja porsaankyljyksiä.
Asiakas Mitä paistijauheliha maksaa kilo?
Myyjä   42,50 kilo ja porsaankyljykset 38,50 kilo.
Asiakas Minä otan puoli kiloa paistijauhelihaa ja kuusi kyljystä.
Myyjä   Saako olla muuta?
Asiakas Kiitos ei muuta nyt tällä kertaa.

tarjouksessa *as a special offer*	**kilo, -n, -a** *kilogramme*
tarjous, tarjouksen, tarjousta, tarjouksia *offer, special offer*	**porsaankyljys, -kyljyksen, -kyljystä, -kyljyksiä** *pork chop*
paistijauheliha, -n, -a *mince steak*	**tällä kertaa** *this time*

Kalatiskillä At the fish counter

The customer wants some fish. Maybe a fresh trout...

Myyjä	Hyvää päivää. Mitä saisi olla?
Asiakas	Päivää. Haluaisin yhden kirjolohen.
Myyjä	Kuinka ison?
Asiakas	Mitä se maksaa kilo?
Myyjä	18,50.
Asiakas	Otan parikiloisen.
Myyjä	Hetkinen...Onko tämä sopiva?
Asiakas	Kyllä on. Otan sen.

kirjolohi, -lohen, -lohta, -lohia *trout* **iso, -n, -a, isoja** *big, large*	**parikiloi/nen, -sen, -sta, -sia** *one weighing about two kilos* **sopiva, -n, -a, sopivia** *suitable, right*

Alkossa At the Alko

The customer is at the off-licence getting some beer and **Koskenkorva** for the weekend.

Myyjä Hyvää päivää. Ja teille?
Asiakas Päivää. Kuusi pulloa Lapin Kultaa.
Myyjä Ja sitten?
Asiakas Yksi pullo Koskenkorvaa.
Myyjä Ja muuta?
Asiakas Kaksi pulloa tuota unkarilaista punaviiniä.
Myyjä Lapin Kulta on 7,90 pullo, Koskenkorva on 91,00 pullo ja tuo unkarilainen punaviini on 28,00 pullo, se tekee yhteensä 204,40.
Asiakas Voinko maksaa sekillä?
Myyjä Kyllä voitte.

Alko *state off-licence* **Ja teille?** *And for you?* **pullo, -n, -a, -ja** *bottle* **Lapin Kulta** *brand of beer* **Koskenkorva** *brand name of a* *Finnish spirit*	**tuo, -n, -ta** *that* **unkarilai/nen, -sen, -sta, -sia** *Hungarian* **punaviini, -n, -ä, viinejä** *red wine* **se tekee** *it makes*

Jäätelökioskilla At an ice-cream kiosk

It is a hot summer's day and our customer is getting some ice-creams.

Myyjä Hei! Mitä sinulle?
Asiakas Saisinko yhden vaniljatuutin ja kaksi kuningatartuuttia?
Myyjä Ole hyvä. Ja muuta?
Asiakas Kiitos ei muuta.
Myyjä 16,50.

Mitä sinulle? *What can I do for you?*	**kuningatartuutti** *queen cone*
Saisinko? *Could I have?*	*(vanilla ice-cream, raspberry and*
vanilja, -n, -a *vanilla*	*bilberry jam)*
tuutti, tuutin, tuuttia, tuutteja *cone*	

Kioskilla At a kiosk

 It is time to get the evening paper.

Asiakas Hei! Onko teillä jo tämän päivän Iltasanomat?
Myyjä Joo, on.
Asiakas Otan Iltasanomat ja pullon keltaista Jaffaa.
Myyjä Ole hyvä. Ja mitä muuta?
Asiakas Kiitos, ei muuta.
Myyjä Se tekee yhteensä 12,50.
Asiakas Ole hyvä. Tässä on tasaraha.
Myyjä Kiitos ja hei!
Asiakas Hei!

tämän päivän *today's*	**se tekee yhteensä...** *it makes*
Iltasanomat *the Evening News*	*altogether...*
keltai/nen, -sen, -sta, -sia *yellow*	**tasaraha, -n, -a** *right money,*
Jaffa *brand name of lemonade,*	*exact money*
and all similar soft drinks	

Torilla At the market

The market is the centre of life in every Finnish town. And what is nicer than fresh strawberries to eat, while you are looking around the market? Or you can munch some fresh peas straight from the pods.

Asiakas	Mitä maksavat mansikat litra tänään?
Myyjä	Kahdeksan markkaa litra.
Asiakas	Saisinko yhden litran.
Myyjä	Olkaa hyvä.
Asiakas	Kiitos.
Asiakas	Mitä herneet maksavat tänään?
Myyjä	Viisi markkaa litra.
Asiakas	Saisinko puoli litraa.
Myyjä	Olkaa hyvä.

litra, -n, -a, litroja *litre*
mansikka, mansikan, mansikkaa, mansikoita *strawberry*

herne, herneen, hernettä, herneitä
peas, mange-tout peas

Hyvä tietää

1 Ruokaostoksilla Food shopping

Marketit or **supermarketit** *supermarkets* and now also **automarketit** *hypermarkets* are the most common foodstores. There are still some small **erikoisliikkeet** *specialist stores*, but most people do their foodshopping in **itsepalvelu** *self-service* supermarkets. You can manage a supermarket shopping trip without saying a single word these days, but if you want fresh foods, not prepacked, you'll need to speak Finnish to the **myyjä** *shop assistant* at the meat, fish and bakery counters. It is well worthwhile as all the best local delicacies and specialities are available from these counters.

You need to be able to say what you would like when you shop **torilla** *in the market* or **kauppahallissa** *at the covered market* as well as **kioskilla** *at the kiosks* or **erikoisliikkeessä** *in a specialist store*.

Notice that during busy times most supermarket food counters operate **jonotus** or **vuoronumero** *a queuing system*, so you have to listen out for your number or keep your eye on the electronic screen.

Most supermarkets also sell a wide selection of household goods and stationery items. Larger supermarkets and hypermarkets are like department stores, you can find everything from bread to hi-fis under the same roof.

Mitat   *Measures*

kg	kilogramma or kilo	**kilo jauhelihaa** *a kilo of mince-meat*
g	gramma	**300g Emmental-juustoa** *300g of Emmenthal cheese*
l	litra	**1l maitoa** *1 litre of milk*
dl	desilitra or desi for short *1 litre = 10 desilitres*	**2dl kermaa** *2 desilitres of cream*

Note: Berries are sold either in litres (measured in a container) or in kilogrammes. Prices are usualy quoted in both measures.

Note: Words indicating measures are followed by the partitive form of the word, like numbers: 1 **litra** maitoa, 2 **dl** kermaa, kaksi kiloa lihaa, puoli kiloa sokeria.

Muita mittoja   *Other measures*

When you look at prices in the shops or in advertisements you will come across some of the following measures:

pkt	**paketti**	*a packet*	**paketti kahvia** *a packet of coffee*
pss	**pussi**	*a bag*	**pussi herneitä** *a bag of peas*
pll	**pullo**	*a bottle*	**pullo Coca-Colaa** *a bottle of Coca-Cola*
tlk	**tölkki**	*a carton*	**tölkki appelsiinimehua** *a carton of orange juice*
ras	**rasia**	*a box/container*	**rasia tulitikkuja** *a box of matches*
			rasia margariinia *a box of margarine*
aski		*a packet*	**yksi aski Marlboroa** *one packet of Marlboro cigarettes*
prk	**purkki**	*a can, a jar*	**purkki mansikkahilloa** *a jar of strawberry jam*
			purkki olutta *a can of beer*
kpl	**kappale**	*piece, item, each,*	*a* **2,50/kpl** *2.50 each*
erä		*a batch*	**10,– erä** *10 marks per batch*
rll	**rulla**	*a roll*	**24 rullaa WC-paperia** *24 rolls of toilet paper*

Hedelmät *fruit* and **vihannekset** *vegetables* are usually priced per kilo. For example: **appelsiinit 18,00/kg**   *oranges 18 marks per kilo.* In most supermarkets you are expected to weigh and price your own fruit and vegetables on scales with an electronic pricing system. You'll find a number on the price ticket on the counter, you place your fruit or vegetable on the scales and press the appropriate button and the price tag with the **viivakoodi** *bar code* comes out of the machine and you attach that to the bag.

2 *Leipomotuotteet* Bakery produce

You can buy **leipää** *bread*, **sämpylöitä** *rolls*, **kakkuja** *cakes*, **pikkuleipiä** *biscuits* and **juustoa** *cheese* and the bakery and confectionery counter.

Leipä voi olla *Bread*

ruisleipää *ryebread*		**hapanleipää** *soured dough*	
vehnäleipää *white bread (made of wheat)*		*ryebread*	
		näkkileipää *crispbread*	
sihtileipää *light ryebread*			

Ask about **paikalliset erikoisuudet** local specialities and seasonal specialities for example **joululimppu**, a special spicy Christmas loaf.

Makeita leivonnaisia *Sweet pastries*

pulla *bun*
viineri *Danish pastry*
(Lit. *Viennese pastry*)

munkki *doughnut*
leivos *miniature gâteau*

3 Kalatiskillä At the fish counter

You can also buy fish in the markets and covered markets and sometimes straight from the boats in the harbour. Or you can catch it yourself!

Kala voi olla *Fish can be*

tuoretta *fresh*
suolattua *salted*
savustettua *smoked*

fileenä *filleted*
tuoresuolattua *raw salted*
  (***gravad***)

Erilaisia kaloja *Different kinds of fish*

ahven, ahvenen, ahventa, ahvenia
 perch
muikku, muikun, muikkua,
 muikkuja *vendace*
 (*small salmon fish*)
hauki, hauen, haukea, haukia
 pike
kuha, -n, -a, kuhia *pikeperch*
lohi, lohen, lohta, lohia *salmon*

siika, siian, siikaa, siikoja
 whitefish
kirjolohi *trout*
silakka, silakan, silakkaa, silakoita
 Baltic herring
silli, -n, -ä, sillejä *North Sea*
 herring
mäti, mätiä *roe (available*
 seasonally, different fishes)

4 Lihatiskillä At the meat counter

Liha voi olla *Meat can be*

tuoretta *fresh*
savustettua *smoked*
palvattua *cured*

grillattua *grilled*
jauhettua *minced*
palana *as a piece*

Erilaiset lihalaadut *Different types of meat*

sianliha *pork*	**vasikanliha** *veal*
porsaankyljys *pork chop*	**lammas** *lamb, mutton*
naudanliha *beef*	**poronliha** *reindeer meat*
kana *chicken*	**hirvenliha** *deer, venison*

You can also buy chicken rotisserie grilled. These chickens are called
broileri.

At the cold meat counter you can find:

kinkku *ham*	**metvursti (venäläinen,**
savukinkku *smoked ham*	**saksalainen)** *stronger salami*
makkara *sausage, salami*	*(Russian, German)*
nakkimakkara *frankfurter*	**maksamakkara** *liver sausage*
lenkkimakkara *sausage (usually in*	**lauantaimakkara** *luncheon meat*
a horse-shoe shape)	**mustamakkara** *black pudding*
Gotler-makkara *mild salami*	*(part. in Häme)*

Hyvä tietää alkoholista
Worth knowing about alcohol

Selling alcohol is a state monopoly in Finland. Alcohol is sold in
branches of **ALKO** – the state run off-licences. Only the medium
strength beer **keskiolut** can be bought in supermarkets. Alko-shops
are located in towns and larger rural centres. Here are the usual
opening hours; on Fridays hours can be extended till 7 or 8 pm.

Myymälät ovat avoinna *Stores are open*
ma-to   klo   10.00–17.00
pe   klo   10.00–18.00
la   klo   9.00–14.00

Myymälät ovat kiinni *Stores are closed*
kirkollisina pyhäpäivinä, itsenäisyyspäivänä ja vapunpäivänä sekä
juhannus-, joulu ja uudenvuodenaattona, kiirastorstaina ja pääsiäis-
lauantaina.

(*church festivals, independence day and May day as well as Mid-*

summer's Eve, Christmas Eve and New Year's Eve, Ascension Thursday and Easter Saturday.)

Most of the new stores are self-service stores. There are still some Alko shops with a counter service. Alcohol sales are restricted to people more than 18 years old. You have to be 20 or older to buy spirits. Remember you cannot buy alcohol on credit. Payment cards and cheques are accepted, if the balance can be checked on the computer link.

Visa/sekki kate tarkistetaan   *Visa / cheque credit is checked*
jos verkkoryhmän   *if the card is from*
ulkopuolelta.   *another computer link area.*

Tyhjät pullot *empty bottles* is a sign you'll see in both Alko and in supermarkets. You place your empty bottles in the automatic machine, it gives you a credit note which gives money back for empties when you give the slip to the cashier when you are paying for your purchases. All glass bottles have a charge which is returnable. **Kierrätys** is *recycling*.

Olut *beer* is the most popular alcoholic drink in Finland. **A-olut** or **IV olut** is the stronger beer available from the Alko. **III -olut** or **keskiolut** medium strength beer is available from supermarkets in most parts of Finland, but not everywhere. **Koskenkorva** a Finnish vodka-type spirit is the most popular spirit. Finnish **kuohuviini** sparkling wine is made of white currants. A Finnish speciality worth trying, if you like sparkling wine.

Kioskeista About kiosks

Kioskit *the kiosks* stay open later in the evening than shops: kiosks are also open on Sundays.

If you are going visiting in Finland you are expected to bring something for your hostess. **Tuliaiset** is the special word used for this gift. Flowers are the most common gift, therefore **kukkakioskit** *florists kiosks* stay open in the evenings and at weekends.

If you feel a little peckish, you can pop into the **makkarakioski** or **grilli** for a snack.

Jäätelökioskit *ice-cream kiosks* operate in the summer. You can buy **tötterö** *ice-cream in cones* or **tuutti** *cone* or **paketti** *in packets* or

tikku *on a stick*. Ice-creams can be **maito-**, **kerma-** or **mehu-jäätelöä** *milk, cream, ice-cream* or *ice lolly*.

Elintarvikekioski *grocery kiosks* stay open late. They sell almost all foodstuffs as well as newspapers, magazines, tobacco and sweets. You can also hire videos from many of them. You can take your **lotto** *national lottery coupons* and **veikkaus** *football pool coupons* to kiosks to be processed. If you win something, you can collect the winnings from the same kiosk a couple of weeks later!

Tavaratalot Department stores

The most famous department store in Finland is Stockmann's on the corner of Mannerheimintie and Aleksanterinkatu in Helsinki. Other chains of department stores are City-Sokos, Citymarket, Ekamarket, Valintatalo among many others.

Ostoskeskukset Shopping centres

There are modern shopping centres in most Finnish towns now. In Helsinki the most famous is the **Forum** in Mannerheimintie, **City-käytävä** in the centre and **Itäkeskus** to the east of the centre.

Erikoisliikkeitä Specialist stores

If you need to have photographs developed or you need something for your camera, you can go to **valokuvausliike** *photographic specialists*. If you want to buy **hopeaa** *silver* or **kultaa** *gold* or **koru-ja** *jewellery* or you need to have your **kello** *watch* repaired look for **kultasepänliike** *goldsmith's shop* or **kellosepänliike** *watch repairers*.

If you need **kirjoja** *books*, **paperitarvikkeita** *stationery*, **tietokone-** or **toimistotarvikkeita** *computer* or *office equipment* you need to find **kirjakauppa** *a bookstore*. **Akateeminen kirjakauppa, Suomalainen kirjakauppa** and **Info** are the largest chains of bookshops. The biggest bookstore in Finland is the main store of Akateeminen kirjakauppa on Pohjois-Esplanadi in Helsinki.

If you want to browse around for second-hand books, you need to find **antikvaarinen kirjakauppa**. If you want to purchase second-hand items or antiques, you can find such things in **osto-ja myyntiliike**.

WHAT WOULD YOU LIKE?

Most towns have **pienteollisuusalue** a *light industry district*, where you can find **huonekaluliikkeitä** *furniture stores*, **rautakauppoja** *hardware stores* and **autoliikkeitä** *car showrooms*. Most hypermarkets **automarketit** are also situated on the outskirts of towns.

Aukioloajat Opening times

Here are some of the notices for opening times you will find on the doors of stores and in advertisements:

Avoinna ma-pe	9-20	*Open Mon-Fri*	*9am-8pm*
la	9-18	*Saturday*	*9am-6pm*
su	suljettu	*Sunday*	*closed*

or

Palvelemme		*We serve you*	
ma-pe	9-17	*Mon-Fri*	*9am-5pm*
la	9-14	*Sat*	*9am-2pm*
su	suljettu	*Sun*	*closed*

Other notices that you might see around a store or a supermarket:

Kassa	*cashier*
Seuraava asiakas	*next customer*
Avatkaa kassinne kassalla, olkaa hyvä	*Open your bags at the till, please.*
Kassinsäilytys	*lockers for shopping bags*
Emme myy tupakkatuotteita alle 16-vuotiaille.	*We don't sell tobacco to people younger than 16 years old.*

Most Finnish supermarkets have lockers for you to place items bought from other stores, but if you are carrying your shopping with you, you might be asked to open your bag.

 ———————— **Vähän kielioppia** ————————

Objektista About the object

Here are some more examples of partitive objects (see also Unit 7 page 123). The partitive is used when the object is a word describing a foodstuff or a drink. The equivalent in English would be a word used without an article or qualified with the word: *some*.

Ostan leipää.	*I'll buy (some) bread.*
Ostan kalaa.	*I'll have (some) fish.*
Ostan kanaa.	*I'll buy (some) chicken.*

But if you specify the object, you need to use the accusative:

Ostan leivän.	*I'll buy one / a loaf of bread.*
Ostan lohen.	*I'll buy a / one salmon.*
Ostan kanan.	*I'll buy a chicken.*
Otan yhden tuollaisen.	*I'll have one of those (you point at what you want).*

The accusative is the term used for nominative and genitive singular case as well as the nominative plural, when these cases are used as an object.

In the plural:

Ostan hedelmiä.	*I buy fruit(s).*
Ostan kyljyksiä.	*I buy (some) chops.*
Ostan karjalanpiirakoita.	*I buy Karelian pasties.*

The partitive is used when you make a general statement and you don't specify the number or amount. If you are talking about a previously mentioned or specified amount, you can say:

Ostan karjalanpiirakat.	*I'll buy **the** Karelian pasties.* NB. the definite article in English.

Ostan kyljykset.   *I'll buy **the** chops.*

Remember however if you specify the actual number or quantity by measure, the partitive singular is used after numbers and measures.

Ostan **6** kyljystä.   *I buy 6 chops.*
Ostan **2** leipää.   *I buy 2 loaves of bread.*
Ostan **12** karjalanpiirakkaa.   *I buy 12 Karelian pasties.*
Ostan **2** kilo**a** kalaa.   *I buy 2 kilos of fish.*

Partitiivin monikko *The plural of the partitive*

The partitive plural corresponds roughly to the English indefinite plural. The formation of the partitive plural in Finnish can be quite complex at times, that is why it appears in the wordlists in this book. It is the last form of the four given in the list.

(*a*) leipä   (*b*) leivän   (*c*) leipää   (*d*) leipiä

nominative sing. genitive sing. partitive sing. partitive plural

(*a*) The nominative singular is the form you will find in the dictionary, the basic form of the word.
(*b*) The genitive singular shows any consonant and vowel changes in the word. The stem of the genitive is also known as the inflectional stem of the word: **leivä-**.
(*c*) The partitive singular. This case is dealt with in earlier units.
(*d*) The partitive plural. This is a plural form which means an unspecified number of something.

Basic rules for the formation of the plural of the noun

The plural is indicated by the plural marker **-i**, which appears before the case ending. As you will recall the vowel **-i** can cause changes in the word, as you have seen in the formation of the simple past tense or imperfect.

The case endings themselves for the partitive plural are basically the same as in the partitive singular. There are some exceptions to these rules. We'll deal with them as they occur.

The plural sign *-i* is added after *-o*, *-ö*, *-u*, *-y*

The plural sign **-i-** becomes **-j-** between two vowels. Therefore words ending in **-o, -ö, -u, -y** end in **-oja, -öjä, -uja** and **-yjä** in the partitive plural:

talo, talo**ja**	*a house, houses*
tyttö, tyttö**jä**	*a girl, girls*
katu, katu**ja**	*a street, streets*
hylly, hylly**jä**	*a shelf, shelves*

In some words, which end in **-i** the final **-i** changes into **-e** in the plural:

(*a*) loan-words with two syllables:

pankki, pankkeja	*bank, banks*
posti, posteja	*post office, post offices*
sekki, sekkejä	*cheque, cheques*

(*b*) all longer words ending in **-i**:

kaupunki, kaupunkeja	*town, towns*
banaani, banaaneja	*banana, bananas*
tomaatti, tomaatteja	*tomato, tomatoes*

-i replaces the second vowel in words that end in two vowels in their stem:

maa, maita	*country, countries*
perhe, (perhee-), perheitä	*family, families*
huone, (huonee-), huoneita	*room, rooms*

words ending in a consonant use the inflectional stem as the basis for the plural form;

mies, miehen, miehiä	*man, man's, men*
kaunis, kauniin, kauniita	*beautiful*

In words that are two syllables long and end in **-a** the final **-a** changes into an **-o** if the first syllable of the word also has an **-a**:

sana, sanoja	*word, words*
asia, asioita	*matter, matters*

In words that are two syllables long and end in **-a** and have **-i** or **-e** in the first syllable, the **-a** also becomes **-o** in front of the plural **-i**:

kirja, kirjoja	*book, books*
kissa, kissoja	*cat, cats*
vessa, vessoja	*toilet, toilets*

Some longer words which end in **-a** also change the final **-a** to **-o**:

| opiskelija, opiskelijoita | *student, students* |
| tarjoilija, tarjoilijoita | *waiter, waiters* |

Final **-ä** is dropped: päivä, päiviä   *day, days*

The first vowel is dropped in the dipthongs **ie**, **uo** and **yö**: tie, teitä; yö, öitä, suo, soita. If the **-i** → **-e** in the inflectional stem: nuori→ nuoren, suuri→ suuren, this **-e** of the stem is dropped in the plural: nuoria, suuria. Because the partitive plural can be so complex, the partitive plurals are given in the vocabulary sections of the dialogues.

Ainesanat ja partitiivi Words describing food and materials and the partitive case

The partitive case is used when talking about food and drink.

| Tämä on sianlihaa. | *This is pork.* |
| Tämä on suomalaista leipää. | *This is Finnish bread.* |

English usually drops the article or uses a word like 'some'. When the **ainesanat** *substance words* are the subject of the sentence they are in the basic form (the nominative case).

| Sianliha on kallista. | *Pork is expensive.* |

But the word descibing it is in the partitive case. ie. kallista.

| Suomalainen leipä on hyvää. | *Finnish bread is good.* |
| Tämä kahvi on suomalaista. | *This coffee is Finnish.* |

The partitive plural can express:

(a) the subject

| Torilla on **ihmisiä**. | *There are people in the market.* |
| Kirjastossa on **opiskelijoita**. | *There are students in the library.* |

(b) the object

| Opiskelijat lukevat **kirjoja**. | *Students read books.* |
| Ihmiset ostavat **mansikoita**. | *People buy strawberries.* |

(c) distance

| Hän käveli **kymmeniä kilometrejä**. | *He walked tens of kilometres.* |

(d) time

| Hän on ollut Suomessa **vuosia**. | *He has been in Finland for years.* |
| Hän oli sairaslomalla **kuukausia**. | *He was off sick for months.* |

(e) quality or qualities

| Tytöt ovat **kauniita**. | *The girls are pretty.* |
| Kalat olivat **tuoreita**. | *The fish were fresh.* |

Partitive is also used with some prepositions and postpositions.

| Hän käveli **pitkin katuja**. | *He walked along the streets.* |
| Hän käveli **meitä kohti**. | *He walked towards us.* |

 ——————— **Harjoitellaan!** ———————

1   You are waiting for your turn at the bakery counter. The sales assistant has just finished serving a customer. What will you hear her say to ask who is next?

2   You are at the bread counter in the supermarket. It is your turn. The shop assistant says: **Mitä saa olla?** You would like a rye-loaf, now ask for it.

3   You would like some fresh fish. Ask the shop assistant what fish they have.

4   You would like some meat.

(a)   Ask what the day's special offer is?
(b)   You find out that pork chops are the special offer of the day. Say that you would like four chops.

5   Ask how much:

(a)   ryebread costs.
(b)   Karelian pasties cost.
(c)   trout costs.

6 Answer the following:

(a) The shop assistant calls out: **Kenen vuoro?** What will you say when it is your turn?

(b) The shop assistant says: **Mitä saa olla?** What are you expected to say?

(c) You have made a purchase or two. The sales assistant says: **Saako olla muuta?** You don't want anything else, what do you say?

7 Here are some common foods. See if you can match the Finnish with the English equivalents.

(a)	karjalanpiirakka	(i)	salmon
(b)	ruisleipä	(ii)	doughnut
(c)	lohi	(iii)	Baltic herring
(d)	sianliha	(iv)	ham
(e)	munkki	(v)	ryebread
(f)	mäti	(vi)	reindeer meat
(g)	kinkku	(vii)	strawberry
(h)	mansikka	(viii)	fish roe
(i)	silakka	(ix)	Karelian pasty
(j)	poronliha	(x)	pork

8 Ask for the given quantity of the items below.

(a)	Haluaisin...	(200g of ham)
(b)	Haluaisin...	(6 pork chops)
(c)	Haluaisin...	(12 bottles of beer)
(d)	Haluaisin...	(1 rye loaf)
(e)	Haluaisin...	(1/2 kg of minced beef)
(f)	Haluaisin...	(300g of smoked reindeer)
(g)	Haluaisin...	(1kg of potatoes/**perunoita**)

9 Here are some specialist shops and some items of shopping you need, match them up. Which shop do you need to go to if...

(a)	valokuvausliike	(i)	you need a new pair of shoes?
(b)	kellosepänliike	(ii)	you need to have your photographs developed?
(c)	kenkäkauppa	(iii)	you want to buy a second hand radio?
(d)	kirjakauppa	(iv)	you want to buy an engagement ring?
(e)	osto-ja myyntiliike	(v)	you need a new dictionary?

10 Here are some names of fruits. See if you know or can guess which is which. Lots of names of fruits are loan-words!

(a)	appelsiini	(i)	plum
(b)	avokaado	(ii)	banana
(c)	luumu	(iii)	melon
(d)	banaani	(iv)	orange
(e)	ananas	(v)	apple
(f)	mandariini	(vi)	pineapple
(g)	sitruuna	(vii)	avocado
(h)	meloni	(viii)	pear
(i)	omena	(ix)	lemon
(j)	päärynä	(x)	mandarin orange

11 This dialogue is all jumbled up. Rearrange it to make sense of it.

(a) Olkaa hyvä. Saako olla muuta.
(b) Mitä se maksaa kilo?
(c) Hyvää päivää. Mitä saa olla?
(d) On.
(e) Päivää. Onko teillä paistijauhelihaa?
(f) 52 markkaa.
(g) Kiitos, ei muuta.

12 Which one of these is the odd one out? olut, vesi, Koskenkorva, lohi, Lapin Kulta, punaviini, kuohuviini.

13 Answer the following:

(a) If you give the shop assistant **tasaraha**, do you expect to get any change?
(b) What is **sämpylä**?
(c) What is the special word for gifts you take to your host or hostess, when you go visiting?
(d) How would you say I'll have one.
(e) How would you ask whether the day's evening paper is available yet?
(f) If you are shopping **torilla** are you in the covered market or out in the open air?

14 What do these abbreviations stand for: (a) kpl (b) kg (c) l (d) dl (e) pkt (f) tlk?

———— Vähän lisää ————

Kirjakaupassa At a bookstore

You need a dictionary and a guide book of Helsinki. You pop into a bookshop to see what is available.

Asiakas	Huomenta.
Myyjä	Huomenta. Voinko auttaa?
Asiakas	Minä tarvitsen uuden sanakirjan.
Myyjä	Millaisen sanakirjan?
Asiakas	Englantilais-suomalaisen.
Myyjä	Sanakirjat ovat täällä. Tässä on hyvä uusi sanakirja.
Asiakas	Mitä se maksaa?
Myyjä	560 markkaa.
Asiakas	Oho, se on kallis. Ovatko kaikki sanakirjat niin kalliita?
Myyjä	Eivät ole. Tässä on pieni suomi-englanti-suomi sanakirja. Se maksaa vain 200 markkaa.
Asiakas	Onko se hyvä sanakirja?
Myyjä	Kyllä se on oikein hyvä ja myös aivan uusi. Se ilmestyi vuosi sitten.
Asiakas	Ehkä otan sitten sen.
Myyjä	Ja muuta?
Asiakas	Minä haluaisin opaskirjan.
Myyjä	Millaisen?
Asiakas	Helsingin opaskirjan.
Myyjä	Meillä on kolme tai neljä Helsinki-opasta. Haluatteko katsoa niitä?
Asiakas	Kyllä haluaisin. Mikä niistä on uusin?
Myyjä	Tämä on uusin. Sanotaan, että se on oikein hyvä. Siinä on myös hyvä kartta ja englanninkielinen liite.
Asiakas	Jaa-a. Katson sitä...Joo, kyllä tämä näyttää hyvältä. Taidan ottaa sitten tämän.
Myyjä	Ja vielä muuta?
Asiakas	Kiitos ei muuta tällä kertaa.
Myyjä	Maksatteko käteisellä vai kortilla?
Asiakas	Käteisellä.
Myyjä	Yhteensä 310 markkaa. Opas on 110 markkaa ja sanakirja 200 markkaa.
Asiakas	Tässä, olkaa hyvä (*giving the assistant a 500-mark note*).

Myyjä Ja tässä rahasta takaisin: 190 markkaa.

tarvitsen *I need*	**vuosi sitten** *a year ago*
tarvita, tarvitsen, tarvitsee, tarvitsi *to need*	**opaskirja** *guide book*
millai/nen, -sen, -sta, -sia? *what kind?*	**opas, oppaan, opasta, oppaita** *guide (book or person)*
uusi, uuden, uutta, uusia *new*	**katsoa, katson, katsoo, katsoi** *to look at*
sanakirja, -n, -a, sanakirjoja *dictionary*	**ne, niitä** *they, them*
englantilais-suomalainen *English-Finnish*	**uusin** *the newest, most recent*
oho *oh*	**sanotaan...** *it is said...*
kallis, kalliin, kallista, kalliita *expensive, dear*	**englanninkieli/nen, -sen, -stä, siä** *English language (adjective)*
ilmestyä, ilmestyy, ilmestyi *to be published, was published*	**liite, liitteen, liitettä, liitteitä** *appendix, supplement*
	Taidan ottaa... *I think I'll take...*
	rahasta takaisin *your change*

Kiitos käynnistä — tervetuloa uudelleen!

Thank your for your custom — look forward to seeing you again!

3	KODIN TEKSTIILIT KANKAAT-LANGAT VERHOT URHEILU-VAPAA-AIKA	LASTEN VAATTEET LELUT ASKARTELU KAHVIO
2	NAISTEN VAATTEET MIESTEN VAATTEET NAHKATAVARAT JALKINEET	
1	ELINTARVIKKEET KOSMETIIKKA-KORUT SUKKAPISTE PAPERITAVARAT	
K	KODIN RAUTA KODIN KONEET VALAISIMET SÄHKÖTARVIKKEET	MUSIIKKI FOTO TALOUSTAVARAT
	Jokitalo	

An example of a department store guide

9

SAUNASSA: LISÄÄ LÖYLYÄ?
— *In the sauna:* —
more water on the stove?

In this unit you will visit a Finnish summerhouse and have a sauna. This unit is also intended to consolidate and revise material from the previous eight units. First Steve plans a visit to a friend's summerhouse. He does some foodshopping on the way. Then he spends a pleasant weekend at the summerhouse eating, drinking, swimming and having saunas. We will find out what life is like **Luonnon helmassa** *in the lap of Mother Nature* as the Finns would say.

─────────── **Dialogeja** ───────────

Ruokaostoksilla Foodshopping

 Steve Smith is staying in Joensuu with friends. He has been invited to visit Pekka and Leena's summerhouse. Steve and Pekka are making arrangements on the phone about the foodshopping for the weekend.

Pekka Hei. Täällä Pekka. Terve! Minä soitan töistä.
Steve No terve terve! Mitä kuuluu?
Pekka Kiitos hyvää, entäs sinulle?
Steve Kiitos kysymästä, ihan kivaa. Onko sinulla kiire tällä hetkellä?
Pekka Nyt ei ole, mutta eilen oli hirveä kiire. Joo, niin on minulla asiaa. Onko sinulla aikaa käydä kaupassa?

Steve	Joo, on minulla aikaa. Mitä kaupasta pitää ostaa?
Pekka	Tuota, tuota…Minä ajattelin, että voisimme grillata mökillä. Grillataan vaikka vähän kanaa. Kaikki tykkäävät kanasta. Lapsille voisimme grillata lenkkimakkaraa. Osta siis vaikka kanaa ja lenkkimakkaraa. Voisit ostaa jotakin muuta makkaraa voileipiä varten.
Steve	Mitä makkaraa sinä haluat?
Pekka	No, voisit ostaa valkosipulimakkaraa. Se on hyvää. Osta sitten vielä vähän salaattia, ehkä pari lehtisalaattia, tomaatteja ja kurkkua. Niin ja uusia perunoita ja tietysti vähän silliä.
Steve	Entä leipää? Mitä leipää sinä haluaisit?
Pekka	No, tuo vaikka ruisleipää ja sämpylöitä. Niin ja vielä puoli kiloa kananmunia. Leena paistaa lettuja.
Steve	Minä menen torille, tuonko mansikoita?
Pekka	Tuo vaan. Ne ovat nyt melko halpoja. Jos ruoka loppuu, voimme aina käydä kalassa, vai mitä?
Steve	Kyllä se käy. Entä juomiset?
Pekka	Minä voin pistäytyä Alkossa. Ostan pari pulloa valkoviiniä ja korin olutta. Sinä voisit ostaa lapsille limsaa supermarketista. Niin ja muista ostaa myös maitoa, me suomalaiset juomme aina maitoa ruoan kanssa.
Steve	Tuotko sinä sitten varmasti saunaoluet?
Pekka	Tottakai, en minä niitä unohda. En voi kuvitella saunaa kesämökillä ilman olutta.
Steve	Tarvitaanko muuta?
Pekka	En usko, koska Leena tuo pullaa ja kahvia. Hei nähdään sitten illalla mökillä. Osaatteko te varmasti nyt sinne?
Steve	Minulla on selvät ohjeet! Kyllä me löydämme sinne. Hei!
Pekka	Hei!

Kiitos kysymästä.	*Thanks for asking.*	**peruna, -n, -a, perunoita**	*potato*
pitää (auxiliary verb)	*have to, ought to*	**sämpylä, -n, -ä, sämpylöitä**	*roll*
hirveä, -n, -ä, hirveitä	*terrible, awful*	**paista/a, paistan, paistaa, paistoi**	*to bake, to fry, to cook*
Minulla on asiaa.	*I have something to ask.*	**lettu, letun, lettua, lettuja**	*pancake*
Mitä pitää ostaa?	*What has to be bought?*	**mansikka, mansikan, mansikkaa, mansikoita**	*strawberry*
Tuota, tuota…	*Well, let me think…*	**käydä kalassa**	*to go fishing*
		juomiset	*drinks*
		pistäyty/ä, pistäydyn, pistäytyy, pistäytyi	*to drop in*

IN THE SAUNA: MORE WATER ON THE STOVE?

tuo/da, tuon, tuo, toi *to bring*	**unohta/a, unohdan, unohtaa,**
grillataan... *let's grill*	**unohti** *to forget*
(barbecue)...	**kuvitella, kuvittelen, kuvittelee,**
grilla/ta, grillaan, grillaa, grillasi	**kuvitteli** *to imagine*
to grill, to barbecue	**En usko.** *I don't think so.*
valkosipuli, -n, -a, -sipuleja *garlic*	**olut, oluen, olutta, oluita** *beer*
lehtisalaatti, -salaatin, -salaattia,	**selvä, -n, -ä, selviä** *clear*
salaatteja *salad, green salad*	**ohje, ohjeen, ohjetta, ohjeita**
silli, -n, -ä, sillejä *herring, sild*	*instructions*

Matkalla kesämökille On the way to the summerhouse

Steve Smith is making his first visit to his friend Pekka's summer-house. He is driving there from Joensuu with another friend Helena, who has been there before. Steve is driving and Helena is the map-reader. They are starting the journey from the centre of Joensuu.

Steve No niin. Mihin päin minun täytyy ajaa?

Helena Ensin ajat keskustan läpi rautatieasemalle päin. Siis Siltakatua suoraan vanhalle sillalle. Kun tulet joen toiselle puolelle, käänny oikealle. Aja noin puoli kilometriä suoraan eteenpäin. Tie menee rautatien yli. Rautatiesillan jälkeen on liikennevalot. Liikennevaloissa sinun täytyy kääntyä oikealle.

Steve Hyvä on. Ja nyt?

Helena Jatka eteenpäin, kunnes tulet seuraaviin liikennevaloihin. Ne ovat noin kilometrin päässä.

Steve No niin, nyt olemme liikennevaloissa. Mihin suuntaan minun täytyy kääntyä?

Helena Käänny oikealle, Lappeenrannan tielle.

Steve No niin nyt olemme Lappeenrannan tiellä ja nyt?

Helena Nyt meidän täytyy ajaa Lappeenrannan tietä noin 25 kilometriä. Kun tulemme Hammaslahden risteykseen, meidän täytyy kääntyä oikealle. Risteyksestä on noin 8 kilometriä Hammaslahteen.

Steve Menemmekö me Hammaslahteen saakka?

Helena Joo, menemme kylän läpi ja jatkamme Rääkkylään päin.

Steve Ja sitten?

Helena Ajamme noin 12 kilometriä, kunnes tulee risteys, jossa

lukee Kompakka, siinä meidän täytyy kääntyä vasem-
malle.

Steve Miten tiedämme, että se on oikea risteys?

Helena Minä olen käynyt siellä monta kertaa ennenkin.
Risteyksestä on mökille noin seitsemän kilometriä. Aja
vain eteenpäin, kunnes tulee tienviitta, jossa lukee
Papinniemi. Siinä sinun täytyy kääntyä taas vasem-
malle. Järvi näkyy jo siihen.

Steve Mikä järven nimi on?

Helena Onkamojärvi. Pekan kesämökki on Onkamojärven
rannalla.

Steve Tämä tie on oikea rallitie. Ovatko kaikki tiet täällä
tällaisia?

Helena Joo, kaikki paitsi päätiet.

Steve Onko mökin lähellä kauppa?

Helena Ei ole, lähin kauppa on Kompakassa, mutta kaksi
kertaa viikossa mökin lähellä käy myymäläauto.

Steve Tämä paikka on sitten todella syrjässä.

Helena Niin on, mutta suomalaiset haluavat olla rauhassa, kun
he ovat kesämökillä.

Steve No niin, nyt me olemme perillä. Tuolla on jo Pekan auto.

Pekka greets the visitors.

Helena Löysittekö hyvin perille?

Steve Joo, oikein hyvin. Helena tiesi tien.

Pekka Tervetuloa ja toivottavasti viihdyt täällä suomalaisen
luonnon helmassa. Kahvi on jo kiehumassa ja kohta
voimme panna saunan lämpiämään.

---

aja/a, ajan, ajaa, ajoi *to drive*	**Rääkkylään päin** *towards*
läpi *through*	*Rääkkylä*
kilometrin päässä *one kilometre*	**tienviitta, -viitan, -viittaa, -viittoja**
away	*road sign*
liikennevalot, -valoissa, -valoista,	**järvi, järven, järveä, järviä** *lake*
-valoihin *traffic lights, at, from,*	**näkyy** *is visible*
to the traffic lights	**ralli, -n, -a** *rally*
käänty/ä, käännyn, kääntyy,	**myymäläauto, -n, -a, -ja** *mobile*
kääntyi *to turn*	*shop*
Mihin suuntaan? *In which*	**syrjässä** *out of the way*
direction?	**perillä** *at the destination*
risteys, risteyksen, risteystä	**perille** *to the destination*
crossroads	**löytää perille** *to find one's way*
kylä, -n, -ä, kyliä *village*	**hän tiesi tien** *she knew the way*

Tervetuliaiskahvit Coffee on arrival

Leena comes up to meet Steve and Helena as well. On arrival, coffee is waiting for the visitors.

Leena	Hei Helena! Hei Steve! Tervetuloa meidän mökille!
Steve & Helena	Hei Leena!
Leena	Haluatteko kahvia, minulla on jo kahvi kiehumassa.
Steve	Kyllä kiitos, kahvi maistuisi oikein hyvin automatkan jälkeen. Anteeksi, mutta missä täällä on vessa?
Leena	Se on tuolla mäen takana, se on puuvessa.
Steve	Kiitos.
Leena	Tule sitten tänne terassille, niin juomme kahvia.
Leena	Kahvi on jo kupissa. Tässä on kermaa ja maitoa. Kuka haluaa kermaa ja kuka maitoa?
Steve	Kiitos ei kumpaakaan, minä juon kahvin mustana, mutta onko sinulla sokeria?
Leena	Ole hyvä, tässä on sokeria. Tässä on tuoretta pullaa ja mustikkapiirakkaa. Maistakaa, minä paistoin sen itse tänä aamuna.
Steve	Kiitos paljon, haluaisin maistaa vähän mustikkapiirakkaa. Leikkaatko minulle pienen palan. Kiitos. Tämä on oikein hyvää!
Leena	Kiitos, ota vain lisää, jos haluat. Mustikkapiirakka on oikein tyypillistä suomalaista kahvileipää näin kesällä. Minä poimin mustikat itse täältä mökiltä.

---

kahvi on kiehumassa *coffee is cooking*	**paista/a, paistan, paistaa, paistoi** *to bake*
maistuisi *would taste*	**pulla, -n, -a, pullia** *bun*
maistua *to taste, to be nice to have*	**mustikkapiirakka, -piirakan, -piirakkaa, -piirakoita** *bilberry pie*
vessa, -n, -a, vessoja *toilet*	
pienen mäen takana *behind the little hill*	**leika/ta, leikkaan, leikkaa, leikkasi** *to cut*
puuvessa *outdoor toilet*	**pala, -n, -a, paloja** *piece, slice*
terassi, -n, -a, terasseja *terrace*	**poimia mustikoita** *to pick bilberries*
kahvi on jo kupissa *coffee is served*	**mustikka, mustikan, mustikkaa, mustikoita** *bilberry*
ei kumpaakaan *neither*	**ota vain** *do have*
	kesällä *in the summer*

Lämmitetään sauna! Let's heat up the sauna!

It is time to get the sauna ready. Steve is helping Pekka to carry the water to the sauna. Steve wants to know all about the sauna. It is his first time in a wood-heated sauna.

Pekka	No niin, nyt voimme jo panna saunan lämpiämään. Kuka haluaa kantaa puut ja kuka haluaa kantaa vettä?
Steve	Minä voin kantaa vettä. Mistä minä kannan vettä?
Pekka	Järvestä! Tuolla saunan eteisessä on kaksi sankoa, joilla voi kantaa vettä.
Steve	Voiko järvivettä myös juoda?
Pekka	Ei oikein, me tuomme tavallisesti juomavettä joko kaupungista tai haemme tuolta naapurin kaivosta. Jos sinä kannat vettä, minä kannan puita. Polttopuut ovat tuolla saunan takana.
Steve	Kuinka kauan kestää ennen kuin sauna on lämmin?
Pekka	Noin puoli tuntia. Sillä aikaa kun sauna lämpiää, voimme käydä veneellä katsomassa katiskat.
Steve	Mikä on katiska?
Pekka	Se on kalanpyydys. Minulla on pari vanhaa katiskaa järvessä. Haluatko sinä soutaa, niin minä katson katiskat.
Steve	Hyvä on.

lämmittää sauna *to heat the sauna*
lämmittä/ä, lämmitän, lämmittää,
  lämmitti *to heat, to warm up*
panna sauna lämpiämään *to start*
  heating the sauna
kantaa puut *to carry the wood*
kantaa vettä *to carry water*
kanta/a, kannan, kantaa, kantoi
  to carry
järvivesi, -veden, -vettä, -vesiä
  lake water
juomavesi *drinking water*
hake/a, haen, hakee, haki *to fetch*

naapuri, -n, -a, naapureita
  neighbour
kaivo, -n, -a, -ja *well*
polttopuut *firewood*
vene, veneen, venettä, veneitä
  boat
katiska, -n, -a, katiskoja *a Finnish*
  fish trap
kalanpyydys, -pyydyksen,
  -pyydystä pyydyksiä *a fish trap*
souta/a, soudan, soutaa, souti
  to row
soutuvene *rowing boat*

Nyt Saunaan Now into the sauna

The sauna is now ready. Leena and Helena go in first. Pekka gets the barbecue ready. And then it is Pekka and Steve's turn to go in.

Pekka   Hei sauna on jo lämmin. Kuka haluaa mennä ensin saunaan? Haluatteko te, Leena ja Helena, mennä ensin? Hyvä on. Minä sytytän grillin sillä aikaa, kun te olette saunassa ja panen perunat kiehumaan.

Pekka   No niin, Steve, nyt on meidän vuoro mennä saunaan. Sinä olet ollut saunassa jo monta kertaa aikaisemminkin vai mitä?

Steve   Jo, olen ollut saunassa, mutta vain Lontoossa ja Helsingissä. En ole koskaan ollut oikeassa puusaunassa.

Pekka   Periaatteessa kaikki saunat ovat samanlaisia. Ensin menemme ja istumme lauteilla ja hikoilemme vähän. Lyödään vähän löylyä. Pidätkö sinä löylystä?

Steve   Pidän, mutta en liian kuumasta löylystä.

Pekka   Joko riittää?

Steve   Jo, kiitos.

Pekka   Haluatko mennä jäähylle ja uimaan?

Steve   Joo, mennään vaan. Onko vesi kylmää?

Pekka   Ei ole, tämä järvi on oikein matala ja vesi on kesällä aina lämmintä. Laiturin päässä on lämpömittari, katsotaan...22 astetta. Vesi on oikein lämmintä.

Steve   Hyvä on, jos vesi on niin lämmintä, minä menen uimaan.

Pekka   Uimasta takaisin löylyyn ja takaisin uimaan niin monta kertaa kuin haluat! Kun olet saanut tarpeeksesi, voimme istua saunan terassilla ja odotella ruokaa. Haluatko olutta?

Steve   Kiitos mielelläni, olut maistuu oikein hyvältä saunan jälkeen.

Pekka   Minusta on mukava istua saunan jälkeen laiturilla, juoda olutta ja katsella auringonlaskua ja miettiä elämän tarkoitusta.

Steve   Se taitaa olla kaikkien suomalaisten mieleen.

Pekka   En tiedä, nykyään on paljon sellaisia suomalaisia, jotka ovat mieluummin kaupungissa kuin maalla, mutta on totta, että sauna ja kesäinen luonto ovat monelle suomalaiselle erittäin tärkeä asia.

Steve   Minulla on vielä yksi kysymys, tottuuko näihin itikoihin koskaan?

Pekka   No jaa, se on vaikea kysymys. Ne kuuluvat suomalaiseen kesään.

sytyttä/ä, sytytän, sytyttää, sytytti
to light
sytyttää tuli *to light a fire*
tuli, tulen, tulta, tulia *fire*
panna kiehumaan *to put to boil*
kiehu/a, kiehuu, kiehui *to boil*
puusauna *wood-heated sauna*
sauna, -n, -a, saunoja *sauna bath*
periaatteessa *in principle*
samanlai/nen, -sen, -sta, sia
similar, same kind of
mennään *let's go, we go*
istutaan *let's sit, we sit*
hikoil/la, hikoilen, hikoilee, hikoili
to sweat
lauteet, lauteita *seats in the sauna*
lyö/dä löylyä *to throw water on the stove*
löyly, -n, -ä, -jä *(special word for the steamy heat that eminates from the sauna stove **kiuas** when water is thrown on it)*
kuuma, -n, -a, kuumia *hot*
mennä jäähylle *to go out of the sauna to cool off*
jäähy, -n, -ä, -jä *cooling off*
mennä uimaan *go for a swim*
matala, -n, -a, matalia *shallow*

lämpömittari, -n, -a, -mittareita
thermometer
laiturin päässä *at the end of the jetty*
saada tarpeeksi *to get enough, to have enough*
odotel/la, odottelen, odottelee, odotteli *to wait a while*
katsel/la, katselen, katselee, katseli
to watch, to look at
auringonlasku, -n, -a, -ja *sunset*
miettiä elämän tarkoitusta *to think about the meaning of life*
Kaikkien suomalaisten mieleen
It pleases all Finns.
ovat mieluummin kaupungissa
prefer to stay in town
kesäi/nen, -sen, -stä, siä *summer, summery*
luonto, luonnon, luontoa *nature*
Tottuuko näihin itikoihin? *Does one get used to these mosquitoes?*
itikka, itikan, itikkaa, itikoita
mosquito
Ne kuuluvat suomalaiseen kesään.
They are part of the Finnish summer.

Saunomisohjeet How to have a sauna

(a)	Hikoile hyvin	(a)	*Sweat thoroughly*
(b)	Lyö löylyä	(b)	*Throw water on the stove*
(c)	Vihdo, jos haluat	(c)	*Use the birch twigs if you wish*
(d)	Peseydy	(d)	*Wash*
(e)	Jäähdyttele ja kuivaa itsesi hyvin	(e)	*Cool down and dry yourself well*
(f)	Lepää ja sitten syö	(f)	*Rest and then have something to eat*

—————— Hyvä tietää ——————

1 Kesämökeistä About summerhouses

Many Finnish families have a summerplace **kesämökki**. Ideally it is situated **järven rannalla** *on the shore of a lake*, **meren rannalla** *on the seashore* or **saaressa** *on an island*. The summer place is often the old family home in the country. Finns have become urban dwellers on a larger scale only since the Second World War, so many families still have a link with the original village where the family comes from. **Mummola** *grandmother's place* has an almost mythical status in a Finnish child's life. For the older generations **mummola** was often in the countryside, not so for many of the youngsters of today. Now the old **mummola** is often a summer place.

Kesämökki is a retreat from town life: **takaisin luontoon** *back to nature*. No running water, wood heating, cutting firewood are among activities enjoyed at the summerhouse. Most people make a concession for electricity, you need a fridge to keep food and beer cold in the summer.

At the end of the last century and up to the Second World War in wealthy Finnish families the wife and children went **maalle** *to the country* for the whole summer. The husbands joined them for weekends. You can still see some of these grand villas around most Finnish towns. In Helsinki for instance Lauttasaari was a popular summer resort.

2 *Saunasta* About the sauna

There are more than one million saunas in Finland! Sauna is an essential part of life for most Finns. Saturday is the traditional **saunapäivä**. The Finns have always built saunas wherever they go. Sauna plays a very important part in Finnish life. Traditionally the sauna was completed before the house itself.

Sauna cleanses the soul as well as the body. Sauna is a great place for unwinding and relaxing, after all it is too hot to do anything else. **Vasta** or **vihta** is the Finnish name for the birch twigs you beat yourself with in the sauna.

 ———————— **Vähän kielioppia** ————————

täytyy, pitää to have to, must

To say that you have to or ought to do something, you use the following structure:

Minun täytyy mennä.	*I must go.*
Minun pitää mennä.	

The subject is in the genitive **minun**
the auxiliary verb: **täytyy** or **pitää**
then the infinitive of the verb: **mennä**

Liisan täytyy käydä kaupassa.	*Lisa must go to the shop.*
Meidän pitää ostaa ruokaa.	*We must buy some food.*

Pitää is more colloquial and a shade less strong then **täytyy**. **Pitää** is almost like English *should* or *ought to* and **täytyy** is like *must, have to*.

The genitive forms of the personal pronouns:

minun		mennä
sinun	täytyy	ostaa
hänen	pitää	tulla
meidän		syödä
teidän		juoda
heidän		odottaa

The object in these sentences will be in the accusative i.e. the nominative case (singular or plural):

Minun täytyy ostaa **kirja.**	*I must buy a book.*
Minun täytyy antaa **sanomalehti** Leenalle.	*I must give the newspaper to Leena.*
Minun täytyy hakea **kirjat** kirjastosta.	*I must fetch the books from the library.*

The negative of **täytyy** and **pitää** is **ei saa** *must not*

Minä en saa uida.	*I must not swim.*
Sinä et saa syödä ennen saunaa.	*You must not eat before the sauna.*
Hän ei saa syödä kalaa, hän on allerginen sille.	*He must not eat fish, he is allergic to it.*
Me emme saa juoda tätä vettä.	*We must not drink this water.*
Te ette saa myydä kesämökkiä.	*You must not sell the summerhouse.*
He eivät saa polttaa.	*They must not smoke.*

Notice the object in the negative sentence is in the partitive and the subject is in the nominative case.

Osata ja voida 'To be able to' and 'can'

Osata means *can, to know how to* and **voida** *can, be able to*

Voimme grillata.	*We can grill (it is possible).*
Voisimme grillata.	*We could grill.*
Voin pistäytyä Alkossa.	*I can drop in at the Alko.*
Voisit ostaa mansikoita.	*You could buy some strawberries.*
En voi kuvitella saunaa ilman olutta.	*I cannot imagine sauna without beer.*
Voiko järvivettä juoda?	*Can one drink lake water?*

Infinitive	Present and past	Cond.	Neg. present	Neg. cond.
voi/da	voin	voisin	en voi	en voisi
	voit	voisit	et voi	et voisi
	voi	voisi	ei voi	ei voisi
	voimme	voisimme	emme voi	emme voisi
	voitte	voisitte	ette voi	ette voisi
	voivat	voisivat	eivät voi	eivät voisi

Notice the present tense and the imperfect are the same: **voin** *I can,*

I could. The negative past tense: en/et/ei voinut; emme/ette/eivät voineet.

Osaatteko te varmasti nyt sinne?	*Do you know how to get there for sure?*
Osaatko sinä soutaa?	*Do you know how to row?*
Osaatko puhua englantia?	*Can you speak English?*
Osaatko ajaa autoa?	*Can you drive (do you know how to)?*

Infinitive	Present	Past	Cond.	Neg. present	Neg. cond.
osa/ta	osaan	osasin	osaisin	en osaa	en osaisi
	osaat	osasit	osaisit	et osaa	et osaisi
	osaa	osasi	osaisi	ei osaa	ei osaisi
	osaamme	osasimme	osaisimme	emme osaa	emme osaisi
	osaatte	osasitte	osaisitte	ette osaa	ette osaisi
	osaavat	osasivat	osaisivat	eivät osaa	eivät osaisi

Negative past tense: en/et/ei osannut; emme/ette/eivät osanneet

Mennään juomaan kahvia! Let's go and have a coffee!

The form of the verb used to mean *let's do something* is the same as the passive present tense: is *being done*.

The formation

Group I verbs:

the ending is **-taan/-tään**
-a → **-e** before the ending
the consonant gradation: always the weak grade (see for instance the first person singular).

luke/a	*to read*	→ luetaan	*let's read; is read*
asu/a	*to live*	→ asutaan	*let's live; is lived*
aja/a	*to drive*	→ ajetaan	*let's drive; is driven*

Group II verbs:

the ending is **daan/-dään** which is added to the infinitive after the infinitive ending is dropped.

juo/da	*to drink*	→ juodaan	*let's drink; is drunk*
syödä	*to eat*	→ syödään	*let's eat; is eaten*
ui/da	*to swim*	→ uidaan	*let's swim; is swum*

Group III verbs:

The ending is the same as the consonant of the infinitive sign + **-aan/-ään**.

men/nä	*to go*	→ mennään	*let's go; is gone*
tul/la	*to come*	→ tullaan	*let's come; is come*
harjoitel/la	*to practise*→	harjoitellaan	*let's practise; is practised*

Group IV verbs:

The ending is **-taan/-tään** which is added to the infinitive stem.

| tava/ta | *to meet* | → tavataan | *let's meet; is met* |
| luva/ta | *to promise*→ | luvataan | *let's promise; is promised* |

Group V verbs:

These verbs end in **-i** and **-ta/-tä**; such as val**ita** *to choose*, häir**itä** *to disturb*.

The ending **-taan/-tään** is added to the infinitive stem:

| vali/ta | *to choose* | → valitaan | *let's choose; is chosen* |

When you combine two verbs together like **mennään juomaan** *let's go and drink*, the second verb is in a special form, which is called the third infinitive. It has a sign **-ma/-mä**, which is added to the stem of the present tense with the strong grade. So look at the third person singular of the verb and drop the second vowel:

luke/e and **ma** is the third infinitive: lukema

You could liken this form to the English verbal noun. This form can then be used with a case ending.

With the illative:

Mennään juomaan kahvia!   *Let's go and drink coffee!*

with the inessive case:

Olemme juomassa kahvia.	*We are drinking coffee.*

with the elative case:

Tulemme juomasta kahvia.	*We have just had some coffee.*

Some more examples:

Olin kirjastossa lukemassa.	*I was at the library reading.*
Olin syömässä ravintolassa.	*I was at the restaurant.* *having a meal.*
Olin uimassa uimahallissa.	*I was at the swimming-pool* *having a swim.*
Menen kirjastoon lukemaan.	*I am going to the library* *to read.*
Menen syömään ravintolaan.	*I am going to a restaurant* *to eat.*
Menen uimaan uimahalliin.	*I am going to the swimming-* *pool for a swim.*
Tulin juuri kirjastosta lukemasta.	*I just came from reading at* *the library.*
Tulin juuri syömästä ravintolasta.	*I just came from a restaurant* *where I had a meal.*
Tulin uimasta uimahallista.	*I came from a swim at the* *swimming-pool.*

This way of joining two verbs together is the natural way for Finns to express two related activities. There is nothing stopping you expressing the same with two sentences:

Olin kirjastossa. Luin siellä.	*I was at the library.* *I read there.*

but this is the way they are usually joined → Olin kirjastossa luke-massa.

Minusta sauna on ihana! I think a sauna is wonderful!

There are different ways of expressing opinion. The simplest way is to say:

Minusta Suomi on kaunis maa.	*In my opinion / I think Finland* *is a beautiful country.*

Onko sinusta Helsinki kaunis kaupunki?	*Do you think Helsinki is a beautiful town? Is Helsinki a beautiful town in your opinion?*

The word referring to the person whose opinion is expressed or sought has the end **-sta/-stä**:

Minusta Suomi on kallis maa.	*In my opinion Finland is an expensive country.*
Onko sinusta Joensuu kiva kaupunki?	*Do you think Joensuu is is a nice town?*
Hänestä kesä on mukava.	*He thinks the summer is pleasant.*
Meistä Turku on kaunis kaupunki.	*We think Turku is a beautiful town.*
Onko teistä suomi helppo kieli?	*Do you find Finnish an easy language?*
Heistä suomalainen kala on hyvää.	*They think Finnish fish is good.*
Pekasta englanti ei ole vaikeaa.	*Pekka does not find English difficult.*
Leena Suomisesta kurssi oli helppo.	*Leena Suominen thought the course was easy.*
Presidentistä asia on tärkeä.	*The president regards the matter as important.*

You can also say:

Mitä mieltä olet Helsingistä?	Lit. *Of what mind / what is your opinion of Helsinki?*

and you can answer;

Minusta Helsinki on oikein kaunis kaupunki, erityisesti kesällä.	*I think Helsinki is a very beautiful town, especially in the summer.*

Imperatiivi The imperative

The form of the verb used to tell someone to do something is called the imperative (see Unit 4).

You have already used this form in the phrases:

Ole hyvä	Lit. *be good please*
Olkaa hyvä	*please*

The singular form is the same as the present tense of the verb without a personal ending. It has the weak grade. The easiest way to find it is to look at the first person singular:

| lue/n and drop the ending -n | → lue! | *read!* |
| kirjoita/n | → kirjoita! | *write!* |

to say *don't* do something, simply add the word don't **älä** in front:

| älä lue! | *don't read!* |
| älä kirjoita! | *don't write!* |

You can use this as a polite request when you combine it with **ole hyvä**:

Ole hyvä ja lue!	*Please read!*
or	
Lue, ole hyvä!	*Read, please!*

The plural is formed from the infinitive of the verb.
luke/a drop the infinitive ending and add **-kaa/-kää** → lukekaa!
kirjoitta/a → **kirjoittakaa!**

The group IV and V verbs have **-t** before the **-kaa/-kää**:
tava/ta → **tavatkaa!** vali/ta → **valitkaa!**
also in the negative: **älkää tavatko! älkää valitko!**

The negative is formed by changing the **-kaa/-kää** to **-ko/-kö** and adding **älkää** in front:

| Älkää lukeko! | *Do not read!* |
| Älkää kirjoittako! | *Do not write!* |

| The polite form: | Lukekaa, olkaa hyvä! |
| | Olkaa hyvä ja lukekaa! |

The imperative can be used by itself as long as the tone of voice is conciliatory or polite.

| Tule! | *Come!* |
| Mene! | *Go!* |

Often in colloquial Finnish this form is combined with the word **vain** or **vaan**:

| Tule vaan! Tule vain! | *Do come! Come by all means!* |
| Mene vaan/vain! | *Go by all means / do go!* |

────────── **Harjoitellaan!** ──────────

These exercises are designed to revise and consolidate material from previous units as well as this one.

1 How do you greet someone:
    (a) first thing in the morning?
    (b) during the day?
    (c) in the evening?

2 How do you answer the above greetings?

3 What do you say when you pass something to someone?

4 Say thank you. Can you think of different ways of saying thank you?

5 Say hello to a friend. Can you think of more than one word for hello?

6 You have just accidentally knocked into somebody on the bus, what do you say?

7 You are tired and decide to go to bed, how would you say goodnight!

8 It is Friday afternoon, you have been chatting to a friend.

    (a) Before you go, wish your friend a pleasant weekend!
    (b) Your friend wishes you the same in return. What does he say?

9 You have been given the name of a person to contact. You ring his number. How do you ask whether the person (let's call him Kari Anttila) is available to talk to?

10 You are making a phone call.

    (a) How do you introduce yourself on the telephone?
    (b) You are not sure about speaking Finnish on the phone. How do you ask: Do you speak English?
    (c) The answer is **Valitettavasti en puhu englantia**: What have you just been told?
    (d) You want to say that you can speak a little Finnish. How do you say that?
    (e) What do you say, when you don't understand what has been said to you?

11 Answer the following.

(a) How do you ask someone: How are you? Can you think of more than one way of phrasing this question?
(b) How do you answer the above question/s?
(c) How do you ask where in Finland someone is from?

12 What will the person say, if he comes from:

(a) Eastern Finland?
(b) Western Finland?
(c) Northern Finland?
(d) Southern Finland?

13 How do you ask a person where he works?

14 How would you ask a person's address and telephone number?

 15 You have been asked for the following information:

Say: I am   (your name).
My address is
I work
I live
I speak   (eg. English, French, etc.)

16 You have just been asked **Pidätkö Suomesta?**: What have you been asked?

 17 How do you say: I like Finland very much?

18 How would you say that you like:

(a) sauna? (b) Helsinki? (c) coffee? (d) the summer? (e) ryebread?

19 Here is the shopping list from the unit. See if you can match the English with the Finnish.

(a)	kanaa	(i)	tomatoes
(b)	lenkkimakkaraa	(ii)	cucumber
(c)	valkosipulimakkaraa	(iii)	rolls
(d)	salaattia	(iv)	strawberries
(e)	tomaatteja	(v)	crate of beer
(f)	kurkkua	(vi)	white wine
(g)	ruisleipää	(vii)	sausage (horse-shoe shape)
(h)	sämpylöitä	(viii)	lemonade
(i)	kananmunia	(ix)	garlic sausage
(j)	mansikoita	(x)	milk

(k)	valkoviiniä	(xi)	chicken
(l)	kori olutta	(xii)	eggs
(m)	limsaa	(xiii)	ryebread
(n)	maitoa	(xiv)	salad

Vähän lisää

Mökille viikonlopuksi To the summerhouse for the weekend

Two friends Katja and Antti are making plans for the weekend. If the weather is good, it might be a good idea to leave early and go to the summerhouse.

Katja Mitä sinua haluat tehdä tänä viikonloppuna?

Antti En tiedä. Mitä sinä haluaisit tehdä?

Katja Huomenna, jos on hyvä ilma, voisimme mennä meidän kesämökille.

Antti Ai kun kiva. Mihin aikaan sinä haluaisit lähteä?

Katja Jos jaksat nousta ylös aikaisin, voisimme lähteä kello seitsemän. Matka kestää noin 50 minuuttia.

Antti Kello seitsemän! No, miksei, kyllä minä jaksan nousta kerran kesässä!

Katja Hyvä on, minä tulen hakemaan sinut kello seitsemän. Soitan ennen kuin lähden kotoa ja herätän sinut.

Antti On minulla herätyskello!

Katja Kun ollaan mökillä, kaydään ensin järvellä kalassa. Meidän järvessä on paljon kalaa; ahvenia ja haukia. Meillä on katiska järvessä laiturin vieressä, ehkä siellä on kalaa jo valmiina.

Antti Voimmeko myös käydä saunassa?

Katja Totta kai, minä käyn aina saunassa, kun olen mökillä. Ainakin kerran päivässä, joskus kaksi tai kolme kertaa.

Antti Minusta on aina niin mukava, kun voi mennä uimaan suoraan saunasta ja mennä takaisin löylyyn ja sitten uimaan ja taas löylyyn.

Katja Saat uida niin monta kertaa kuin haluat.

Antti Saunan jälkeen olisi mukava juoda olutta.

Katja   Minulla on aina olutta kesämökillä. En voi kuvitellakaan
saunaa ilman saunakaljaa.

jaksaa, jaksan, jaksaa, jaksoi *to have the strength/energy*	**Valmiina.** *Ready and waiting.*
Miksei, miksi ei? *Why not?*	**totta kai** *naturally, of course*
kerran kesässä *once a summer*	**kalja, -n, -a** *beer*
hakea, haen, hakee, haki *to fetch*	**En voi kuvitellakaan...** *I can't imagine...*
kotoa *from home*	**saunakalja** *sauna beer*
herätyskello, -n, -a, -ja *alarm clock*	**ollaan, me olemme** *we are*
käydä kalassa *go fishing*	

Sanan laskuja saunasta.   *Proverbs about the sauna.*

**Jos vesi, viina ja sauna ei
auta, on tauti kuolemaksi.**   *If water, vodka and sauna
don't help, then the
condition is mortal.*

Sauna on köyhän apteekki.   *Sauna is a poor man's chemist.*

10

VOI VOI VOI!
Oh dear, oh dear!

In this unit you will learn

- to describe how you feel
- to buy items at the chemist's
- to make an appointment with the doctor

—————— Dialogeja ——————

Kuinka sinä voit? How are you feeling?

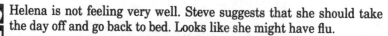

Helena is not feeling very well. Steve suggests that she should take the day off and go back to bed. Looks like she might have flu.

Steve	Kuinka sinä voit? Näytät vähän sairaalta.
Helena	En tiedä, mikä minua vaivaa. Minulla on kylmä.
Steve	Oletko vilustunut? Ehkä sinussa on flunssa. Onko sinussa kuumetta?
Helena	En tiedä. Minua väsyttää, vaikka nukuin kahdeksan tuntia viime yönä.
Steve	Onko sinulla päänsärky?
Helena	On ja minulla on myös nuha. Kurkku on oikein kipeä.
Steve	Taitaa ollaa paras, että soitat työhön ja sanot, ettet voi tulla työhön tänään.

FINNISH

Helena	Voisitko sinä soittaa, minä olen niin väsynyt?
Steve	Hyvä on, minä soitan. Sinä menet nyt takaisin sänkyyn ja lepäät. Ota yksi aspiriini ja juo kuumaa mehua. Toivottavasti voit paremmin huomenna.
Helena	Selvä on. Minä menen takaisin sänkyyn.

Kuinka voit? *How are you feeling?*
Mikä minua vaivaa? *What is wrong with me?*
näyttä/ä, näytän, näyttää, näytti *to look, to seem*
Näytät sairaalta. *You look ill.*
Minulla on kylmä. *I feel cold.*
vilustu/a, vilustun, vilustuu, vilustui *to catch a cold, to catch a chill*
Oletko vilustunut? *Have you caught a cold?*
flunssa, -n, -a *flu, influenza*
kuume, -en, -tta *temperature, fever*
väsyttää *to feel tired*
Minua väsyttää. *I feel tired.*
nukku/a, nukun, nukkuu, nukkui *to sleep*

viime yönä *last night*
päänsärky, -säryn, -särkyä *headache*
nuha, -n, -a *cold (in the nose)*
kurkku, kurkun, kurkkua *throat*
kipeä, -n, -ä, kipeitä *sore, painful*
Taitaa olla paras. *It might be best.*
ettet=että et *that you don't*
väsynyt, väsyneen, väsynyttä, väsyneitä *tired*
sänky, sängyn, sänkyä, sänkyjä *bed*
levä/tä, lepään, lepää, lepäsi *to rest*
aspiriini, -n,-a *aspirin*
kuuma, -n, -a, kuumia *hot*
Voit paremmin. *You will feel better.*

JOENSUUN UUSI APTEEKKI

Apteekissa At the chemist's

After the weekend at the summerhouse Steve needs something to soothe the mosquito bites. He goes to a chemist. He asks the **farmaseutti** *pharmacist* to recommend something for the bites.

Farmaseutti Hyvää päivää. Kuinka voin auttaa?

Steve Hyvää päivää. Minulla on hyönteisenpuremia. Voisitteko suositella jotakin voidetta niihin?

Farmaseutti Ovatko ne hyttysenpuremia?

Steve Joo. Minä olin ystävien kesämökillä viikonloppuna ja siellä oli oikein paljon itikoita.

Farmaseutti Kutittaako puremia?

Steve Kutittaa.

Farmaseutti Tässä on oikein hyvää voidetta hyttysenpuremiin. Ehkä olisi myös hyvä käyttää jotakin hyttysvoidetta. Esimerkiksi tämä˙suihke pitää hyttyset tehokkaasti loitolla. Voisitte kokeilla sitä seuraavan kerran kun olette sellaisessa paikassa, jossa on hyttysiä.

Steve Hyvä on, otan ne molemmat. Kuinka paljon ne maksavat?

Farmaseutti Voide maksaa 22,50 ja suihke maksaa 18,50.

hyönteisenpurema, -n, -a, -puremia *insect bite*	**kutittaa** *to itch*
voide, voiteen, voidetta, voiteita *cream, ointment, repellent*	**voidetta puremiin** *cream for bites*
Voisitteko suositella? *Could you recommend?*	**hyttysvoide** *mosquito repellent*
itikanpurema-hyttysenpurema *mosquito bite*	**suihke, suihkeen, suihketta** *spray*
itikka, itikan, itikkaa, itikoita *mosquito*	**pitää loitolla** *to keep away*
hytty/nen, -sen, -stä, -siä *mosquito*	**tehokkaasti** *efficiently*
	kokeil/la, kokeilen, kokeilee, kokeili *to try*
	seuraavan kerran *next time*
	sellaisessa paikassa, jossa... *in the sort of place, where...*

Haluaisin varata ajan lääkärille I would like to make an appointment with a doctor

Helena is still not feeling well. She has a sore throat. She makes an appointment to see a doctor at a health centre. **Vastaanottoapulainen** is a *receptionist* (V).

V	Niinivaaran terveyskeskus. Hyvää huomenta.
Helena	Hyvää huomenta. Haluaisin varata ajan lääkärille.
V	Milloin haluaisitte ajan?
Helena	Niin pian kuin mahdollista. Minulla on kurkkutulehdus.
V	Meillä on tänään oikein kiire. Hetkinen...katsotaan. Tässä on yksi peruutus. Kello 11.35 tänä aamuna. Sopiiko se teille?
Helena	Kyllä se sopii. Siis kello 11.35. Anteeksi, mikä on lääkärin nimi?
V	Hannu Ihalainen. Ja teidän nimenne on?
Helena	Nimeni on Helena Kolehmainen.
V	Kiitos ja kuulemiin.
Helena	Kiitos ja kuulemiin.

terveyskeskus *health centre*	**kurkku/tulehdus, -tulehduksen,**
vastaanottoapulai/nen, -sen, -sta,	**-tulehdusta, -tulehduksia** *throat*
-sia *receptionist*	*infection*
Haluaisin varata ajan. *I'd like to*	**Katsotaan.** *Let's see.*
make an appointment.	**peruutus, peruutuksen,**
lääkäri, -n, -ä, lääkäreitä *doctor*	**peruutusta, peruutuksia**
niin pian kuin mahdollista	*cancellation*
as soon as possible	

Terveyskeskuksessa At the health centre

Helena arrives at the health centre for her appointment. She checks in at the reception. She is asked to wait until the doctor calls her. **lääkäri** *doctor*. V = **vastaanottoapulainen** *receptionist*.

Helena	Hyvää päivää.
V	Hyvää päivää, kuinka voin auttaa?
Helena	Minulla on varattu aika.
V	Millä nimellä?
Helena	Helena Kolehmainen.
V	Joo, hetkinen, tässä se on, tohtori Ihalainen, kello 11.35. Olkaa hyvä ja istukaa. Lääkäri kutsuu teidät sisään.
Helena	Anteeksi, mutta missä minun pitää istua?
V	Vastaanottohuone numero 4. Se on tuolla, toinen ovi oikealla. Tuolit ovat oven vieressä.
Helena	Kiitos.

Lääkäri Helena Kolehmainen!

(Helena gets up and goes into the examination room)

Lääkäri	Istukaa olkaa hyvä. No niin, mikä teitä vaivaa?
Helena	Minulla on oikein kipeä kurkku.
Lääkäri	Jaaha...Katsotaanpa. Avatkaa suunne. Joo, näyttää, että teillä on angiina eli kurkkutulehdus. Minä annan teille lääkemääräyksen. *(the doctor writes out a prescription)* Annan teille antibioottikuurin. Oletteko allerginen penisilliinille?
Helena	En tietääkseni.
Lääkäri	Hyvä on. Tässä on lääkemääräys, voitte hakea sen apteekista. Otatte yhden tabletin joka kuudes tunti. Kuuri kestää neljä päivää.
Helena	Kiitos paljon. Näkemiin.
Lääkäri	Näkemiin.

---

varattu aika *appointment*
tohtori, -n, -a, tohtoreita *doctor (as a title, Dr.)*
kutsu/a, kutsun, kutsuu, kutsui *to invite*
sisään *in*
vastaanottohuone, -en, -tta, -ita *surgery*
Katsotaanpa. *Well, let's have a look.*
Avatkaa suunne. *Open your mouth.*
angiina, kurkkutulehdus *tonsillitis*

lääke/määräys, -määräyksen, -määräystä, määräyksiä *prescription*
antibioottikuuri, -n, -a *course of antibiotics*
allerginen (esim. penisilliinille) *allergic (to e.g. penicillin)*
En tietääkseni. *Not as far as I know.*
otta/a, otan, ottaa, otti *to take*
tabletti, tabletin, tablettia, tabletteja *tablet, pill*
Joka kuudes tunti. *Every six hours* (Lit. *every 6th hour*).

Hyvä tietää

1 *Kuinka voit?* How are you feeling?

It is important to be able to describe how you feel, especially if you are unwell. Here are some useful expressions to describe how you feel:

Minussa/minulla on flunssa.
I have the flu.

Minussa/minulla on nuha. *I have a cold.*

Minussa/minulla on yskä. *I have a cough.*

Minussa/minulla on kuumetta.
I have a temperature, a fever.

Minulla on päänsärky. *I have a headache.*

Minulla on kipeä kurkku. *I have a sore throat.*

Minulla on hammassärky. *I have a toothache.*

Minulla on krapula. *I have a hangover.*

Minulla on allergia. *I have an allergy.*

Minulla on ihottuma. *I have a rash.*

Minulla on jotain silmässä. *I have something in my eye.*

Minulla on kylmä. *I feel cold, I am cold.*

Minulla on kuuma. *I feel hot, I am hot.*

Minulla on paha olla. *I feel ill, I feel sick.*

Notice that with some ailments you can say either:

Minulla on flunssa.	*I have the flu* or
Minussa on flunssa.	(Lit. *In me there is a flu*)

When you want to ask after someone's health, you can say:

Kuinka sinä voit?	*How are you?*
Kuinka te voitte?	

If someone looks as if they are in pain, you can ask:

Mikä sinua vaivaa?	*What is wrong?*
Mikä teitä vaivaa?	

To wish someone well you can say:

Voi hyvin! Voikaa hyvin!	*Take care!* (*Keep well!*)

If you want to ask after someone else's health, you can say:

Kuinka vanhempasi voivat?	*How are your parents?*
Kuinka vaimosi voi?	*How is your wife?*

You usually ask this of people who you know have not been well or elderly people. This enquiry always refers to health. If you want to know just how someone is generally speaking, you say:

Mitä sinulle kuuluu?	*How are you?*
Mitä vanhemmillesi kuuluu?	*How are your parents?*
Mitä lapsillesi kuuluu?	*How are your children?*

2 Mistä saat apua, jos olet sairas? Where to go for help, if you are ill?

Apteekki is a *dispensing chemist*, staffed with **farmaseutti** *trained pharmacists*. They can help you with remedies for minor ailments. For more serious ailments you have to see a doctor. When a doctor gives you a prescription for medicine, you need to take the prescription to a chemist.

There is always a chemist on duty in all towns and some larger villages. The *duty chemist* is called **päivystävä apteekki**. You can find out which chemist is on duty from the local press or the local telephone directory, where you will find a number to call for the information.

Sairaalat *hospitals* and **terveyskeskukset** *health centres* are the next port of call, if the illness is more serious or if indeed you have had an accident. You can go to **päivystävä terveyskeskus** (*health centre on duty*) without an appointment, but you might end up waiting for a long time. It is best to check by phone whenever possible. **Poliklinikka** is the *out-patients' department* at a hospital.

You can obtain articles of personal hygiene at a chemist's or in **kemikaalikauppa** *non-dispensing chemist*, often specialising in beauty products and cosmetics. **Tavaratalot** *department stores* and **supermarketit** *supermarkets* have **kemikaaliosasto**, where you will find everything from razor blades and shampoos to hairbrushes and make-up items.

3 Erikoislääkärit Specialist doctors

Here are some words that you might need to know:

silmälääkäri *an eye specialist*	**korva-, nenä-, ja kurkkutautien**
optikko *an optician*	**lääkäri** *an eye, nose and throat*
lasit *glasses*	*specialist*
piilolinssit *contact lenses*	**kirurgi** *a surgeon*
ihotautilääkäri *a skin specialist*	**psykiatri** *a psychiatrist*
sisätautilääkäri *specialises in the*	**hammaslääkäri** *a dentist*
functioning of internal organs	**terveyskeskuslääkäri** *a general*
lastenlääkäri *a paediatric specialist*	*term for a health centre doctor*
naistentautien erikoislääkäri or	**yksityislääkäri** *a private doctor*
gynekologi *a gynaecologist*	

It might also be useful to know that **röntgenkuva** is an *X-ray*. **Fysikaalinen hoito** is *physiotherapy*. **Lääkärintodistus** is a *doctor's certificate*. **Sairasloma** is *sick leave*.

If a doctor gives you **lähete**, he is referring you to a hospital or some further examination.

Odotushuone is a *waiting room*. **Mennä vastaanotolle** means *to go to the doctor's surgery*. **Tutkimushuone** is an *examination room*. **Sairaanhoitaja** is *a nurse*. **Lääke** is the general word for *medicine*, for example: **yskänlääke** is *cough mixture*, **päänsärkylääke** is a *headache pill*.

4   *Itikoita, hyttysiä, sääskiä*   Mosquitoes, mosquitoes, mosquitoes

Mosquitoes are a blot on the landscape in the Finnish summer. With so much water around they are impossible to avoid. They are a nuisance, but they are not dangerous and don't carry disease. But the bites are itchy. The peculiar sharp sound of a mosquito in a room or a tent at night time is enough to stop you from sleeping!

As you would have noticed from the dialogue, there are several different words for these insects. They vary regionally. In southern and western Finland they are known as **hyttynen**, which is the standard Finnish word for *them*. **Itikka** is what they are known as in eastern Finland. The larger variety in Lapland is called **sääski**.

———————— **Vähän kielioppia** ————————

Verbs describing physical feelings

There are some verbs in Finnish which describe physical state or emotions and which occur only in the third person singular. They are known in Finnish as **yksipersoonaiset verbit**.

väsyttää	*to feel tired*
nukuttaa	*to feel sleepy*

The word indicating the person who has the feeling is in the partitive, and it is placed in front of the verb in a statement. Ordinary rules apply for questions: verb comes first in the question.

Minua väsyttää.	*I feel tired.*
Väsyttääkö sinua?	*Do you feel tired?*
Minua nukuttaa.	*I feel sleepy.*
Nukuttaako teitä?	*Do you feel sleepy?*

Here are some more examples of verbs of this type:

suututtaa	*to feel angry*	Minua suututtaa.	*I am angry*
ärsyttää	*to feel irritated*	Minua ärsyttää.	*I am feeling irritated.*
hävettää	*to feel ashamed*	Minua hävettää.	*I feel ashamed.*

naurattaa *to be amused* (Lit. *feel like laughing*)
Minua naurattaa aina, kun   *Watching Charlie Chaplin*
   katson Charlie Chapliniä.   *always makes me laugh.*
itkettää   *to feel tearful, to feel like crying*
Häntä itkettää aina häissä.   *She always feels tearful*
   at a wedding.

janottaa	*to feel thirsty*	Janottaako sinua?	*Are you thirsty?*
kutittaa	*to feel itchy*		

Näytät sairaalta You look ill

The verb **näyttää** *to seem, to look like*, **maistua** *to taste like*, **kuu-**

lostaa to sound like, **tuntua** to feel like are used with the ablative case **-lta/-ltä** to express how something looks, tastes, sounds or feels like something.

Sinä näytät sairaalta.	*You look ill.*
Tuo mies näyttää suomalaiselta.	*That man looks like a Finn.*
Kylmä olut maistuu hyvältä.	*Cold beer tastes good.*
Sauna tuntuu hyvältä hiihdon jälkeen.	*A sauna feels good after skiing.*
Se kuulostaa mielenkiintoiselta.	*It sounds interesting.*
Hinta kuulostaa kalliilta.	*The price sounds expensive.*

Tietääkseni As far as I know

There are some useful expressions using this structure with the verb: (**tietää** plus **kse** plus possessive suffix → tietääkseni *as far as I know*)

Muistaakseni...	*As far as I can remember...*
Totta puhuakseni...	*To tell you the truth...*
Tietääksemme hän on muuttanut.	*He has moved as far as we know.*

This structure can also express intension or purpose:

Hän matkusti Lontooseen tavatakseen ystäviään.	*He travelled to London in order to meet some friends of his.*
Me matkustamme Kanarian saarille saadaksemme aurinkoa.	*We are going to the Canary Islands in order to get some sun.*

Joka kuudes tunti Every six hours

To say that something happens at a specific given interval, you can use the word **joka** *every*, *each* and then the appropriate word for the time span:

joka toinen viikko	*every second week*
joka kolmas päivä	*every third day*
joka viides vuosi	*every five years*

Joka *every*, *each* is an indeclinable pronoun. In other words it does not have any case endings.

Meillä on suomen tunti joka maanantai.	*We have a Finnish lesson every Monday.*
Hän käy joka vuosi Suomessa.	*He visits Finland every year.*
Soitan hänelle joka päivä.	*I ring her every day.*
Me käymme maalla joka viikonloppu.	*We go to the country every weekend.*

Niin pian kuin mahdollista As soon as possible

As – as can be niin – kuin (with adverbs)

Niin nopeasti kuin mahdollista.	*As quickly as possible.*
Niin hyvin kuin mahdollista.	*As well as possible.*
Hän tulee niin nopeasti kuin ehtii.	*He'll come as quickly as he can make it.*

As – as can in Finnish also be **yhtä – kuin** (with adjectives), where it means equally good, equally old, etc.

| Hän on yhtä vanha kuin minä. | *He is as old as I.* |
| Pekka on yhtä pitkä kuin Jussi. | *Pekka is as tall as Jussi.* |

Words ending in -s

Some words ending in **-s** have a **-ks-** in their inflectional stem. These are often nouns that have been derived from verbs.

the infinitive		the noun		genitive (inflectional stem)
kysyä	*to ask*	kysymys	*a question*	kysymyksen
vastata	*to answer*	vastaus	*an answer*	vastauksen
tulehtua	*to become inflamed*	tulehdus	*an inflammation*	tulehduksen
harjoittaa	*to exercise*	harjoitus	*an exercise*	harjoituksen

Among other words ending in **-s** are adjectives like for example: **kaunis**. These adjectives drop the **-s** and lengthen the last vowel. Notice that they can also have a consonant change as in **rikas** → **rikkaan**.

nominative		genitive	partitive	partitive plural
kaunis	*beautiful*	kauniin	kaunista	kauniita
rakas	*dear*	rakkaan	rakasta	rakkaita
rikas	*rich*	rikkaan	rikasta	rikkaita
sairas	*ill*	sairaan	sairasta	sairaita

The abstract nouns which are derived from these adjectives, also end in **-s**. They conjugate as follows:

nominative		genitive	partitive
kauneus	*beauty*	kauneuden	kauneutta
rakkaus	*love*	rakkauden	rakkautta
rikkaus	*riches, wealth*	rikkauden	rikkautta
sairaus	*illness*	sairauden	sairautta

 ——————— **Harjoitellaan!** ———————

1 Your friend looks a little bit off colour. How would you ask him how he is feeling?

2 Answer the following:
 (a) You friend says: **Minulla on päänsärky**. What is the matter with him?
 (b) Ask him if he would like an aspirin.
 (c) You are trying to establish the cause of the headache. How would you ask him if he is tired?
 (d) How would you say: I hope you'll feel better tomorrow?

3 You have a sore throat. How would you tell the doctor, when he asks you: **Mikä teitä vaivaa?**

4 You have arranged to go out with a friend, but you are not very well. Tell your friend you have flu.

5 How would you say that you are feeling a little cold?

6 You are at the chemist's and you want some advice about some medicine for a cough. How would you ask for a recommendation?

7 You are unwell. Ring the health centre and tell them you want to make an appointment to see a doctor.

8 The receptionist at the health centre wants to know when you

would like the appointment. Say that you would like it as soon as possible.

9   You arrive at the health centre reception, tell the receptionist that you have an appointment.

10 The receptionst tells you: **Istukaa ja odottakaa, olkaa hyvä!** What does she want you to do?

11 The doctor has diagnosed your illness.

(a) He says **Annan teille antibioottikuurin**. What has he prescribed you?

(b) He tells you: **Ottakaa yksi tabletti joka neljäs tunti**. How often does he want you to take the medicine?

(c) Where do you have to go to get the medicine? What is the Finnish word for a dispensing chemist?

12 If someone says **Minua väsyttää**. How are they feeling?

13 Here are some statements about ailments. Say what is wrong with each of them:

(a) Minun jalka on kipeä.
(b) Minulla on yskä.
(c) Minun käsi on kipeä.
(d) Minun kurkku on kipeä.
(e) Minulla on jotain silmässä.

14 Here are some words connected with illnesses and medicine. Match the Finnish words with the English translations:

(a)	tabletti	(i)	allergy
(b)	voide	(ii)	health centre
(c)	suihke	(iii)	cream
(d)	antibioottikuuri	(iv)	doctor
(e)	purema	(v)	pill
(f)	tulehdus	(vi)	spray
(g)	lääkemääräys	(vii)	course of antibiotics
(h)	allergia	(viii)	inflammation
(i)	lääkäri	(ix)	bite
(j)	terveyskeskus	(x)	prescription

15 Which one of these words is the odd one out: sairaala, terveyskeskus, poliklinikka, koulu, apteekki?

---------- **Vähän lisää** ----------

Mitä kuuluu? How are you?

Hannu and Mauri have not seen each other for a while.

Mauri Hei! Kiva nähdä pitkästä aikaa. Missä sinä olet ollut, kun sinua ei ole näkynyt?

Hannu Minä olen ollut sairaslomalla.

Mauri Miksi? Mikä sinua vaivasi?

Hannu Minulta murtui nilkka ja ranne, kun olin hiihtämässä Lapissa.

Mauri Voi, voi. Kuinka kauan sinä olit sairaalassa?

Hannu Olin sairaalassa kymmenen päivää ja sitten kotona kolme viikkoa.

Mauri Kuinka kauan sinun nilkka oli kipsissä?

Hannu Se oli kipsissä neljä viikkoa ja ranne myös.

Mauri Kuinka onnettomuus tapahtui? Sinähän olet oikein kokenut hiihtäjä.

Hannu Olin rinteessä, kun yhtäkkiä joku aloittelija kaatui minun edessä. Minulla ei ollut aikaa väistää häntä ja minä kaaduin itse. Toiselle hiihtäjälle ei tullut mitään vammoja. Mutta niin kuin sanoin, minulta murtui oikea nilkka ja oikea ranne.

Mauri Sinulla oli huono onni.

Hannu Sinäpä sen sanoit! Mutta niin pian kuin mahdollista menen uudelleen Lappiin hiihtämään.

kiva, -n, -a, kivoja   *nice*
Pitkästä aikaa.   *After a long time.*
Sinua ei ole näkynyt.   *You have not been seen around.*
sairasloma   *sick leave*
Olin hiihtämässä.   *I was skiing.*
Minulta murtui nilkka.   *I broke my ankle.*
ranne, ranteen, rannetta, ranteita   *wrist*
kipsi, -n, -ä   *plaster*
onnettomuu/s, -den, -tta, -ksia   *accident*
koke/nut, -neen, -nutta, -neita   *experienced*

hiihtäjä, -n, -ä, hiihtäjiä   *skier*
rinne, rinteen, rinnettä, rinteitä   *slope, hill*
Yhtäkkiä...   *All of a sudden...*
aloittelija, -n, -a, aloittelijoita   *beginner*
kaatu/a, kaadun, kaatuu, kaatui   *to fall*
väistä/ä, väistän, väistää, väisti   *to avoid*
vamma, -n, -a, vammoja   *injury*
huono onni   *bad luck*
Sinäpä sen sanoit!   *You said it!*
uudelleen   *again*

11

TULKAA KÄYMÄÄN!

Come and see us!

In this unit you will

- receive an invitation
- learn to accept an invitation
- find out about how the Finns live
- spend some time at a Finnish house-warming party

--- **Dialogeja** ---

Kutsu An invitation

Kaija and Leena meet in the street. Kaija's family have spent the summer building a new house. Leena and her family are invited to the house-warming party.

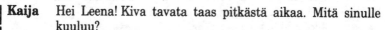

Kaija   Hei Leena! Kiva tavata taas pitkästä aikaa. Mitä sinulle kuuluu?
Leena   Oikein hyvää, kiitos. Entä sinulle itsellesi?
Kaija   Kiitos vaan, ihan hyvää. Meillä on ollut kiirettä koko kesän.
Leena   Mitä te olette tehneet?
Kaija   Olemme rakentaneet taloa.
Leena   Ihanko totta? En tiennyt. No, joko talo on valmis?
Kaija   Se alkaa olla melkein valmis. Muutamme sinne ensi kuun alussa, 8. lokakuuta.

Leena Missä teidän uusi talo on?

Kaija Se on Utrassa, ihan Pielisjoen rannalla Utran kirkon lähellä.

Leena Siellä on varmasti oikein kaunista.

Kaija Niin on, oikein kaunista. Mutta kuule, meillä on tupaantuliaiset pian. Voisitteko te tulla tupaantuliaisiin?

Leena Totta kai. Kiitos kutsusta. Milloin ne ovat?

Kaija Ne ovat 25. lokakuuta.

Leena Mikä viikonpäivä 25. päivä on?

Kaija Se on sunnuntai.

Leena Olen varma, että se sopii meille. Soitan ja varmistan vielä.

Kaija Olisi kiva, jos pääsisitte tulemaan.

Leena Mikä teidän uusi osoite on?

Kaija Utrantie 15.

Leena Joko teillä on uusi puhelinnumero?

Kaija On. Se on 83 259. Tervetuloa!

Leena Kiitos vaan kutsusta. Me tulemme mielellämme. Minä soitan sinulle.

Kaija Nähdään sitten. Hei! Terveisiä kaikille!

Leena Hei hei!

Tulkaa käymään. *Come and visit.*	**Joen rannalla.** *On the banks of the river.*
taas *again*	**tupaantuliaiset** *house-warming party*
Pitkästä aikaa. *It has been a long time.*	**tupaantuliaisiin** *to a house-warming party*
rakenta/a, rakennan, rakentaa, rakensi *to build*	**viikonpäivä** *day of the week*
talo, -n, -a, -ja *house, building*	**mielellämme** *with pleasure, we would like to*
muutta/a, muutan, muuttaa, muutti *to move*	**kutsu, -n, -a, -ja** *invitation*
Ensi kuun alussa. *At the beginning of next month.*	**Kiitos kutsusta.** *Thank you for the invitation.*
Utra *a district of Joensuu*	**terveisiä kaikille!** *greetings to everybody!*
Pielisjoki, -joen, -jokea *the river Pielinen*	

Olemme muuttaneet

Tupaantuliaisissa   At a house-warming party

Leena and Pekka arrive at the party. It is customary to wish good luck for the new house and to bring a house-warming present. Kaija gives the guests a guided tour of the new house.

Kaija Tervetuloa. Käykää peremmälle!
Leena Onnea uuteen kotiin!
Kaija Kiitos oikein paljon. On oikein mukava, että pääsitte tulemaan.
Leena Tässä on teille tupaantuliaislahja. Olkaa hyvä!
Kaija Kiitoksia oikein paljon.
Leena Olisi mukava tutustua taloon.
Kaija Kyllä se käy. Minä näytän. Aloitetaan vaikka tästä keittiöstä.
Leena Keittiö on oikein tilava. Teillä on oikea leivinuuni.
Kaija Niin on, minä paistan itse leipää, pullaa ja usein myös karjalanpiirakoita. Talvella uuni on lämmin. Keittiössä on myös sähköhella ja mikrouuni, astianpesukone, jääkaappi ja pakastin.
Leena Kaikki nykyajan mukavuudet! Onko teillä myös takka?
Kaija On, meillä on takkahuone erikseen tuolla saunan vieressä. Tulkaa katsomaan. No niin, tässä on meidän sauna. Tässä on pesuhuone. Siinä on suihku ja tilaa myös pesukoneelle. Tuossa vieressä on sitten pukuhuone, siellä on kuivauskaappi. Se on talvella oikein tarpeellinen. Takkahuone on tässä.
Leena Takka on oikein kaunis. Käytättekö te takkahuonetta paljon?
Kaija Joo, me istumme takkahuoneessa aina saunan jälkeen. Paistamme usein takassa makkaraa. Kesällä istumme takapihalla ja grillaamme.
Leena Teidän olohuoneesta on oikein kaunis näköala joelle.
Kaija Niin on. Meillä oli onnea, kun saimme tontin näin läheltä joenrantaa. Kaupungin keskustaan on vain viisi kilometriä. Lasten koulu on myös lähellä.
Leena Kuinka monta makuuhuonetta teillä on?
Kaija Meillä on yksi iso makuuhuone ja kolme pientä makuuhuonetta. Kaikilla lapsilla on oma huone. Sitten meillä on vielä autotalli ja varasto. Pihan puolella on kuisti. Kuistilla on mukava istua kesällä.
Leena Teidän puutarha on myös melko iso.

Kaija Niin, ensi kesänä aiomme istuttaa sinne omenapuita ja marjapensaita. Haluan myös pienen kasvimaan, vähän perunoita, porkkanoita, tilliä ja persiljaa. Ja tietysti kukkia. Minä pidän kukista.

A local church

tupaantuliai/set, -sissa *house-warming party*	**pesuhuone** *wash room*
isäntä, isännän, isäntää, isäntiä *host, farmer*	**tila, -n, -a, tiloja** *space, room*
emäntä, emännän, emäntää, emäntiä *hostess, farmer's wife*	**pesukone, -koneen, -konetta, -koneita** *washing machine*
vieras, vieraan, vierasta, vieraita *visitor, guest*	**pukuhuone** *dressing room*
Käykää peremmälle! *Come in!*	**kuivauskaappi, -kaapin, -kaappia, -kaappeja** *airing cupboard*
onnea uuteen kotiin! *happiness to the new home!*	**tarpeelli/nen, -sen, -sta, -sia** *necessary*
On mukava, että pääsitte tulemaan. *It is nice that you could make it.*	**näköala joelle** *view to the river*
tupaantuliais/lahja, -n, -n, -lahjoja *house-warming present*	**Meillä oli onnea.** *We were lucky.*
tutustua taloon *to be shown round the house*	**tontti, tontin, tonttia, tontteja** *freehold, a plot of land*
	joenranta, -rannan, -rantaa, -rantoja *riverbank*
	näin läheltä rantaa *from so close to the river*

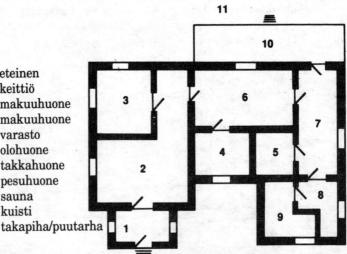

1 eteinen
2 keittiö
3 makuuhuone
4 makuuhuone
5 varasto
6 olohuone
7 takkahuone
8 pesuhuone
9 sauna
10 kuisti
11 takapiha/puutarha

näyttä/ä, näytän, näyttää, näytti
to show, to seem, to look like
Aloitetaan. *Let's start.*
keittiö, -n, -tä, keittiöitä *kitchen*
tilava, -n, -a, tilavia *spacious*
leivin/uuni, -n, -a, uuneja
baking oven
paista/a, paistan, paistaa, paistoi
to bake, *to fry*
sähköhella, -n, -a, -helloja *electric cooker*
mikrouuni *microwave oven*
astianpesukone, -en, -tta, -ita
dishwasher
jääkaappi, -kaapin, -kaappia,
-kaappeja *fridge*
pakastin, pakastimen, pakastinta
freezer
takka, takan, takkaa, takkoja
open fire
takkahuone, -huoneen, -huonetta,
-huoneita *lounge with an open fire*
tulkaa katsomaan *come and see*
makuuhuone *bedroom*
autotalli, -tallin, -tallia, -talleja
garage

varasto, -n, -a, -ja *store*
kuisti, -n, -a, kuisteja *veranda*
takapiha, -n, -a, pihoja *backyard, back garden*
puutarha, -n, -a, -tarhoja *garden*
istutta/a, istutan, istuttaa, istutti
to plant
omenapuu, -n, -ta, -puita
apple tree
marjapensas, marjapensaita *soft fruit bushes*
kasvimaa, -n, -ta, -maita *vegetable patch*
peruna, -n, -a, perunoita *potato*
porkkana, -n, -a, porkkanoita
carrot
tilli, -n, -ä *dill*
persilja, -n, -a *parsley*
kukka, kukan, kukkaa, kukkia
flower
olohuone *living room*
eteinen, eteisen, eteistä, eteisiä
entrance hall

Kahvipöydässä At the coffee table

Back in the living-room a table is laid with coffee and cakes for the visitors. Kaija invites everybody to come and help themselves.

Kaija Kahvi on pöydässä. Olkaa hyvä ja tulkaa ottamaan.
Leena Kiitos kiitos.
Kaija Olkaa hyvä ja ottakaa! Kahvi on jo kupissa. Tässä on pullaa ja pikkuleipiä. Tuossa on voileipiä, karjalanpiirakoita ja munavoita. Piirakat ovat kotona leivottuja. Tässä on kääretorttua. Tuossa on täytekakkua.

The guests eat and drink. Kaija invites everybody to come and have some more coffee.

Kaija Lisää kahvia?
Leena Kyllä kiitos.
Pekka Ei kiitos, minulle riittää jo.
Sari Minä voisin ottaa vielä puoli kuppia.
Kaija Ottakaa lisää täytekakkua. Se on tarkoitettu syötäväksi!
Leena Minä olen jo ottanut lisää, kiitos vaan. Se oli oikein hyvää.

kahvi on pöydässä *coffee is served*	**Lisää kahvia?** *More coffee?*
pikkuleipä *cookie*	**Se on tarkoitettu syötäväksi.** *It is meant to be eaten.*
kääretorttu, -tortun, -torttua, -torttuja *swiss roll*	**Minulle riittää jo.** *I cannot manage any more.*
kotona leivottu, leivotun, leivottua, leivottuja *baked at home*	

Meidän pitäisi lähteä... We should be leaving...

The guests are starting to leave. They are saying goodbye to the host and hostess.

Leena Meidän pitäisi lähteä. Kiitos oikein paljon.
Kaija Oli oikein mukava, että te pääsitte tulemaan. Kiitos lahjoista!
Sari Anteeksi, mutta missä teidän kylpyhuone on? Minun täytyy käydä vessassa.
Kaija Se on tuolla. Se on tuo ovi tuolla oikealla eteisessä.

Leena No, niin. Näkemiin nyt sitten.
Kaija Näkemiin.

Meidän pitäisi lähteä. *We should be on our way.*	**kylpyhuone** *bathroom*
Oli mukava. *It was nice.*	**vessa, -n, -a** *toilet*
että te pääsitte tulemaan *that you could make it*	**etei/nen, -sen, -stä, -siä** *hall*
	ovi, oven, ovea, ovia *door*

Hyvä tietää

Many Finns build their own houses. For many Finns **omakotitalo** *your own house* is a lifelong dream. The house-building skills are often passed from generation to generation. Everybody in the family and many friends help in the process. There is a long-standing tradition of **talkoot** *neighbours and friends helping in exchange for food and drink*. New neighbourhoods appear every year on the outskirts of towns. There is plenty of scope to build a house to suit your own needs. Many rural communities near bigger towns offer **tontti** *building plots* for a nominal price to attract tax payers to their area.

1 *Vieraanvaraisuus* Hospitality

The Finns are very **vieraanvarainen** *hospitable*. Nothing is too good for visitors. Notice also that visitors, whether male or female, are often served first at the table.

2 *Erilaisia asuinrakennuksia* Different types of houses

One-family homes are often bungalow-type, one-storey buildings called **omakotitalo**. **Puutalo** is a house built of wood. **Tiilitalo** is brick house. **Rivitalo** is a terrace of houses.

Kerrostalo is a block of flats. **Osake** is an owner occupied flat or an apartment in a block. **Asunto** a flat can also be **vuokra-asunto** rented flat. **Yksiö** is a one-room flat and **kaksio** is a two-room flat.

Porraskäytävä or **rappu** is the stairwell connecting the flats. These are usually marked by letters: A-rappu, B-rappu.

When you look at a Finnish address, you can tell whether the house is a single building or a block of flats.

The address for a house has one number, which comes after the name of the street:

> Näädänkatu 10
> Koivutie 2

A block of flats:

> Kirkkokatu 12 C 6
> Siltakatu 35 A 12

The first number is the number of the house in the street. The letter marks the part of the house and the last number is the number of the flat in the house.

Maalaistalo or **talo** is a house or a farm in the country. **Tupa** or **pirtti** is the large main room of a traditional Finnish farm house or crofter's house.

3 *Tapoja* Customs

Finns do not usually arrive empty handed to a house-warming party. The traditional gift was always **suola ja leipä** salt and bread brought as symbols of wealth and prosperity. Nowadays the presents are much more varied, they can range from household items to jokey presents.

In fact it is customary to bring a gift whenever you visit somebody. The present is usually flowers. These presents are called **tuliaiset**.

In many Finnish households it is customary to take your shoes off as soon as you come into the house, particularly in the autumn and winter.

It is regarded unlucky to say goodbye to your guests across the threshold! You should see your visitors out and say goodbye either indoors before you cross the threshold **kynnys**, or after you are outside.

Vähän kielioppia

More about the past tenses

You have already looked at the simple past or imperfect. The perfect tense and the pluperfect as well as the negative of the imperfect use the past participle of the verb.

The perfect tense in English is: *I have done, I have written*
The pluperfect is: *I had done, I had written*
The past participle ending is **-nut/-nyt** in the singular and **-neet** in the plural.

Group IV and Group V verbs have **-nnut/-nnyt** in the singular and **-nneet** in the plural. The participle ending is added to the stem of the infinitive. The auxiliary verb is **olla** *to be*.

The perfect tense means both *to have done* and *to have been doing*: **Olen asunut** means therefore *I have lived* as well as *I have been living*. The pluperfect means both *had done* and *had been doing*: **Olin asunut** *I had lived* and *I had been living*.

Group I verbs

Asu/a   *to live*

perfect tense		perfect tense negative	
olen asunut	*I have lived*	en ole asunut	*I have not lived*
olet asunut	*you have lived*	et ole asunut	*you have not lived*
on asunut	*he has lived*	ei ole asunut	*he has not lived*
olemme asuneet	*we have lived*	emme ole asuneet	*we have not lived*
olette asuneet	*you have lived*	ette ole asuneet	*you have not lived*
ovat asuneet	*they have lived*	eivät ole asuneet	*they have not lived*

pluperfect		pluperfect negative	
olin asunut	*I had lived*	en ollut asunut	*I had not lived*
olit asunut	*you had lived*	et ollut asunut	*you had not lived*
oli asunut	*he had lived*	ei ollut asunut	*he had not lived*
olimme asuneet	*we had lived*	emme olleet asuneet	*we had not lived*
olitte asuneet	*you had lived*	ette olleet asuneet	*you had not lived*
olivat asuneet	*they had lived*	eivät olleet asuneet	*they had not lived*

Group II verbs

Juo/da *to drink*

perfect tense		perfect tense negative	
olen juonut	*I have drunk*	en ole juonut	*I have not drunk*
olet juonut	*you have drunk*	et ole juonut	*you have not drunk*
on juonut	*he has drunk*	ei ole juonut	*he has not drunk*
olemme juoneet	*we have drunk*	emme ole juoneet	*we have not drunk*
olette juoneet	*you have drunk*	ette ole juoneet	*you have not drunk*
ovat juoneet	*they have drunk*	eivät ole juoneet	*they have not drunk*

The pluperfect as above but the verb *to be* in the imperfect. (See group I verbs).

Group III verbs

In this group the past participle is formed with the last vowel of the stem of the verb and **-ut** or **-yt**. Example:

juos/ta *to run* →juossut, juosseet: olen juossut, olemme juosseet
tul/la *to come* →tullut, tulleet: olen tullut, olemme tulleet
men/nä *to go* →mennyt, menneet... olen mennyt, olemme menneet

Group IV verbs

This group has a participle ending **-nnut/-nnyt** in the singular and in plural **-nneet**:

tava/ta *to meet* →tavannut, tavanneet: olen tavannut,
              olemme tavanneet
halu/ta *to want*→ halunnut, halunneet: olen halunnut,
              olemme halunneet

Group V verbs

These verbs, which end in **-ita/-itä**: **valita**, **häiritä**.
This group has a participle ending like the group IV.

vali/ta *to choose* → valinnut, valinneet
häiri/tä *to disturb* →häirinnyt, häirinneet

The negative past tense

The past participle is used to express the negative of the past tense together with the negative verb **ei**:

en ollut	*I was not*	emme olleet	*we were not*
et ollut	*you were not*	ette olleet	*you were not*
ei ollut	*he / she was not*	eivät olleet	*they were not*

En asunut.	*I didn't live.*
Emme asuneet.	*We didn't live.*
En nähnyt.	*I didn't see.*
He eivät nähneet.	*They didn't see.*

Harjoitellaan!

1   You meet a friend you have not seen for a long time. How would you say: Nice to see you after such a long time?

2   If something is **melkein valmis**, is it only half finished or nearly finished?

3   What would you be celebrating at **tupaantuliaiset**?

4   If something is taking place **lokakuun alussa**, is it taking place at the end or the beginning of October?

5   What are the days of the week in Finnish?

6   If a friend tells you **Olen muuttanut**, what has he done?

7   What is meant by the phrase **Tervetuloa**?

8   You have just been invited to a party.

   (*a*)   How would you thank for the invitation?
   (*b*)   How would you say: I would love to come?
   (*c*)   When your host or hostess says: **Käykää peremmälle!**, what does he or she want you to do?

9   When a room is described as **tilava**, is it small or large?

10   In which room would you find the following: sähköhella, jääkaappi, pakastin, astianpesukone. Give the name in Finnish.

11 Answer the following:

(*a*) Which room would be next to the **pesuhuone** in a typical Finnish house?

(*b*) Which room in a house is **olohuone**?

(*c*) What would you keep in **autotalli**?

(*d*) Is **puutarha** something inside a house or outside a house?

12 When you are a guest in a house, there can be both **isäntä** and **emäntä**. Which is the word for the host and which for the hostess?

13 How would you ask someone how many rooms they have in their house?

14 Your hostess calls out: **Kahvi on pöydässä**. What are you invited to do?

15 Answer the following:

(*a*) What kind of house is **omakotitalo**?

(*b*) What quality is described by the word **vieraanvaraisuus**?

(*c*) You need to use the bathroom. How do you ask where it is?

(*d*) You are visiting a friend. Ask him how long he has lived in the house?

———————— **Vähän lisää** ————————

Keittiössä In the kitchen

Steve is staying with some Finnish friends. His hostess Sari is preparing a meal. Steve offers to help her. She accepts his help and asks him to peel the vegetables for the soup she is making. He offers to lay the table as well.

Steve   Mitä sinä teet?
Sari   Minä laitan ruokaa.
Steve   Voinko auttaa?
Sari   Jos haluat, voit kuoria perunat ja porkkanat.
Steve   Mitä ruokaa sinä laitat?
Sari   Laitan lihakeittoa.
Steve   Missä ovat perunat ja porkkanat?

Sari Ne ovat jääkaapissa.

Steve Ja missä on veitsi?

Sari Se on ylimmässä laatikossa, tuolla tiskipöydän vieressä.

Steve No niin, nyt olen kuorinut perunat ja porkkanat. Mitä minä voin tehdä nyt?

Sari Jos haluat, voit kattaa pöydän.

Steve Missä lautaset ovat?

Sari Ne ovat tuolla kaapissa tiskipöydän yläpuolella.

Steve Mitkä lautaset minä laitan?

Sari Laita syvät lautaset. Lusikat ovat laatikossa.

Steve No niin nyt olen pannut lautaset pöytään. Mitä muuta?

Sari Ota jääkaapista voita ja margariinia. Siellä on myös kurkkua ja tomaatteja. Voisit leikata niitä ja panna lautaselle. Sitten tarvitaan vielä lasit.

Steve No niin, nyt olen kattanut pöydän. Voinko tehdä vielä jotain muuta?

Sari Kiitos vaan avusta, mutta nyt täytyy vain odottaa parikymmentä minuuttia, kunnes keitto on valmista. Sitten voimme syödä.

laitta/a ruokaa *to cook*
laitta/a, laitan, laittaa, laittoi
to prepare, to set
kuori/a, kuorin, kuorii, kuori
to peel
lihakeitto *meat soup*
veitsi, veitsen, veitseä, veitsiä
knife
ylimmässä laatikossa *in the top drawer*
tiskipöytä *sink*
katta/a, katan, kattaa, kattoi *to lay the table*
lauta/nen, -sen, -sta, -sia *plate*
kaappi, kaapin, kaappia, kaappeja
cupboard

syvä, -n, -ä, syviä *deep*
syvä lautanen *soup plate*
lusikka, lusikan, lusikkaa, lusikoita
spoon
pan/na, panen, panee, pani *to put, to place*
kurkku, kurkun kurkkua, kurkkuja
cucumber
leika/ta, leikkaan, leikkaa, leikkasi
to cut
apu, avun, apua *help, assistance*
parikymmentä *about 20*
valmis, valmiin, valmista, valmiita
ready
kunnes *until*

Oma koti kullan kallis *Home sweet home*

12

KERRO VÄHÄN ITSESTÄSI
Tell us a little bit about yourself

In this unit you will learn

- to tell people more about yourself and your family
- to describe your hobbies and interests

This is an interview with the five members of an ordinary Finnish family. The first member of the family to be interviewed is the mother. She has just taken early retirement. Her hobbies include cycling and skiing. She also paints porcelain. **Haastattelija** is the *interviewer*.

Elina Kiviniemi

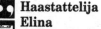

Haastattelija	Hei, kerro kuka sinä olet.
Elina	Hei! Olen Elina Kiviniemi.
Haastattelija	Mistä sinä olet kotoisin?
Elina	Olen kotoisin Liperistä.
Haastattelija	Missä sinä olet työssä?
Elina	En ole työssä. Olen nyt eläkkeellä.
Haastattelija	Missä sinä olit työssä?
Elina	Olin työssä erään paikallisen sanomalehden toimistossa melkein 30 vuotta.

Haastattelija	Oletko sinä naimisissa?
Elina	Olen. Mieheni on radiotoimittaja.
Haastattelija	Onko teillä lapsia?
Elina	Meillä on kolme lasta. He ovat jo aikuisia.
Haastattelija	Mitä sinä harrastat?
Elina	Minä harrastan posliininmaalausta. Käyn posliinin-maalauskurssilla kerran viikossa.
Haastattelija	Katsotko sinä paljon televisiota?
Elina	Katson mielelläni vanhoja suomalaisia elokuvia televisiosta. Pidän myös englantilaisista ja austra-lialaisista televisiosarjoista.
Haastattelija	Mitä muuta sinä teet vapaa-aikanasi?
Elina	Ulkoilen kesällä ja talvella.
Haastattelija	Mitä sinä teet kesällä?
Elina	Kesällä ajan paljon polkupyörällä ja talvella hiihdän. Meidän perheellä on kesämökki Joensuun lähellä, Hammaslahdessa. Kesällä vietämme paljon aikaa kesämökillä.

kerto/a, kerron, kertoo, kertoi *to tell, to describe* **toimittaja, -n, -a, toimittajia** *journalist* **aikui/nen, -sen, -sta, -sia** *grown-up* **Olen eläkkeellä.** *I am retired.* **harrastaa, harrastan, harrastaa,** **harrasti** *to have as a hobby* *or a pastime* **posliinin/maalaus, -maalauksen,** **maalausta** *porcelain painting* **kurssi, -n, -a, kursseja** *course* **Katson mielelläni...** *I like* *watching...* **vanha, -n, -a, vanhoja** *old*	**televisiosarja, -n, -a, -sarjoja** *television series* **vapaa-aika, -ajan, -aikaa, -aikoja** *freetime, leisure time* **ulkoilla, ulkoilen, ulkoilee, ulkoili** *to spend time out of doors* **ajaa polkupyörällä** *to ride* *a bicycle* **ajaa, ajan, ajaa, ajoi** *to drive,* *to ride* **hiihtää, hiihdän, hiihtää, hiihti** *to ski* **viettää aikaa** *to spend time* **viettää, vietän, viettää, vietti** *to spend time*

The second member of the family to be interviewed is Ville, Elina's husband. He is a sports journalist on the local radio. He likes sports and outdoor activities.

Ville Kiviniemi

Haastattelija	Hyvää päivää. Ja sinä olet...
Ville	Päivää, olen Ville Kiviniemi.
Haastattelija	Mistä sinä olet kotoisin?
Ville	Olen kotoisin Outokummusta.
Haastattelija	Missä sinä olet työssä?
Ville	Olen työssä paikallisradiossa.
Haastattelija	Mitä sinä teet radiossa?
Ville	Olen urheilutoimittaja.
Haastattelija	Oletko sinä naimisissa?
Ville	Olen naimisissa ja minulla on kolme lasta.
Haastattelija	Mistä urheilusta sinä pidät?
Ville	Pidän lentopallosta.
Haastattelija	Pelaatko sinä lentopalloa?
Ville	Kyllä, pelaan.
Haastattelija	Mistä muusta urheilusta sinä pidät?
Ville	Käyn myös usein katsomassa pesäpalloa.
Haastattelija	Ulkoiletko sinä paljon?
Ville	Minä ulkoilen mielelläni. Ajan polkupyörällä, lenkkeilen ja hiihdän.
Haastattelija	Mitä muita harrastuksia sinulla on?
Ville	Pidän lukemisesta.

Haastattelija Mitä sinä luet?
Ville Luen paljon elämäkertoja.

urheilu, -n, -a *sport*	**pesäpallo** *Finnish baseball*
paikallisradio, -n, -ta, radioita	**lenkkeillä, lenkkeilen, lenkkeilee,**
local radio	**lenkkeili** *to go jogging*
lentopallo, -n, -a *volleyball*	**lukemi/nen, -sen, -sta**
pelata lentopalloa *to play*	*reading*
volleyball	**Pidän lukemisesta.** *I like reading.*
itsekin *myself too*	**elämä/kerta, -kerran, -kertaa,**
käydä katsomassa *to go and see*	**-kertoja** *biography*

The third interview is with Jari, Elina and Ville's son. He is in his early twenties. He is studying to be a physical education teacher.

Jari Kiviniemi

Haastattelija Hei, esittele itsesi, ole hyvä.
Jari Hei, olen Jari Kiviniemi. Olen kotoisin Joensuusta.
Haastattelija Käytkö sinä työssä?
Jari En käy. Minä opiskelen tällä hetkellä.

Haastattelija	Missä sinä opiskelet?
Jari	Opiskelen urheiluopistossa Etelä-Suomessa.
Haastattelija	Onko sinulla siskoja ja veljiä?
Jari	Minulla on kaksi siskoa.
Haastattelija	Ovatko he nuorempia vai vanhempia kuin sinä?
Jari	He ovat molemmat nuorempia kuin minä.
Haastattelija	Saanko kysyä, onko sinulla tyttöystävä?
Jari	Joo, minulla on tyttöystävä. Hänen nimi on Kirsi. Hän opiskelee englantia yliopistossa.
Haastattelija	Pidät nähtävästi urheilusta.
Jari	Kyllä. Minä pidän urheilusta yleensä ja squashista erityisesti.
Haastattelija	Kilpailetko sinä?
Jari	Minä pelaan usein squash-kilpailuissa.
Haastattelija	Mitä muuta sinä teet vapaa-aikanasi?
Jari	Minä käyn usein tanssimassa diskoissa.
Haastattelija	Missä sinä kävit koulua?
Jari	Minä kävin koulua Joensuussa.
Haastattelija	Joko sinä olet suorittanut asevelvollisuutesi?
Jari	Kävin armeijan heti koulun jälkeen. Olin rajavartiostossa.
Haastattelija	Mitä sinä teit armeijan jälkeen?
Jari	Olin liikunnanohjaajakursseilla täällä Joensuussa.
Haastattelija	Mikä sinusta tulee, kun sinä valmistut?
Jari	Minusta tulee liikunnanopettaja.
Haastattelija	Kuinka kauan kurssi kestää?
Jari	Se kestää kolme vuotta.

---

urheiluopisto, -n, -a, -ja *physical education college*
sisko, -n, -a, ja *sister*
veli, veljen, veljeä, veljiä *brother*
Nuorempia vai vanhempia?
  Younger or older?
yleensä *generally*
nähtävästi *obviously*
erityisesti *particularly*
kilpail/la, kilpailen, kilpailee, kilpaili
  to compete
squash, -in, -ia *squash*
kilpailu, -n, -a, -ja *competition*
käydä tanssimassa *to go dancing*

käydä koulua *to go to school*
käydä armeija *to go to the army*
rajavartiosto, -n, -a *border guard*
suorittaa asevelvollisuus *to do national service*
ohjaaja, -n, -a *instructor*
liikunnanopettaja, -n, -a, -opettajia
  physical education teacher
Minusta tulee opettaja. *I will qualify as a teacher.*
valmistua, valmistun, valmistuu, valmistui *to graduate, to finish a course*

The next interview is with Jari's sister, Virpi. She is also a student. She is studying at a commercial college. She has left home and lives with her boyfriend.

Virpi Kiviniemi

Haastattelija	Hei. Ja sinä olet?
Virpi	Hei, olen Virpi Kiviniemi. Olen kotoisin Joensuusta. Minulla on yksi sisko ja yksi veli.
Haastattelija	Oletko sinä vielä koulussa?
Virpi	En ole enää. Pääsin ylioppilaaksi kaksi vuotta sitten. Minä opiskelen.
Haastattelija	Missä sinä opiskelet?
Virpi	Opiskelen Joensuun kauppaopistossa. Kurssi kestää kaksi vuotta.
Haastattelija	Mikä sinusta tulee?
Virpi	Minusta tulee merkonomi.
Haastattelija	Vieläkö sinä asut kotona?
Virpi	En asu enää kotona. Minä asun yhdessä poikaystäväni Petrin kanssa. Meillä on oma asunto lähellä Joensuun keskustaa.
Haastattelija	Onko sinulla aikaa harrastaa mitään, nyt kun sinä opiskelet?
Virpi	Minä pidän neulomisesta. Minä pelasin ennen koripalloa, mutta nyt olen vain penkkiurheilija. Käyn usein katsomassa jääkiekkoa Joensuun jäähallissa. Minun poikaystävä on jääkiekkoilija.
Haastattelija	Ulkoiletko sinä paljon?
Virpi	Joo. Ratsastan pari kertaa viikossa.

---

päästä ylioppilaaksi *to graduate from school*
kauppaopisto, -n, -a, -ja *commercial college*
merkonomi, -n, -a, merkonomeja *graduate of commercial college*
Minusta tulee... *I'll become...*
neulomi/nen, -sen, -sta *knitting*
koripallo, -n, -a *basketball*

penkkiurheilija, -n, -a, -urheilijoita *sports enthusiast, spectator*
käydä katsomassa *go and watch*
jääkiekko, -kiekon, -kiekkoa *ice-hockey*
jäähalli, -n, -a, -halleja *ice-stadium*
jääkiekkoilija, -n, -a, -kiekkoilijoita *ice-hockey player*
ratsastaa, ratsastan, ratsastaa, ratsasti *to ride*

The final interview is with the youngest member of the family, Anne. She has just finished school. She is applying for a place in a university to continue her studies.

Anne Kiviniemi

Haastattelija	No niin, nyt on sinun vuoro. Esittelepä itsesi.
Anne	Hei, olen Anne Kiviniemi. Olen kotoisin Joensuusta. Minulla on yksi veli ja yksi sisko. Asun vielä kotona.
Haastattelija	Vieläkö sinä käyt koulua?
Anne	Lopetin koulun tänä vuonna. Pääsin ylioppilaaksi keväällä.
Haastattelija	Mitä sinä aiot tehdä nyt?
Anne	Haluaisin mennä opiskelemaan yliopistoon. Olen hakenut kahteen eri yliopistoon, mutta en tiedä vielä, olenko päässyt sisälle.
Haastattelija	Mitä sinä harrastat?
Anne	Minä harrastan lukemista.
Haastattelija	Millaista kirjallisuutta sinä luet?
Anne	Luen enimmäkseen romaaneja. Pidän erityisesti

	englantilaisista käännösromaaneista. Katson myös melko paljon televisiota. Pidän englanninkielestä ja katson siksi paljon satelliitti- ja kaapelitelevision ohjelmia. Minä opiskelen tällä hetkellä ranskaa.
Haastattelija	Oletko kiinnostunut urheilusta?
Anne	Harrastan kuntoilua. Käyn kuntosalilla kolme kertaa viikossa. Pelaan myös tennistä ja sulkapalloa.
Haastattelija	Mitä muita tulevaisuuden suunnitelmia sinulla on?
Anne	Haluaisin asua vähän aikaa ulkomailla, ehkä Pariisissa tai Lontoossa. Minulla on täti Lontoossa.
Haastattelija	Oletko sinä kiinnostunut politiikasta?
Anne	Olen kiinnostunut politiikasta ja kansainvälisestua kaupasta. Olen hakenut vientiopistoon opiskelemaan ulkomaankauppaa.

---

esittelepä itsesi... *introduce yourself...*
lopetta/a, lopetan, lopettaa, lopetti *to finish, to end*
aiko/a, aion, aikoo, aikoi *to intend to*
mennä opiskelemaan *to go to study*
jatka/a opintoja *to continue studies*
hake/a, haen, hakee, haki *to apply*
pääs/tä, pääsen, pääsee, pääsi *to get in*
enimmäkseen *mostly*
romaani, -n, -a, romaaneja *novel*
käännös, käännöksen, käännöstä, käännöksiä *translation*
satelliittitelevisio, -n, -ta, -ita *satellite television*
kaapelitelevisio *cable television*

olla kiinnostunut *to be interested*
tennis, tenniksen, tennistä *tennis*
sulkapallo, -n, -a *badminton*
tällä hetkellä *at the moment*
vähän aikaa *for a short while*
ulkomailla *abroad*
tulevaisuudensuunnitelmia *future plans*
Olen kiinnostunut politiikasta. *I am interested in politics.*
kansainväli/nen, -sen, -stä, -siä *international*
kauppa, kaupan, kauppaa, kauppoja *shop, trade*
hakea opistoon *to apply to college*
vientiopisto *export college*
ulkomaan/kauppa, -kaupan, kauppaa *foreign trade*

Kuka on kukin? Who is who?

Let's look at the words for the different members of the family in Finnish.

Elina on Jarin, Virpin ja Annen äiti. Ville on Elinan mies ja Jarin, Virpin ja Annen isä. Elina on Villen vaimo. Elina ja Ville ovat olleet naimisissa 24 vuotta.

Jari on Virpin ja Annen veli. Virpi on Annen ja Jarin sisko. Anne on Jarin ja Virpin sisko. Anne on perheen nuorin, kuopus ja Jari on perheen vanhin lapsi, esikoinen.

äiti, äidin, äitiä, äitejä *mother*	**nuorin** *the youngest*
isä, -n, -ä, isiä *father*	**perhe, -en, -ttä, perheitä** *family*
mies, miehen, miestä, miehiä	**kuopus, kuopuksen, kuopusta**
man, husband	*the youngest child*
vaimo, -n, -a, -ja *wife*	**vanhin** *the eldest*
olla naimisissa *to be married*	**esikoi/nen, -sen, -sta, -sia** *the first*
veli, veljen, veljeä, veljiä *brother*	*born child*

Minkänäköisiä he ovat? What do they look like?

Here you have a description of what the members of the Kiviniemi family look like.

Elina on 55 vuotta vanha. Hän noin 160 cm pitkä. Hänellä on lyhyt vaalea tukka. Hänellä on ystävälliset, pyöreät kasvot. Hänellä on siniset silmät.

Ville on 54 vuotta vanha. Hän on melko pitkä, noin 180 cm. Hän painaa noin 85 kiloa. Hän on melko hiljainen ja vakavannäköinen. Hänellä on harmaa tukka ja harmaat silmät.

Jari on 22-vuotias. Hän on 185 cm pitkä ja melko hoikka. Hän on vaalea, mutta hänellä on ruskeat silmät. Hän on oikein komea. Hänellä on hyvä huumorintaju.

Virpi on 20 vuotta vanha. Hän on 170 cm pitkä ja oikein hoikka. Hänellä on pitkät vaaleat hiukset. Hän on oikein sievä. Hänellä on siniset silmät ja hymykuopat.

Anne on 19-vuotias. Hän ei ole kovin pitkä, vain 160 cm. Hänellä on tumma kihara tukka ja ruskeat silmät. Hän ei ole lihava, hän painaa vain 50 kiloa.

pitkä, -n, -ä, pitkiä *tall, long*	**harmaa, -n, -ta, harmaita** *grey*
lyhyt, lyhyen, lyhyttä, lyhyitä *short*	**huumorintaju, -n, -a** *sense of humour*
vaalea, -n, -a, vaaleita *fair, blonde*	**hoikka, hoikan, hoikkaa, hoikkia** *slim*
tukka, tukan, tukkaa *hair*	**sievä, -n, -ä, sieviä** *pretty*
ystävälli/nen, -sen, -stä, -siä *friendly*	**ruskea, -n, -a(-ta), ruskeita** *brown*
pyöreä, -n, -ä, pyöreitä *round*	**komea, -n, -a, komeita** *handsome*
kasvot, kasvojen, kasvoja *face*	**hymy/kuoppa, -kuopan, -kuoppaa** *dimple*
silmä, -n, -ä, silmiä *eye*	**tumma, -n, -a, tummia** *dark*
sini/nen, -sen, -stä, -siä *blue*	**kihara, -n, -a, kiharoita** *curl*
painaa, painan, painaa, painoi *to weigh*	**lihava, -n, -a, lihavia** *fat, overweight*
hiljai/nen, -sen, -sta, -sia *quiet*	**hiukset** *hair*
vakavannäköi/nen, -sen, -stä, -siä *serious-looking*	

Hyvä tietää
---

1 Mitä suomalaiset harrastavat?
What do Finns do in their spare time?

Finns are avid readers. **Lukeminen** *reading* is on the top of the list of most popular pastimes for most Finns. **Kirjastot** *libraries* are well used. **Kirjastoautot** *mobile libraries* serve even the remotest countryside. There are many popular **viikkolehti** *weekly magazines* with large circulations. Most Finns read at least one **sanomalehti** *newspaper* a day. Many read both a local newspaper as well as a national one. The largest national newspaper is **Helsingin Sanomat**.

Television katselu *watching television* is also popular, like it is everywhere in the world these days. **Radion kuuntelu** *listening to the radio* is also popular.

Saunominen *having a sauna* is for many Finns the best relaxation there is. It is often listed as a hobby!

Musiikki *music* is also popular. Most Finnish towns and villages have at least one **kuoro** *choir*, many have more than one. Finns are also keen amateur actors. There are many **harrastelijateatteri** *amateur theatre groups* around the country.

Ulkoilu *outdoor pursuits* are extremely popular. **Pyöräily** *cycling* is part of everyday life in Finland. Most Finns have a **polkupyörä** *bicycle*. There are special cycle routes in most towns. They are called **kevyenliikenteenväylä** (light traffic roads).

Uinti *swimming* is a sport for all, in the lakes in the summer and in **uimahalli** *swimming pools* in the winter. **Kuntorata** or **lenkkipolku** *jogging tracks* are often illuminated, so you can run in the evening as well as in the daytime. These same tracks are turned into skiing tracks in the winter, so the short winter days do not curtail one's sporting activities.

Marjojen ja sienien kerääminen *picking berries and mushrooms* is very popular in the late summer and the autumn. **Metsästys** *hunting* is a mainly male hobby. So is the ever popular **kalastus** *fishing*, but some women do fish as well. The very Finnish form of winter fishing **pilkkionginta** is well suited to the Finnish character, sitting huddled on the ice of a lake, fishing through a small hole in the ice all by yourself!

Contrary to the beliefs of foreigners **avantouinti** (swimming in a hole made in the ice) in the winter is not for all Finns! Those who do do it, swear that it is marvellously invigorating!

Penkkiurheilu *spectator sports* are very popular especially ice-hockey, but many do content themselves to watching their favourite sport on television these days.

2 *Perheestä* About the family

Perhe is the *immediate family* and **suku** the *extended family*. **Sukulainen** is a *relative*. Hence **sukunimi** *surname* or *family name*.

Isoisä, **ukki** and **vaari** are all words for *grandfather*. *Grandmother* is **isoäiti**, **mummi** or **mummo**. The usage varies from one family to another and from region to region.

Lapsenlapsi is the general word for a *grandchild*. You can also be more specific. A *grandson* can be **pojanpoika** (*son's son*) or **tyttärenpoika** (*daugher's son*). **Pojantyttö** or **pojantytär** (*son's daughter*) is a *granddaughter* and so is **tytöntyttö** or **tyttärentyttö** (*daughter's daughter*). **Tyttö** and **tytär** both mean *daughter*.

Täti is an *aunt* and **setä** is an *uncle*. **Eno** is a *maternal uncle*.

Serkku is a *cousin*. A *nephew* can be **veljenpoika** *brother's son* or **siskonpoika** *sister's son*. A *niece* can be **veljentyttö** *brother's daughter* or **siskontyttö** *sister's daughter*.

When it comes to marital status one can be **naimisissa** *married* or **naimaton** *unmarried*. **Eronnut** is *divorced*, **poikamies** is a *batchelor* and **poikamiestyttö** is a *batchelor girl*.

Aviomies or **mies** is *husband* and **aviovaimo** or **vaimo** is a *wife*. **Entinen** is *ex-* or *former*. When a couple live together, but aren't married they are **avomies** (*common law husband*) and **avovaimo** (*common law wife*). **Poikaystävä** and **tyttöystävä** are *boyfriend* and *girlfriend*. **Leski** is a *widow* or a *widower*.

Anoppi is a *mother-in-law* and **appi** is a *father-in-law*. *Daughter-in-law* is **miniä** and **vävy** is a *son-in-law*. **Käly** is a *sister-in-law* and **lanko** is a *brother-in-law*.

⚙ ——————— Vähän kielioppia ———————

Olen kiinnostunut I am interested

There are different ways of expressing what you are interested in.

harrastaa	*to have as a hobby,* *to have as a pastime,* *to be interested in*
Harrastan jalkapalloa.	*Football is my hobby.* (Lit. *I 'hobby' football*)
Harrastan tennistä.	*Tennis is my hobby.*
Mitä sinä harrastat?	*What are your hobbies?*
Harrastan lukemista.	*Reading is my hobby.*
Harrastan musiikkia.	*Music is my hobby.* *I am interested in music.*

So you can use the verb **harrastaa** to describe your hobbies from sport to music and reading. Notice *what you do* or *the object* is in the partitive. So you need to use the verbal noun in this construction, for example: lukemista. See page 216 for the formation of the verbal noun.

You can also use the phrase **mielelläni** *with pleasure* combined with a verb. For example: **Luen mielelläni**. *I like reading*.

Notice that this phrase has the possessive suffix at the end. Here are the different forms of it.

mielelläni	*I like, I do with pleasure, I like doing*
mielelläsi	*you like*
mielellään	*he likes*
mielellämme	*we like*
mielellänne	*you like*
mielellään	*they like*

Notice that this phrase is also used to mean *I would like*, or *I would love to*, when you have been asked whether you would like something:

Haluaisitko kahvia?   *Would you like some coffee?*
Mielelläni.   *Yes please / I'd love some.*

Luen mielelläni. (Lit. *I read with pleasure*). This corresponds to the English phrase *I like reading*.

Pelaan mielelläni tennistä.   *I like playing tennis.*
Ajan mielelläni polkupyörällä.   *I like riding a bike.*

In a question:

Luetko mielelläsi?   *Do you like reading?*
Luetteko mielellänne?   *Do you like reading?*
Käymme mielellämme elokuvissa.   *We like going to the cinema.*
Käyttekö mielellänne oopperassa?   *Do you like going to the opera?*

Olla kiinnostunut jostakin   *to be interested in something*
Olen kiinnostunut politiikasta.   *I am interested in politics.*
Oletko kiinnostunut urheilusta?   *Are you interested in sport?*
Oletko kiinnostunut musiikista?   *Are you interested in music?*

Notice the object of your interest is in the elative case ie. has the ending **-sta/-stä**. You can also use the verb **kiinnostaa** *to interest*:

Politiikka kiinnostaa minua.   *Politics interest me.*
Musiikki kiinnostaa minua.   *Music interests me.*
Kiinnostaako urheilu sinua?   *Does sport interest you?*

Notice the construction: the subject is in the basic form, the verb is in the third person singular and the object is in the partitive.

Suomi kiinnostaa häntä.   *Finland interests him.*

Minusta uinti on mukavaa I enjoy swimming

You can also simply say I find, or in my opinion something is nice or interesting by using the elative case **-sta/-stä** added to the pronoun or person's name:

Minusta uiminen on hauskaa. (Lit. *In my opinion swimming is fun / I find swimming fun / I enjoy swimming.*)

Onko sinusta hiihtäminen mukavaa? *Do you enjoy skiing?*

Onko Pekasta tennis kivaa? *Does Pekka like tennis?*

Minusta pyöräily on oikein hauskaa. *I find cycling great fun.*

Lukeminen on hauskaa Reading is fun

There is a verbal noun in Finnish. This form corresponds to the English verbal noun with the ending -ing. For example: singing, travelling.

The easiest way to form the verbal noun is to look at the third person singular of the verb in the present tense, shorten the vowel if it is long and add the fourth infinitive ending **-minen**. **Example: lukea** *to read:* luke/e. Drop the third person ending **-e** and add the ending **-minen** → **lukeminen** *reading*.

The result is a verbal noun to which you can add case endings like to any other noun. These nouns conjugate like all words ending in **-nen**:

kirjoittaa *to travel* matkusta/a → matkustaminen
Pidän matkustamisesta. *I like travelling.*
kirjoittaa *to write* → kirjoitta/a → kirjoittaminen
Pidän kirjoittamisesta. *I like writing.*
tehdä *to do, to make* → teke/e → tekeminen
Minulla ei ole mitään tekemistä. *I have nothing to do.*
sanoa *to say, to tell* → sano/o → sanominen
Onko sinulla mitään sanomista? *Do you have anything to say?*

So you can express what you like doing by using the verb **pitää** *to like* and the verbal noun with the elative ending **-sta/-stä**.

Pidän matkustamisesta.	*I like travelling.*
Pidän lukemisesta.	*I like reading.*

Maanantaisin On Mondays

When something happens regularly at a certain time, you can use the following expressions:

sunnuntaisin *on Sundays*	**päivisin** *daily, during the day*
maanantaisin, jne. *on Mondays,*	**talvisin** *in the winter time,*
etc.	*during the winter*
viikonloppuisin *at weekends*	**keväisin** *in the spring,*
iltaisin *in the evenings*	*during the spring*
aamuisin *in the mornings*	**kesäisin** *in the summertime*
öisin *during the night, at night time*	**syksyisin** *in the autumn*

Mikä sinusta tulee isona? What will you be when you grow up?

Notice the verb **tulla** *to come* also means *to become*, when used with the elative case **-sta/-stä**:

Minusta tulee merkonomi.	*I'll be a commercial college graduate.*
Mikä sinusta tulee?	*What will you be?*
Minusta tulee insinööri.	*I'll be an engineer.*
Hänestä tulee johtaja.	*He is going to become the manager.*
Kesästä tulee oikein lämmin.	*The summer is going to be very warm.*

Silmät ovat siniset Eyes are blue

Words that refer to things that come in pairs or sets are often in the nominative plural and the words describing them are also in the nominative plural. All the parts of the body which come in pairs belong to this group of words.

Silmät ovat siniset.	*Eyes are blue.*
Kädet ovat kylmät.	*Hands are cold.*
Jalat ovat pienet.	*Feet are small.*

| Korvat ovat isot. | *Ears are big.* |
| Posket ovat punaiset. | *Cheeks are red.* |

also:

Housut ovat uudet.	*The trousers are new.*
Silmälasit ovat kalliit.	*Spectacles are expensive.*
Piilolinssit ovat mukavat.	*Contact lenses are convenient.*
Kengät ovat italialaiset.	*The shoes are Italian.*

Minkänäköinen hän on? What does she look like?

You can make a number of descriptive words using the suffix **-näköinen**. The first word is usually in the genitive form. Some of these words are compound words and some are written separately. Usually the compound words are in common use, but more unusual combinations are written as separate words.

hyvännäköinen *good-looking*	**Isän näköinen.** *Looks like the father.*
hauskannäköinen *smart-looking*	
vakavannäköinen *serious-looking*	**Isänsä näköinen.** *Looks like his/her father.*
suomalaisen näköinen *Finnish-looking*	
	Hän on aivan isänsä näköinen. *He looks just like his father.*
amerikkalaisen näköinen *American-looking, looks like an American*	**Hän on Elvis Presleyn näköinen.** *He looks like Elvis Presley.*

This type of adjective can also be made with **-tukkainen** or **-hiuksinen** to describe someone's hair:

Hän on tummatukkainen.	*She is dark-haired.*
Hän on punatukkainen.	*He is red-haired.*
Henna on vaaleahiuksinen.	*Henna is blonde-haired.*

-silmäinen to describe someone's eyes:

| Henna on sinisilmäinen. | *Henna is blue-eyed.* |
| Maire on ruskeasilmäinen. | *Maire is brown-eyed.* |

Here are some questions needed to find out about physical appearance:

| Minkäväriset silmät sinulla on? | *What colour are your eyes?* |
| Minkäväriset hiukset sinulla on? | *What colour is your hair?* |

Minkänäköinen hän on?   *What does she look like?*
Kuinka pitkä hän on?   *How tall is she?*

Minä pelaan tennistä I play tennis

The verb **pelata** *to play* is used when talking about sports and card games and games.

pela/ta

present:	pelaan, pelaat, pelaa, pelaamme, pelaatte, pelaavat
imperfect:	pelasin, pelasit, pelasi, pelasimme, pelasitte, pelasivat
perfect:	olen/olet/on pelannut, olemme/olette/ovat pelanneet
conditional:	pelaisin, pelaisit, pelaisi, pelaisimme, pelaisitte, pelaisivat

---

Pelaan *I play*

koripalloa	*basketball*	**tennistä**	*tennis*
jalkapalloa	*football*	**squashia**	*squash*
lentopalloa	*volleyball*	**golfia**	*golf*
sulkapalloa	*badminton*	**korttia**	*cards*
pesäpalloa	*baseball*	**shakkia**	*chess*
jääkiekkoa	*ice-hockey*	**bridgeä**	*bridge*

To play an instrument is **soittaa**.

soitta/a

present:	soitan, soitat, soittaa, soitamme, soitatte, soittavat
imperfect:	soitin, soitit, soitti, soitimme, soititte, soittivat
perfect:	olen/olet/on soittanut, olemme, olette, ovat soittaneet
conditional:	soittaisin, soittaisit, soittaisi, soittaisimme, soittaisitte, soittaisivat

---

Soitan *I play*

		huilua	*flute*
kitaraa	*guitar*	also:	
pianoa	*piano*	**levyjä**	*records*
viulua	*violin*		

---

soittaa also means to ring, to telephone:

Soitan ovikelloa.   *I'll ring the doorbell.*
Soitan sinulle huomenna.   *I'll phone you tomorrow.*

 ──────────── **Harjoitellaan!** ────────────

1   Answer the following:

(a)   If somebody asks you: **Kuinka vanha sinä olet?** What does the person want to know?

(b)   If you are asked: **Kuinka pitkä sinä olet?** What information are you expected to give?

(c)   If you are asked: **Minkäväriset silmät sinulla on?** Which detail of your appearance is asked about?

(d)   If you are asked: **Oletko tumma vai vaalea?** What are you expected to describe?

(e)   How would you ask a friend whether he has sisters or brothers?

(f)   When a Finn asks you **Harrastatko urheilua?** What does he want to know?

(g)   If a Finn asks you **Pidätkö lukemisesta?** What does he want to know?

2   Read through the following introduction by a Finn, or listen to it on the cassette if you have it, and answer the questions after it.

HEI!
Olen Tuomo Lamponen.
Olen opiskelija.
Opiskelen Helsingin Teknisessä Korkeakoulussa Otaniemessä.
Minusta tulee sähköinsinööri.
Asun nyt Espoossa, mutta olen kotoisin Pohjois-Karjalasta, Lieksasta.
En ole naimisissa, mutta asun tyttöystäväni Susannan kanssa.
Hän opiskelee venäjää Helsingin yliopistossa.
Hän on myös kotoisin Pohjois-Karjalasta, Outokummusta.
Me käymme usein ekä Outokummussa että Lieksassa.
Kun valmistumme, haluamme muutta takaisin Pohjois-Karjalaan.

(a)   Does Tuomo work?
(b)   Where does he study?

(c) What is he going to be?
(d) Where does he live?
(e) Where does he come from?
(f) Is he married?
(g) Does he live alone?
(h) Is his girlfriend a student?
(i) Does he often go back to his home town?
(j) What are he and his girlfriend planning to do after they finish studying?

3 Read this introduction and answer the questions below.

Hyvää päivää! Olen Jarkko Virtanen. Olen 32 vuotta vanha.
Olen helsinkiläinen. Asun Kalliossa. Opetan peruskoulun ylä-asteella Käpylässä. Opetan matematiikkaa ja fysiikkaa.
Minulla on kaksi poikaa, Jussi 12 vuotta ja Jarmo 10 vuotta.
Olen eronnut. Pojat asuvat äitinsä luona, mutta he ovat minun luona joka toinen viikonloppu.
Minä ja pojat pidämme jalkapallosta ja jääkiekosta.
Talvella käymme melkein joka sunnuntai katsomassa jääkiekkoa jäähallissa.
Kesällä pelaamme jalkapalloa ja joskus myös pesäpalloa.

(a) Which town is Jarkko from?
(b) What is his profession?
(c) Where does he work?
(d) Does he have children?
(e) Is he married?
(f) Do his children live with him?
(g) How often does he see his children?
(h) Which sports is he interested in?
(i) What sport do Jarkko and his sons watch in the winter?
(j) What sports do they play in the summer?

4 Now we practise an interview. Complete the dialogue by answering the questions put to you by the interviewer (listen to it on the cassette if you have one).

Esittele itsesi, ole hyvä.
(*Say I am Sandra Johnson.*)
Mistä sinä olet kotoisin?
(*Say I am from London, Britain.*)
Missä sinä olet työssä?
(*Say I work in a theatre.*)

Mitä sinä harrastat?
(*Say you like reading and music.*)
Pidätkö urheilusta?
(*Say I don't like sport particularly, but I like being out of doors.*)
Katsotko paljon televisiota?
(*Say I never watch television.*)

You can also answer these questions about yourself.

5   When a Finn describes his hobbies as follows; what are his hobbies? Harrastan golfia ja tennistä. Lenkkeilen kerran viikossa. Katson jalkapalloa kesällä ja jääkiekkoa talvella.

6   If you are asked: **Oletko kiinnostunut musiikista?** What are you being asked?

7   Someone called round for your friend, while she was out.

   (*a*) You forgot to ask his name. Your friend asks: **Minkänäköinen hän oli?** What does your friend want to know?
   (*b*) Describe this visitor to your friend: He was about 20 years old, tall, fair and good-looking.

8   If someone is described as: **tummatukkainen, hoikka ja ruskeasilmäinen.** What does this person look like?

9   Some of the endings are missing from this description. Fill them in:

   (*a*) Olen kotoisin Liperi____. Ole_ nyt eläkkee____. Olin työ ____ toimistossa.
   (*b*) Olen naimisissa ja minu__ on kolme las__.
   (*c*) Käyn englanninkurssi____ maanantaisin. Katso_ mielelläni suomalaisia elokuvia televisio____. Pidä_ myös englantilaisi____ ja australialaisi__ elokuvista.
   (*d*) Ulkoile_ kesä__ ja talve__. Kesällä aja_ paljon polkupyörä ____ ja talvella hiihdä ____.
   (*e*) Meidän perhee____ on kesämökki Joensuu_ lähellä. Kesällä me vietä____ paljon aikaa kesämökillä.

10   Your friend wants to know what a mutual friend's new girlfriend looks like. You have met her. She is aged about 19 or 20. She has long blonde hair. She is not very tall. She is pretty. Describe her to your friend.

11   If someone is described like this (listen to it on the cassette)–

Hän on noin 50 tai 55 vuotta vanha. Hänellä on harmaat hiukset. Hän ei ole pitkä. Hän on vähän lihava?:

(a) Is the person young?
(b) What colour is her hair?
(c) Is she very tall?
(d) Is she slim?

12 If a person describes themselves by saying: **Olen eronnut**. What is he or she telling you?

13 Who is **anoppi**?

14 If you are asked: **Oletko naimisissa?** What does the person asking the question want to know?

15 Imagine you are writing an advertisement for the lonely hearts column on behalf of this lady. How would it read in Finnish?

I am about 30 years old. I am divorced. I have one child. I work in a bank. I am interested in theatre, opera and classical music. I like travelling.

16 Which feature are you describing, when you talk about **hiukset**?

17 You are interested in politics and want to find out whether a Finnish friend shares your interest. How would you ask?

18 Ask your new acquaintance:

(a) If he likes reading?
(b) If he watches a lot of television?

———————— **Vähän lisää** ————————

Mitä sinä teet vapaa-aikana? What do you do in your spare time?

Steve   Mitä sinä teet vapaa-aikana?
Sari   Minulla on hyvin vähän vapaa-aikaa, mutta silloin kun minulla on, menen mielelläni luontoon. Käyn marjassa ja sienessä. Ja kävelen pitkiä matkoja. Käyn joka syksy Lapissa ruska-aikana patikkaretkellä.

vapaa-aika, -ajan, -aikaa *spare time, leisure time*	kävellä, kävelen, kävelee, käveli *to walk*
luonto, luonnon, luontoa *nature*	ruska-aika (Lit. *russet time*) *time of*
käydä marjassa *to go berry picking*	*autumn when colours change*
käydä sienessä *to go mushroom picking*	patikkaretki *walking trip, trekking*
	käyn patikkaretkellä
	I go walking/trekking

Mitä sinä teet tavallisesti viikonloppuna?
What do you usually do at the weekend?

Seija   Mitä sinä tavallisesti teet viikonloppuna?

Marjo   Perjantai-iltana minä käyn työn jälkeen saunassa. Sitten katson televisiota. Olen aina hyvin väsynyt työviikon jälkeen.

Seija   Mitä sinä teet lauantaina?

Marjo   Tavallisesti pelaan tennistä ja käyn uimassa uimahallilla. Käyn usein teatterissa ja konserteissa. Käyn myös taidenäyttelyissä. Minä pidän tanssimisesta ja käyn melko usein tanssimassa. Minun täytyy myös aina käydä viikonloppuna ruokaostoksilla, koska minulla ei ole aikaa viikolla.

Seija   Millainen ohjelma sinulla on tavallisesti sunnuntaina?

Marjo   Se riippuu vähän siitä, mitä olen tehnyt lauantaina. Joskus sunnuntaisin lepään kotona, luen, kirjoitan kirjeitä, katson televisiota. Joskus käyn kylässä.

käydä uimassa *go swimming*	käydä ruokaostoksilla *to go*
uimahalli, -n, -a, -halleja *swimming pool*	*food shopping*
	Se riippuu vähän siitä, mitä...
teatteri, -n, -a, teattereita *theatre*	*It depends a little on what...*
konsertti, konsertin, konserttia, konsertteja *concert*	levätä, lepään, lepää, lepäsi *to rest*
taidenäyttely, -n, -ä, -jä *art exhibition*	käydä kylässä *go visiting*
tanssia, tanssin, tanssii, tanssi *to dance*	Se riippuu siitä... *It depends on what...*

13

ANTEEKSI, PUHUTTEKO
SUOMEA?

Excuse me, do you speak Finnish?

In this unit you will learn

- to talk more about yourself and your family
- to describe your background
- to talk about your education and your studies
- to talk about your work and professional training
- about the Finnish education system

--- **Dialogeja** ---

Hauska tutustua Nice to meet you

Susanna and Mark have just met at a party. Susanna is from Hungary and Mark is from New Zealand. Susanna is a student and Mark works in Finland.

Susanna	Hei, olen Susanna.
Mark	Hei, minä olen Mark.
Susanna	Mistä sinä olet kotoisin?
Mark	Olen kotoisin Uudesta-Seelannista. Entä sinä?
Susanna	Olen kotoisin Unkarista. Mitä sinä teet täällä Helsingissä?

Mark	Olen työssä täällä. Entä sinä?
Susanna	Minä opiskelen suomen kieltä ja kirjallisuutta Helsingin yliopistossa.
Mark	Miksi sinä haluat opiskella suomea? Sinähän puhut jo suomea ihan hyvin.
Susanna	Minä haluan oppia puhumaan suomea paremmin. Minä pidän suomalaisesta kirjallisuudesta, erikoisesti Eino Leinon runoista. Haluan oppia suomea niin hyvin, että voin lukea Eino Leinoa suomeksi.
Mark	Eikö unkarinkieli ole melkein samanlaista kuin suomenkieli?
Susanna	Ei ole. Ehkä unkari ja suomi ovat joskus hyvin kauan sitten olleet melko samanlaisia, mutta nykypäivän unkarilaiset ja suomalaiset eivät ymmärrä toisiaan. On joitakin sanoja, jotka ovat melko samanlaisia. Kun taas viro ja suomi ovat paljon lähempänä toisiaan. Virolaiset ja suomalaiset voivat kyllä keskustella joten kuten keskenään.
Mark	Onko viro samanlaista kuin suomi?
Susanna	Joo, melko samanlaista. Virolaiset katsovat Suomen televisiota. Suomella ja Virolla on oikein läheiset suhteet.
Mark	Entä sitten karjala, onko se kieli vai murre?
Susanna	En oikein tiedä, toiset sanovat että se on kieli, toiset että se on murre. Minä en ole mikään asiantuntija. Sinäkin puhut hyvin suomea. Miksi sinä olet opiskellut suomea?
Mark	Minä olen työssä eräässä amerikkalaisessa firmassa täällä Helsingissä. Tulin tänne kolmeksi vuodeksi ja päätin, että jos asun täällä kolme vuotta, haluan myös oppia puhumaan suomea. Työssä minun ei tarvitse puhua suomea, koska kaikki minun kollegat puhuvat englantia. Suurin osa heistä on amerikkalaisia tai englantilaisia. Mutta minulla on paljon suomalaisia kavereita. Monet puhuvat kyllä englantia, mutta minusta on mukavampi puhua maassa maan kielellä!

Uusi-Seelanti, Uuden-Seelannin *New Zealand*	lähei/nen, -sen, -stä, -siä *close*
opiskella, opiskelen, opiskelee, opiskeli *to study*	kulttuurisuhteet *cultural relations*
	karjala, -n, -a *Karelian language/dialect*
kieli, kielen, kieltä, kieliä *language*	murre, murteen, murretta, murteita *dialect*

kirjallisuu/s, -den, -tta *literature*	**asiantuntija, -n, -a, asiantuntijoita**
ihan hyvin *very well*	*expert*
paremmin *better*	**eräs, erään, erästä, eräitä**
oppia puhumaan *to learn to speak*	*a, certain*
Eino Leino *(a Finnish poet)*	**päättää, päätän, päättää, päätti**
runo, -n, -a, runoja *poem*	*to decide*
lukea suomeksi *to read in Finnish*	**Minun ei tarvitse...** *I don't*
samanlainen kuin *similar to*	*need to...*
nykypäivän-, moderni *today's,*	**kollega, -n, -a, kollegoja** *colleague*
modern	**suurin osa** *majority, the*
joitakin *some*	*largest part*
sana, -n, -a, sanoja *word*	**kaveri, -n, -a, kavereita** *friend,*
olla lähempänä toisiaan *to be*	*mate, pal*
closer to one another	**mukavampi** *nicer*
joten kuten *just about, somehow*	**Maassa maan kielellä.** *When in*
keskustella keskenään *to talk to*	*the country speak the language of*
one another	*the country.*
	puhuvatkyllä *do speak*

Tehdään tuttavuutta Getting acquainted

A British diplomat is talking to a Finnish bank manager at a mutual friend's house. They discover that they both spent some time studying in the United States. Rob finds out how Jarkko came to be a bank manager. Rob uses the polite, formal address!

 Rob   Hyvää iltaa, nimeni on Rob Kelly. Olen työssä Britannian suurlähetystössä. Olen diplomaatti. Anteeksi, mutta en tiedä nimeänne.

Jarkko   Hyvää iltaa, olen Jarkko Kotilainen. Hauska tutustua.

Rob   Hauska tutustua. Ai, jahaa, te olette suomalainen. Te puhutte oikein hyvin englantia. Missä te olette oppinut niin hyvin englantia?

Jarkko   Minä olin vaihto-oppilaana Yhdysvalloissa.

Rob   Missäpäin USA:ta te olitte vaihto-oppilaana? Minäkin opiskelin Yhdysvalloissa.

Jarkko   Olin vuoden Bostonissa, Uudessa-Englannissa.

Rob   Oletteko te työssä Helsingissä? Millaista työtä te teette?

Jarkko   Olen työssä pankissa. Olen ammatiltani pankinjohtaja.

Rob   Asutteko te täällä Helsingissä?

Jarkko   Asun perheeni kansaa Kirkkonummella, Helsingin lähellä.

Rob	Oletteko te kotoisin täältä Helsingistä?
Jarkko	En, vaimoni ja minä olemme kotoisin Pohjois-Karjalasta. Vaimoni on Liperistä ja minä olen Heinävedeltä.
Rob	Oletteko te asuneet Helsingissä kauan?
Jarkko	Me tulimme molemmat Helsinkiin opiskelemaan. Minä opiskelin valtiotieteitä Helsingin yliopistossa ja vaimoni opiskeli Helsingin kauppakorkeakoulussa. Me tapasimme toisemme täällä Helsingissä.
Rob	Ai jaaha, te opiskelitte valtiotieteitä. Kuinka te jouduitte pankkialalle?
Jarkko	Ihan sattumalta. Olin opiskeluaikoina kesätöissä pankissa ja kun valmistuin, pankista tarjottiin minulle töitä.
Rob	Oletteko te ollut kauan nykyisessä työssänne?
Jarkko	Olen ollut samassa työpaikassa valmistumisestani lähtien.
Rob	Onko teillä sukulaisia ja perhettä vielä Pohjois-Karjalassa?
Jarkko	Joo, meillä molemmilla on perhettä ja sukulaisia ympäri Pohjois-Karjalaa, sekä myös täällä pääkaupunkiseudulla. Yksi minun veljistäni asuu myös perheineen täällä Helsingissä. Vaimoni nuorempi sisko asuu Porvoossa.
Rob	Missä te kävitte koulua?
Jarkko	Minä kävin koulua ensin Heinävedellä viisitoistavuotiaaksi asti ja sitten olin lukiossa Joensuussa.
Rob	Milloin te pääsitte ylioppilaaksi?
Jarkko	Minä pääsin ylioppilaaksi vuonna 1973.
Rob	Kuinka kauan te opiskelitte yliopistossa?
Jarkko	Opiskelin yhteensä viisi vuotta, mutta olen vielä kirjoilla yliopistossa. Teen parhaillaan väitöskirjaa työn ohella.
Rob	Mitä muuta te opiskelitte yliopistossa kuin valtiotieteitä?
Jarkko	Opiskelin Suomen historiaa.
Rob	Mikä on väitöskirjanne aihe?
Jarkko	Suomalaisten pankkien tulevaisuus Euroopassa.
Rob	Mitä te teitte opintojen päätyttyä?
Jarkko	Niin kuin sanoin, menin pankkiin työhön, mutta minun ensimmäinen työpaikkani oli pankin New Yorkin toimistossa. Olin siellä vuoden.
Rob	Te olitte siis vuoden Amerikassa ja sitten?
Jarkko	Tulin takaisin Suomeen. Menimme naimisiin ja ensimmäinen lapsi syntyi vuotta myöhemmin.
Rob	Kuinka monta lasta teillä on?

Jarkko   Meillä on kolme lasta, kaksi tyttöä ja yksi poika. Vain yksi lapsista on enää kotona. Vanhemmat lapset ovat jo aikuisia. Nuorin on lukiossa ja kaksi vanhempaa ovat jo yliopistossa. Vanhin tytär opiskelee ranskaa Pariisissa ja toinen tytär opiskelee radiotoimittajaksi Tampereella.

suurlähetystö, -n, -ä, -jä *embassy*	**lukio, -n, -ta, -ita** *sixth form, high school*
vaihto-oppilas, -oppilaan, -oppilasta, -oppilaita *exchange student*	**pääkaupunki/seutu, -seudun, -seutua** *Greater Helsinki area*
ammatti, ammatin, ammattia, ammatteja *profession, trade*	**molemmat, molempien, molempia** *both*
ammatiltani *by my profession*	**Olen kirjoilla** *I am registered (on the books)*
pankinjohtaja, -n, -a, -johtajia *bank manager*	**parhaillaan** *at present*
valtiotiede, -tieteen, -tiedettä, -tieteitä *political science*	**väitös/kirja, -n, -a, -kirjoja** *dissertation, doctoral thesis*
kauppakorkeakoulu, -n, -a, -ja *school of economics*	**aihe, aiheen, aihetta, aiheita** *topic, cause, reason*
Tapasimme toisemme. *We met each other.*	**tulevaisuu/s, -den, -tta** *the future*
pankkiala, -n, -a, -aloja *banking, field of banking*	**opintojen päätyttyä** *after studies had finished*
joutua, joudun, joutuu, joutui *to end up*	**myöhemmin** *later*
opiskelu/aika, -ajan, -aikaa, -aikoja *student days, time of studies*	**aikui/nen,-sen, -sta, -sia** *adult, grown-up*
Valmistumisestani lähtien... *Since I graduated...*	**nuorin** *the youngest*
tarjota, tarjoan, tarjoaa, tarjosi *to offer*	**vanhempi, vanhemman, vanhempaa, vanhempia** *older*
viisitoistavuotiaaksi asti *until the age of 15 years*	**vanhin** *the oldest, the eldest*
	radiotoimittaja, -n, -a, toimittajia *radio journalist*

Kouluvuodet   School years

Cathy is a young English school-teacher visiting Finland in her holidays. She is asking her friend Saara to tell her about the Finnish school system and education.

Cathy   Minä tiedän hyvin vähän suomalaisesta koulusta. Kerro minulle minkäikäisinä suomalaiset lapset menevät kouluun.

Saara   Lapset aloittavat koulun, kun he täyttävät seitsemän vuotta.

Cathy   Vasta seitsemänvuotiaana?

Saara   Sitä ennen monet lapset ovat kerhossa tai esikoulussa. Melkein kaikki suomalaiset äidit käyvät työssä, niinpä lapset ovat pienestä asti joko perhepäivähoidossa tai lasten-tarhassa.

Cathy   Millainen on tyypillinen koulupäivä?

Saara   Aluksi koulupäivä on melko lyhyt, mutta tuntien määrä kasvaa iän mukana. Peruskoulu kestää yhdeksän vuotta.

Cathy   Olen kuullut ala-asteesta ja yläasteesta, mitä ne tarkoit-tavat?

Saara   Peruskoulun ala-aste on kuusi vuotta eli luokat ensimmäi-sestä kuudenteen ja yläaste on luokat seitsemännestä yhdeksänteen. Peruskoulun jälkeen on mahdollista jatkaa joko lukiossa tai ammattikoulussa. Jos nuori ei mene lukioon eikä ammattikouluun, hän voi mennä niin sano-tulle kymmenennelle luokalle, jonka jälkeen hän voi mennä työhön tai jatkaa opintoja jossakin muualla.

Cathy   Mikä ero on lukiolla ja ammattikoululla?

Saara   Lukio on akateemisempi kuin ammattikoulu. Lukion lopussa on ylioppilastutkinto. Kun pääsee ylioppilaaksi, on mahdol-lista pyrkiä yliopistoon. Kun taas ammattikoulussa opetus on käytännöllisempää. Nykyään voi myös yhdistää eri aineita lukiosta ja ammattikoulusta. Ammattikouluissa on myös paljon linjoja, joille voi pyrkiä vasta ylioppilaaksi päästyään.

Cathy   Mitä ovat sitten kauppakoulut, kauppaopistot ja tekniset opistot?

Saara   Ne ovat myös ammattikouluja. Kauppakoulut ja kauppa-opistot valmistavat kaupallisiin ammatteihin ja tekniset opistot eri tekniikan aloille.

Cathy   Pääsevätkö kaikki, jotka haluavat, yliopistoon?

Saara   Ei suinkaan. Kilpailu opiskelupaikoista on oikein kova. Moniin yliopistoihin on oikein vaativat sisäänpääsy-kokeet.

Cathy   Milloin pojat suorittavat asevelvollisuutensa?

Saara   Suurin osa pojista menee armeijaan heti koulun jälkeen, mutta muutamat opiskelevat ensin ja menevät sitten armeijaan vasta yliopiston jälkeen.

luokka, luokan, luokkaa, luokkia *class, (year in school)*	**koululai/nen, -sen, -sta, -sia** *school child*
Minkäikäi/nen, -sen, -stä, -siä? *What age?*	**iän mukana** *with age*
aloittaa, aloitan, aloittaa, aloitti *to start, to begin*	**peruskoulu, -n, -a, -ja** *comprehensive school*
täyttää, täytän, täyttää, täytti *to fill, to fulfil*	**ala-aste, -en, -tta, -asteita** *lower school*
täyttää vuosia *to celebrate a birthday*	**yläaste** *upper school*
vasta *only (of time)*	**ammattikoulu, -n, -a, -ja** *vocational/trade school*
sitä ennen *before then*	**käytannöllisempää** *more practically orientated*
kerho, -n, -a, -ja *club, pre-school club*	**koulun loputtua** *after school has finished*
esikoulu *pre-school*	**niin sanottu** *so called*
Pienestä asti. *From when they are little.*	**linja, -n, -a, linjoja** *course, route*
hoito, hoidon, hoitoa, hoitoja *care*	**päästä, pääsen, pääset, pääsi** *to get somewhere*
perhepäivä/hoito, -hoidon, -hoitoa *family day care*	**tekninen opisto** *technical college*
lastentarha, -n, -a, -tarhoja *kindergarten*	**kilpailu, -n, -a, -ja** *competition*
joko ... tai *either ... or*	**kova, -n, -a, kovia** *hard*
	sisäänpääsykokeet *entrance examinations*

Hyvä tietää

1 *Kouluvuosi* The school year

The school year for the comprehensive schools begins in the middle of August and ends at the end of May or early June. In the middle of the Autumn term there is a week's holiday: **syysloma**. The break at Christmas is about ten days. In February, schools have a **hiihtoloma** *skiing holiday*, which is staggered in three parts to ease the pressure on ski resorts, the holiday is first taken in the Southern parts of Finland, then the Central and the North and Lapland come last.

There is no Easter holiday as such, just the Easter weekend. **Kesäloma** *summer holidays* begin at the end of May or early June and they last two and a half months. The last day of school is **kevätjuhla** which incorporates the graduation ceremony for those who have successfully passed their matriculation exams.

The university terms are fairly similar to school holidays, except that the **syyslukukausi** *Autumn term* doesn't usually start until September. **Kevätlukukausi** *the Spring term* starts in January. In the Summer most universities run courses, which are open to students and outsiders, these are called **kesäyliopisto**.

Finland is officially a bilingual country and therefore there are both Finnish and Swedish-speaking schools. Everyone is entitled to education in their mother tongue: **äidinkieli**. All children learn a second language from the age of nine. All children will have learnt the second domestic language **toinen kotimainen kieli** at some stage in their school days as well as English. Later, in the **yläaste** *upper school* you can add another foreign language to your studies.

Other subjects taught at school are:

matematiikka *mathematics*
ympäristöoppi *environmental and social studies*
luonnontiede *natural history*
maantiede *geography*
historia *history*
kansalaistaito *personal development*
uskonto *religious studies*
musiikki *music*
liikunta *physical education*
kuvaamataito *art*
käsityö *crafts*
fysiikka ja kemia *physics and chemistry*
kotitalous *domestic science*

Peruskoulu *comprehensive school* is free for all. The children's school books and school meals are also free. Local newspapers publish the school food menus, so parents know what their children eat at school. Great importance is paid to the right nutritional content of the meals. Transport to school in the rural areas is also free of charge.

2 *Pääkaupunkiseutu* The area around the capital

One in five Finns lives in the area around Helsinki and the

southernmost regions of the country. This concentration of population is sometimes called **ruuhka-Suomi** (ruuhka *a jam*).

Finland is very Helsinki-centred. Most of the national organisations have their headquarters in the capital. The national radio stations operate from Helsinki. The television is based in Pasila in Helsinki. Though Tampere is also a television centre.

The Helsinki effect can be heard in the everyday speech, which has spread from Helsinki to all parts of the country. Dialects are disappearing particularly among the young.

Typical features of the speech are contractions of words. For example, **minä** becomes **mä**, **sinä** becomes **sä**. **Minä menen** shortens to **mä meen**, **sinä tulet** to **sä tuut**. **Oletko sinä** becomes **Ootko sä?** or **ooks sä?**

Pääkaupunkiseutu the Capital area has four towns in the Greater Helsinki area **Suur-Helsinki**: Helsinki itself, Espoo to the west of Helsinki and Vantaa to the north and north-east. Kauniainen is a small town completely surrounded by Espoo.

People travel to work in Helsinki from all over southern Finland, making Helsinki a commuter town, but there are still plenty of people living in the centre of the town, unlike say in the centre of London.

———— Vähän kielioppia ————

Milloin pääsit ylioppilaaksi? When did you graduate from school?

The translative ending is **-ksi**. It is added to the inflectional stem, therefore it shows any consonant and vowel changes that may occur in the word.

basic form		gen. sing.	translative sing.	plural
pankki	*a bank*	pankin	pankiksi	pankeiksi
aikuinen	*an adult*	aikuisen	aikuiseksi	aikuisiksi
suomi	*Finnish*	suomen	suomeksi	
poika	*a boy*	pojan	pojaksi	pojiksi

The translative implies the end result of a change of some kind. It is used commonly with verbs that indicate change or transformation.

Ilma muuttui kylmä**ksi**.	*The weather turned cold.*
Aika kävi pitkä**ksi**.	*Time dragged on.*

The translative also expresses a state, a function or a position that something or someone enters and it is used with verbs like **valmistua** *to graduate*, **päästä** *to reach* or *attain* a position or a status.

Minä pääsin ylioppilaaksi vuonna 1969.	*I graduated from school in 1969.*
Hän valmistui insinööriksi.	*He graduated as an engineer.*
Hän kasvoi pitkäksi.	*He grew tall.*
Minä käännän sen suomeksi.	*I'll translate it into Finnish.*
Hän joutui vangiksi.	*He was taken prisoner.*
Hän opiskeli lääkäriksi.	*He studied to be a doctor.*
Hän opiskelee toimittajaksi.	*She is training to be a journalist.*
Sano se suomeksi!	*Say it in Finnish!*
Kuinka sanotaan viroksi 'kirja'?	*How do you say 'kirja' in Estonian?*
Luulin häntä saksalaiseksi.	*I took him to be German.*
Minua kutsutaan Tepaksi.	*I am called Tepa.*
Häntä sanotaan lahjakkaaksi.	*He is said to be talented.*

The translative is also used to express time by which something happens or is due to happen.

Minä menen kesäksi Suomeen.	*I am going to Finland for the summer.*
Matkustatteko te kotiin jouluksi?	*Are you travelling home for Christmas?*
Tämän raportin täytyy olla valmis keskiviikoksi.	*This report has to be ready for Wednesday.*
Vien sen kotiin viikonlopuksi.	*I'll take it home for the weekend.*

The translative also expresses intended duration of time.

Matkustan Lappiin viikoksi.	*I am going to Lapland for a week.*
Menen Suomeen työhön kolmeksi vuodeksi.	*I am going to Finland for three years to work.*
Hän lähti kaupungille pariksi tunniksi.	*He went into town for a couple of hours.*

Haluan oppia puhumaan suomea I want to learn to speak Finnish

In Finnish to say you want to *learn to do something* you can use the verb **oppia** *to learn* and the third infinitive **-ma/-mä** in the illative case. This construction can also be used with other verbs such as **opetella** *to learn* (*to go through the steps of learning*), and **harjoitella** *to practise*.

Haluan oppia puhumaan suomea paremmin.	*I want to learn to speak Finnish better.*
Pekka opettelee käyttämään tietokonetta.	*Pekka is learning to use a computer.*
Pieni lapsi opettelee kävelemään.	*The little child is learning to walk.*
Jaana harjoittelee ääntämään ranskaa.	*Jaana is practising to pronounce French.*

Helsinki on isompi kuin Tampere Helsinki is larger than Tampere

Comparison of adjectives:

The comparative ending is **-mpi** which is added to the inflectional stem (the genitive singular stem) therefore consonant and vowel changes apply. Notice also that the final **-a/-ä** of adjectives which are two syllables long changes into **-e** before the comparative ending.

hauska	hauskempi	*nice, nicer*
paha	pahempi	*bad, worse*
kiva	kivempi	*nice, nicer*
kova	kovempi	*hard, harder*

kaunis	*beautiful*	kaunii/n	kauniimpi	*more beautiful*
lyhyt	*short*	lyhye/n	lyhyempi	*shorter*
suomalainen	*Finnish*	suomalaise/n	suomalaisempi	*more Finnish*
tavallinen	*usual*	tavallise/n	tavallisempi	*more usual*
tuore	*fresh*	tuoree/n	tuoreempi	*fresher*
suuri	*large*	suure/n	suurempi	*larger*

Notice the exceptions:

hyvä	*good*	parempi	*better*	paras	*best*

pitkä   *long, tall*   pitempi   *longer, taller*   pisin   *longest, tallest*

The declension of the comparative:

The **-mpi** of the comparative changes to **-mpa/-mpä** in the declension and in the weak grade (consonant change) **-mma** and **-mmä**. In the plural the **-a** or **-ä** is dropped and replaced by the **-i** of the plural.

huonompi *worse*

Notice the strong grade in the nominative, partitive, illative and essive singular and the partitive, genitive, illative and essive plurals.

	singular	plural
nominative:	huonompi	huonommat
partitive:	huonompaa	huonompia
genitive:	huonomman	huonompien
inessive:	huonommassa	huonommissa
elative:	huonommasta	huonommista
illative:	huonompaan	huonompiin
adessive:	huonommalla	huonommille
ablative:	huonommalta	huonommilta
allative:	huonommalle	huonommille
translative:	huonommaksi	huonommiksi
essive:	huonompana	huonompina

Sinä olet paremmassa asemassa.   *You are in a better position.*
Haluan ostaa isomman auton.   *I want to buy a bigger car.*
Isommat autot ovat kalliimpia.   *Bigger cars are more expensive.*
En halua pitempää lomaa.   *I don't want a longer holiday.*

When you compare two things you use the word **kuin** *than*:

Anne on vanhempi kuin Tiina.   *Anne is older than Tiina.*
Helsinki on suurempi kuin   *Helsinki is larger than Tampere.*
   Tampere.

or you can use the partitive:

Anne on Tiinaa vanhempi.   *Anne is older than Tiina.*
Helsinki on Tampteretta suurempi.   *Helsinki is larger than Tampere.*

The superlative

The superlative ending is **-in**. It is added to the inflectional stem just like the comparative. Consonant gradation occurs before the superlative ending.

| huono | *bad* | huonoin | *worst* |
| iso | *big* | isoin | *biggest* |

Notice also the vowel changes caused by **-i** apply in the superlative:

long vowel shortens:

tuore	*fresh*	tuoreen	tuorein	*freshest*
terve	*healthy*	terveen	tervein	*healthiest*
rikas	*rich*	rikkaan	rikkain	*richest*

short **-a, -a** and **-e** are dropped:

kova	*hard*	kova/n	kovin	*hardest*
selvä	*clear*	selvä/n	selvin	*clearest*
suuri	*large*	suure/n	suurin	*largest*
pieni	*small*	piene/n	pienin	*smallest*
uusi	*new*	uude/n	uusin	*newest*

-i and **-ii** change into **-e**:

| kaunis | *beautiful* | kaunii/n | kaunein | *most beautiful* |

The declension of the superlative is very similar to the comparative:

huonoin *the worst*

	singular	plural
nominative:	huonoin	huonoimmat
partitive:	huonointa	huonoimpia
genitive:	huonoimman	huonoimpien
inessive:	huonoimmassa	huonoimmissa
elative:	huonoimmasta	huonoimmista
illative:	huonoimpaan	huonoimpiin
adessive:	huonoimmalla	huonoimmilla
ablative:	huonoimmalta	huonoimmilta
allative:	huonoimmalle	huonoimmille
translative:	huonoimmaksi	huonoimmiksi
essive:	huonoimpana	huonoimpina

Taloudellisesti vuosi 1991 oli huonoin pitkään aikaan. Parhaimpina 1980-luvun vuosina Suomen talous kasvoi oikein nopeasti.

Economically 1991 was the worst year in a long time. In the best years of the 1980s the Finnish economy grew very fast.

Notice the declension of **paras**:

paras *best*	**gen.**	parhaan	**nom. pl.**	parhaat
	part. sing.	parasta	**part. pl.**	parhaita

Kouluvuodet ovat elämän parasta aikaa. *School days are the best time of one's life.*

Nämä ovat parhaita suomalaisia tuotteita. *These are some of the best Finnish products.*

Hyvin — paremmin — parhaiten
Well — better — best

The comparison of adverbs : the comparative ending is **-mmin** and the superlative ending is **-immin**, which is added to the inflectional stem:

Leena laulaa kauniisti.   *Leena sings beautifully.*
Karita laulaa kauniimmin.   *Karita sings more beautifully.*
Seija laulaa kauneimmin.   *Seija sings the most beautifully.*
Juha puhuu huonosti venäjää.   *Juha speaks Russian badly.*
Jakke puhuu venäjää huonommin   *Jakke speaks Russian worse*
   kuin Juha.   *than Juha.*
Minä puhun venäjää huonoimmin   *I speak Russian worst out*
   meistä kolmesta.   *of us three.*

helposti — helpommin — helpoimmin   *easily, more easily, most easily*
selvästi — selvemmin — selvimmin   *clearly, more clearly, most clearly*
hitaasti — hitaammin — hitaimmin   *slowly, more slowly, most slowly*

Notice these adverbs of place:

lähellä — lähempänä — lähimpänä   *near, nearer, nearest*
kaukana — kauempana — kauimpana   *far, further, furthest*

Oletteko te asunut Helsingissä kauan?
Have you lived long in Helsinki?

The perfect tense is used with the singular participle in the second person polite form.

Oletteko te ollut täällä ennen?   *Have you been here before?*
Oletteko te matkustanut USA:ssa?   *Have you travelled in the USA?*

BUT if talking to more than one person the participle is of course in the plural:

Oletteko te aina asuneet Helsingissä?	*Have you (plural) always lived in Helsinki?*
Oletteko te koskaan matkustaneet Etelä-Amerikassa?	*Have you ever travelled in South America?*

Samanlaisia ja erilaisia Similar and different

The Finnish for similar is **samanlainen** and it is used with the word **kuin**:

Tämä talo on samanlainen kuin meidän talo.	*This house is similar to our house.*
Tämä sanakirja on samanlainen kuin tuo.	*This dictionary is similar to that one.*

Erilainen kuin   different from

Tämä sanakirja on erilainen kuin minun.	*This dictionary is different from mine.*
Elämä maalla on erilaista kuin elämä kaupungissa.	*Life in the country is different from life in town.*
Moderni suomi on erilaista kuin unkari.	*Modern Finnish is different from Hungarian.*

Opiskeluajoista asti Since the student days

Asti and **saakka** used with the elative mean since a certain time:

Olemme asuneet Espoossa viime vuodesta asti.	*We have lived in Espoo since last year.*
Olen opiskellut unkaria kouluajoista saakka.	*I have been studying Hungarian since my school days.*

Lähtien used with the elative also means *since* or *starting from*:

Olen ollut työssä pankissa vuodesta 1990 lähtien.	*I have been working in the bank since 1990.*
Kello kahdesta lähtien	*Starting from 2 o'clock.*

Notice that **asti** and **saakka** used with the illative case means until:

Jouluun asti	*until Christmas*
Ensi kuuhun saakka	*until next month*

| maanantaihin asti | *until Monday* |
| kesäkuuhun asti | *until June* |

Joko — tai either — or

To give two alternatives you can say:

| Voit jatkaa joko lukiossa tai ammattikoulussa. | *You can continue either in the sixth form or in a vocational school.* |
| Haluaisin asua joko Suomessa tai Tanskassa. | *I would like to live either in Finland or in Denmark.* |

Mitä eroa on unkarilla ja suomella? What is the difference between Finnish and Hungarian?

Notice the construction using the allative case.

| Mikä ero on sanoilla järvi ja lampi? | *What is the difference between the words järvi and lampi?* |

Kilpailu paikoista Competition for places

Notice competition for something. **Kilpailu** and the elative ending:

| Kilpailu ensimmäisestä sijasta oli kova. | *Competition for the first place was fierce.* |
| Kilpailu yliopistopaikoista on kovaa. | *Competition for university places is tough.* |

Työn ohella 'Alongside with work'

Ohella preceded by the genitive means *together with* or *alongside with*.

| Minä jatkan opiskelua työn ohella. | *I am continuing my studies alongside my work. (not full time)* |

Mistä aiheesta? What is the topic?

The word **aihe** has two meanings in Finnish.

(*a*) **Aihe** *topic* or *subject matter*:

Mistä aiheesta presidentti piti puheen?	*What was the topic of the president's speech?*
Mitä aiheita käsiteltiin konferenssissa?	*What topics were discussed at the conference?*
Väitöskirjan aiheena on suomalaisten pankkien tulevaisuus.	*The subject of the dissertation is the future of Finnish banks.*

(b) **Aihe** also means *reason, cause* or *occasion*:

| Meillä ei ole aihetta huoleen. | *We have no cause for concern.* |
| Minulla oli aihetta moittia häntä. | *I had reason to reprimand him.* |

✔———— Harjoitellaan! ————

1 Someone has just asked you: **Miksi haluat oppia oppia puhumaan suomea?**

(a) What does he want to know?
(b) Answer by saying you would like to live in Finland.

2 How would you ask whether **saami** (the language of the Saame of Lapland) is similar to Finnish?

3 How do you ask someone whether they speak English at work?

4 The Finn you are talking to speaks very good English. Ask him where he learnt to speak such good English?

5 Compliment a Finn on their excellent English?

6 Someone asks you: **Kuinka pitkäksi aikaa te olette tullut Suomeen?**

(a) What does he want to know?
(b) Tell him you have come for two weeks.
(c) for half a year.
(d) for a weekend only.
(e) for one year.
(f) for three months.

7 You already speak some Finnish. When a friend hears that you are on another Finnish language course and asks you why you are doing the course tell him: *I have to decided to learn to speak Finnish better.*

8 How would you say: *I have many Finnish colleagues*.

9 How would you ask a Finn what their profession is?

10 You are talking to a Finn about your educational background.

   (a) How would you ask him where he studied.?
   (b) How would you ask him what he studied?

11 If someone asks you: **Missä sinä kävit koulua?** What does he want to know?

12 Complete this dialogue by answering the questions as prompted.

Bruce Missä sinä olet syntynyt (*born*)?
Sinä (*Say I was born in Southern Australia.*)
Bruce Missä sinä opiskelit?
Sinä (*Say you studied at Melbourne University.*)
Bruce Mitä sinä opiskelit?
Sinä (*Say I studied chemistry and biology.*)
Bruce Mitä sinä teet täällä Suomessa?
Sinä (*Say I am visiting relatives.*)
Bruce Ketä sukulaisia sinulla on Suomessa?
Sinä (*Say I have many cousins in Finland. My grandfather emigrated to Australia.*)

13 What is **ammatti**?

14 How would you ask someone whether they have children?

15 How would you say the following in Finnish:

   (a) a younger sister
   (b) an older brother
   (c) the eldest brother
   (d) the youngest brother
   (e) I have two younger brothers
   (f) I have one older brother

16 How would you say *I am studying to be*:

   (a) a teacher.
   (b) a journalist.
   (c) an engineer.
   (d) a doctor.
   (e) a mechanic (mekaanikko).

17 Here is a list of some Finnish educational establishments. Match

the English with the Finnish:

(a)	ammattikoulu	(i)	kindergarten
(b)	peruskoulu	(ii)	commercial college
(c)	yliopisto	(iii)	lower school
(d)	lukio	(iv)	technical college
(e)	kauppaopisto	(v)	comprehensive school
(f)	tekninen opisto	(vi)	university
(g)	lastentarha	(vii)	vocational school
(h)	ala-aste	(viii)	sixth form

18 How would you say the following comparisons in Finnish:

(a) Turku is older than Helsinki.
(b) Espoo is bigger than Kauniainen.
(c) Finnish is more difficult than English.
(d) **Lampi** is smaller than **järvi**.
(e) Weather is colder in January than in March.

19 Here are some statements in Finnish. Read them and answer the questions below:

Saimaa on Suomen suurin järvi.
Kemijoki on pisin joki Suomessa.
Helsinki on Suomen suurin kaupunki.
Halti on Suomen korkein tunturi.
Hanko on Suomen eteläisin kaupunki.

(a) Which is the southernmost town in Finland?
(b) What is the name of the highest point of Finland?
(c) What is the name of the largest lake in Finland?
(d) Which river is the longest river in Finland?
(e) Is Helsinki the largest town in Finland?

20 Complete this dialogue as prompted.

Bruce Mistä sinä olet kotoisin?
Sinä (*Say that I have come from Canada.*)
Bruce Mitä sinä teet täällä Suomessa?
Sinä (*Say that you are studying Finnish at the University of Jyväskylä.*)
Bruce Miksi sinä opiskelet suomea?
Sinä (*Say my grandmother was Finnish and I spoke Finnish when I was little.*)
Bruce Kuinka kauan aiot olla Suomessa?

Sinä   (*Say you are staying for three months.*)

21   Who works where? Match up the profession with the workplaces.

(a)	pankinjohtaja	(i)	sairaala
(b)	professori	(ii)	suurlähetystö
(c)	diplomaatti	(iii)	yliopisto
(d)	poliisi	(iv)	pankki
(e)	lääkäri	(v)	poliisiasema

—————— Vähän lisää ——————

Uusi tuttavuus A new acquaintance

Sarah and Mike are both staying in Finland. They are discovering what the other does.

Sarah	Hei, olen Sarah.
Mike	Hei. Olen Mike.
Sarah	Mistä sinä tulet?
Mike	Tulen Australiasta. Mitä sinä teet täällä Helsingissä?
Sarah	Opiskelen suomea.
Mike	Miksi?
Sarah	Minun isoäiti oli suomalainen ja olen aina halunnut oppia puhumaan suomea kunnolla.
Mike	Ai jaha.
Sarah	Mitä sinä itse teet täällä Helsingissä?
Mike	Minä olen työssä täällä.
Sarah	Missä sinä olet työssä?
Mike	Olen työssä Australian suurlähetystössä.
Sarah	Ai, sinä olet diplomaatti. Missä Australian suurlähetystö on?
Mike	Se on Kaivopuistossa. Missä sinä opiskelet suomea?
Sarah	Opiskelen Helsingin yliopistossa, ulkomaalaisten suomenkurssilla.
Mike	Asutko sinä Helsingissä?
Sarah	En, minä asun Espoossa, Haukilahdessa, suomalaisessa perheessä. Entä sinä, missäpäin sinä asut?
Mike	Minä asun Munkkiniemessä.
Sarah	Asutko sinä myös perheessä?

Mike   En, minulla on oma asunto kerrostalossa. Sinä sanoit, että asut perheessä. Onko perhe suomalainen?

Sarah   Puoleksi suomalainen. Perheen isä on suomalainen, mutta äiti on hollantilainen.

Mike   Mitä kieltä te sitten puhutte?

Sarah   Tavallisesti puhumme suomea, perheen lapset puhuvat vain suomea.

Mike   Sinä puhut suomea sitten jo oikein hyvin!

Sarah   En tiedä, puhun jo melko hyvin, mutta ymmärrän enemmän kuin osaan puhua.

Mike   Minä myös. Opiskelin suomea Melbournessa pari kuukautta, mutta se ei ole tarpeeksi ja nyt minulla aina kiire töissä. Minulla ei ole paljon aikaa opiskella.

Sarah   Onko sinusta suomi helppoa?

Mike   Ei ole! Entä sinusta?

Sarah   No, en tiedä. Ei se helppoa ole, mutta haluan oppia, koska se on minusta kaunis kieli. Haluan lukea suomen kirjallisuutta yliopistossa.

---

kunnolla *properly*		**ulkomaalai/nen, -sen, -sta, -sia**	
suurlähetystö, -n, -ä, -jä *embassy*		*foreigner*	
diplomaatti, diplomaatin,		**tarpeeksi** *enough*	
diplomaattia, diplomaatteja			
diplomat			

Suomalaisia sananlaskuja Finnish proverbs

Ei oppi ojaan kaada.

Learning never did anyone any harm.

Oppia ikä kaikki.

You are never too old to learn.

14

MILLAINEN ILMA ULKONA ON?

What is the weather like outside?

In this unit you will

- find out about the seasons
- learn about the weather
- learn to read and understand weather forecasts
- learn more about expressions of time
- find out about the different regions of Finland
- visit a downhill skiing centre

— Säätiedotuksia (*weather forecasts*) —

Talvella In the winter

In Finland it is always important to know what the weather is going to be like. Talking about the weather is something of a pastime. Here are some typical weather forecasts for the different seasons. The first is from the middle of winter.

Säätiedotus 8. tammikuuta

Lumi – ja räntäsateita odotettavissa

Odotettavissa iltaan asti koko maassa: **Etelä-Suomessa:** enimmäkseen heikkoa tuulta, pilvistä ja aamulla jälleen lumi- tai rän-

täsadetta. Lämpötila sisämaassa vähän nollan alapuolella, saaristossa ja rannikolla nollan vaiheilla. **Keski-Suomessa:** enimmäkseen heikkoa tuulta, pilvistä ja paikoin lumisadetta. Lämpötila –5 asteen vaiheilla. **Pohjois-Suomessa:** heikkoa tuulta, pilvistä ja Länsi-Lapissa lumisadetta. Lämpötila enimmäkseen –5 ja –15 asteen välillä, Lapissa paikoin kylmempää.

talvi, talven, talvea, talvia *winter*	lumi/sade, -sateen, -sadetta,
sää, -n, -tä *weather*	-sateita *snowfall*
sää/tiedotus, -tiedotuksen,	räntäsade *sleet*
-tiedotusta, -tiedotuksia	lämpötila, -n, -a, -tiloja
weather forecast	*temperature*
odotettavissa iltaan asfi *expected*	nollan alapuolella *below zero*
in the evening	aste, -en, -tta, -ita *degree*
enimmäkseen *mainly, mostly*	saaristo, -n, -a *islands, archipelago*
heikko, heikon, heikkoa, heikkoja	rannikko, rannikon, rannikkoa,
weak, not strong	rannikkoja *coast*
tuuli, tuulen, tuulta, tuulia *wind*	nollan vaiheilla *around zero*
pilvi/nen, -sen, -stä, -siä *cloudy*	Paikoin. *Here and there, in places*
jälleen *again*	

Keväällä In the spring

This is a forecast for an April day. The weather is very variable at this time of the year. There are big differences in the weather between the southern coastal areas and Lapland.

Sääennuste tänään 24.huhtikuuta

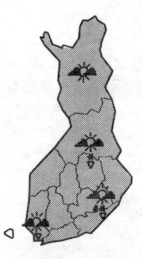

Vesi- tai lumikuuroja

Odotettavissa iltaan asti: **Etelä- ja Keski-Suomessa:** enimmäkseen heikkoa tuulta, rannikolla päivällä merituulta. Päivällä on pilvisempää ja Lounais-Suomessa, mahdollisesti myös muualla, sadekuuroja. Päivälämpötila sisämaassa +9...+12 astetta, rannikolla viileämpää. **Pohjois-Suomessa ja Lapissa:** heikkoa tuulta. Verrattain selkeää. Päivän ylin lämpötila +7...+9 astetta, tuntureilla on viileämpää.

Vaihtelevaa pilvisyyttä ja iltapäivällä räntäkuurot mahdollisia. Lämpötila lähes sama kuin perjantaina.

kevät, kevään, kevättä, keväitä *spring*	**päivälämpö/tila, -n, -a, -tiloja** *daytime temperature*
ennuste, -en, -tta, -ita *prediction, forecast*	**sisämaassa** *inland*
vesikuuro, -n, -a, -ja *rain showers*	**viileä, -n, -ä, viileitä** *cool*
lumikuuro, -n, -a, -ja *snow showers*	**verrattain** *comparatively*
	selkeä, -n, -ä, selkeitä *clear*
meri, meren, merta, meriä *sea*	**ylin** *the highest*
muualla *elsewhere*	**tunturi, -n, -a, tuntureita** *fell*

Kesällä In the summer

The summer in Finland can be very hot. There are plenty of daylignt hours. The sun does not set at all in the North for nearly three months. This is a forecast for a July day in the middle of a spell of hot weather.

Helle jatkuu koko maassa. *Hot weather continues in the whole country.*

Säätila tänään 26.heinäkuuta

Odotettavissa iltaan asti:

Ahvenanmaalla, Turun ja Porin, Uudenmaan, Kymen, Hämeen ja Mikkelin läänissä: Heikkoa tai kohtalaista etelänpuoleista tuulta. Vaihtelevaa pilvisyyttä ja enimmäkseen poutaa. Päivän ylin lämpötila +24...+27 astetta.

Vaasan, Keski-Suomen, Kuopion ja Pohjois-Karjalan läänissä:

Heikkoa tai kohtalaista etelän puoleista tuulta. Vaihtelevaa pilvisyyttä, ukkoskuurot mahdollisia. Päivän ylin lämpötila +22...+25 astetta.

Oulun ja Lapin läänissä: Kohtalaista länsituulta, vaihtelevaa pilvisyyttä. Päivän ylin lämpötila +21...+24 astetta tai hieman korkeampi.

Metsäpalovaroitus on edelleen voimassa Ahvenanmaan maakunnassa sekä Turun ja Porin, Uudenmaan, Kymen ja Hämeen läänissä.

Odotettavissa huomenna

Etelä- ja Keski-Suomessa enimmäkseen heikkoa tuulta, aamusumua, muuten selkeää ja helteistä.

Oulun ja Lapin läänissä lännenpuoleista tuulta, vaihtelevaa pilvisyyttä ja myöhemmin päivällä jokunen sadekuuro. Yön alin lämpötila +10 astetta, päivän ylin noin +21 astetta.

helle, helteen, hellettä, helteitä *hot weather, heat*	**mahdolli/nen, -sen, -sta, -sia** *possible*
Ahvenanmaa, -n, -ta *Åland Islands*	**hieman** *a little*
lääni, -n, -ä, läänejä *province*	**metsäpalo/varoitus, varoituksen,**
Uusimaa, Uudenmaan,	**-varoitusta, -varoituksia** *warning*
Uuttamaatta *province in the South*	*of possible forest fires*
kohtalai/nen, -sen, -sta, -sia *moderate*	**olla voimassa** *to be in force*
etelänpuolei/nen, -sen, -sta, -sia *southerly*	**edelleen** *further, still*
pilvisyy/s, -den, -ttä *cloudiness, cloud cover*	**maa/kunta, -kunnan, -kuntaa, -kuntia** *province*
pouta, poudan, poutaa *dry weather*	**aamusumu, -n, -a, -ja** *morning fog*
ukkoskuuro, -n, -a, -ja *thundery shower*	**heltei/nen, -sen, -stä, -siä** *hot*
	jokunen *some*
	alin *the lowest*

🏛 *Syksyllä* In the autumn

The autumn colours are magnificent. Winter comes early to the north of the country, much later to the south and the coastal areas. This is a forecast for a late September day.

Sateista.   *Rainy weather.*

Säätila tänään 26.syyskuuta

Odotettavissa iltaan asti:

Etelä-Suomessa: Heikkoa tai kohtalaista etelään kääntyvää tuulta. Aluksi pilvistä ja myöhemmin sadetta, joka voi olla ajoittain runsasta. Päivän ylin lämpötila vähän 10 asteen yläpuolella.

Keski-Suomessa: Heikkenevää lounaistuulta. Päivällä etelästä alkaen pilvistyvää ja illan suussa alueen eteläosassa sadetta. Päivän ylin lämpötila vähän yli 10 astetta.

Oulun läänissä: Heikkenevää lounaistuulta. Osaksi selkeää. Päivän ylin lämpötila lähellä 10 astetta.

Lapin läänissä: Heikkoa tai kohtalaista länteen kääntyvää tuulta. Etelästä alkaen vähitellen selkeämpää, mutta aluksi lähinnä Pohjois-Lapissa vähän sadetta. Päivälämpötila etelässä 7...10, pohjoisessa 5...7 astetta.

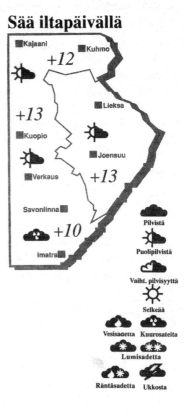

Sää iltapäivällä

Talviaamuna On a winter morning

Sunday morning in mid-winter. Tiina and Toni are assessing the weather with a view to going skiing.

Tiina Millainen ilma on ulkona?
Toni Sataa lunta.
Tiina Montako astetta on pakkasta?
Toni Odota, minä katson lämpömittarista...Pakkasta on kymmenen astetta. Ja tuulee.
Tiina Haluaisitko mennä hiihtämään?
Toni En tiedä, sataa niin kovasti lunta. Ehkä myöhemmin.
Tiina Hyvä on, odotetaan ja katsotaan, jos lumisade loppuu.

(*Later the same morning*).

Tiina Nyt ei sada enää lunta. Ja aurinkokin paistaa. Ulkona on nyt oikein hyvä hiihtoilma ja hyvä keli. Mitäs sanot, lähdetäänkö hiihtämään?
Toni No, lähdetään vaan. Kymmenen asteen pakkanen ei ole liian kova. Mutta täytyy kuitenkin panna lämpimästi päälle!

pakka/nen, -sen, -sta, -sia *frost*	**loppua, loppuu, loppui** *to end*
lämpömittari, -n, -a, -mittareita *thermometer*	**aurinko, auringon, aurinkoa** *sun*
tuulla, tuulee, tuuli *to be windy*	**paistaa, paistaa, paistoi** *to shine*
hiihtää, hiihdän, hiihtää, hiihti *to ski*	**hiihtoilma, -n, -a, -ilmoja** *skiing weather*
sataa lunta, satoi lunta *to snow, it snowed*	**keli, -n, -ä, kelejä** *snow conditions, road conditions*
lumi/sade, -sateen, -sadetta, -sateita *snow, snowfall*	**panna päälle** *to wear, to put on, to dress*
	lämpimästi *warmly*

Laskettelemassa Mustavaaralla

Steve Smith is back in Joensuu for a winter visit. He has never tried downhill skiing. His friend Helena is urging him to have a go. They decide to go to Mustavaara, a downhill ski centre just outside Joensuu. Steve needs to hire skiing equipment there.

Helena Oletko sinä koskaan lasketellut?
Steve En ole koskaan käynyt laskettelemassa.
Helena Nyt on sitten korkea aika yrittää. Viime yönä satoi vähän

lunta eivätkä rinteet ole jäisiä. Voisimme mennä
Mustavaaraan. Siellä on sopivia rinteitä vasta-alkajille.
Me voisimme molemmat nauttia siitä. Jos pelkäät, voit
aloittaa lasten rinteestä. Sitäpaitsi lastenrinne on
ilmainen. Jos et pidä laskettelusta, voit mennä tavalliselle
hiihtoladulle. Mustavaaralla on hyvät hiihtomaisemat.

Steve	Mutta minulla ei ole lasketteluvälineitä.
Helena	Se ei ole ongelma. Voit vuokrata ne paikanpäältä.
Steve	Kuinka pitkä matka on Mustavaaraan?
Helena	Vain 15 minuuttia Joensuusta autolla.
Steve	Hyvä on, mennään sitten!

(*A little later at the Mustavaara downhill ski centre, Steve is hiring
some skiing equipment. A young man, Nuori mies, helps him.*)

Steve	Hyvää huomenta. Haluaisin vuokrata lasketteluvälineet.
Nuori mies	Kyllä se käy. Minkä numeron jalka teillä on?
Steve	Minun kengänkoko on 42.
Nuori mies	Hetkinen...Tässä on kengät, olkaa hyvä.
Steve	Tarvitsen myös sukset ja sauvat.
Nuori mies	Tottakai, mutta pankaa ensin hiihtokengät jalkaan, niin katsotaan, ovatko ne sopivankokoiset.
Steve	No, nyt ne ovat jalassa. Ne tuntuvat oikein jäykiltä.
Nuori mies	Joo, ne ovat jäykemmät kuin tavalliset hiihtokengät, mutta ovatko ne sopivankokoiset?
Steve	Joo, kyllä ne ovat.
Nuori mies	Tässä ovat sukset ja sauvat. Haluatteko välineet puoleksi päiväksi vai koko päiväksi?
Steve	Luulen, että puoli päivää riittää. Minä en ole koskaan ennen lasketellut.
Nuori mies	Välineet tekevät yhteensä 100 markkaa ja hissikortti on 50 markkaa.
Steve	Voinko minä harjoitella lastenrinteessä?
Nuori mies	Tottakai, lastenrinne ja hissi ovat ilmaiset.
Steve	Otan hissikortin puoleksi päiväksi. Mikä rinteistä on helpoin?
Nuori mies	Kun menette hissillä ylös ja käännytte oikealle. Rinteen nimi on Pikku Nalle, se on loivempi kuin toiset. Se on melko pitkä, noin 700 metriä. Hissikortti on paras panna ranteeseen. Rinteessä on lippuauto-maatti, kortti täytyy työntää koneeseen ja sitten portti aukeaa.

Steve Kiitos paljon. Tuonko minä välineet takaisin tänne kun olen lopettanut?

Nuori mies Kyllä, olkaa hyvä ja toivottavasti viihdytte. Muuten, meillä on oikein mukava kahvila, jos haluatte levätä välillä ja juoda kahvia ja syödä hyviä munkkeja!

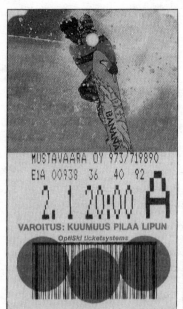

Neljä loistorinnettä 20 minuutin ajomatkan päässä Joensuusta. Lasketteluvälineet voit vuokrata paikanpäältä.

ongelma, -n, -a, ongelmia *problem*	**koko, koon, kokoa, kokoja** *size*
lasketella, laskettelen, laskettelee,	**kenkä, kengän, kenkää, kenkiä**
lasketteli *to go downhill skiing*	*shoe*
korkea, -n, -a, korkeita *high*	**sukset, suksien, suksia** *skis*
aika, ajan, aikaa, aikoja *time*	**sauvat, sauvojen, sauvoja** *ski*
yrittää, yritän, yrittää, yritti *to try*	*sticks*
jäi/nen, -sen, -stä, -siä *icy*	**panna jalkaan** *to put on (your feet)*
rinne, rinteen, rinnettä, rinteitä	**sopivankokoi/nen, -sen, -sta, -sia**
slope	*right size*
vasta-alkaja, -n, -a, -alkajia	**olla jalassa** *to be on your feet*
beginner	**jäykkä, jäykän, jäykkää, jäykkiä**
nauttia, nautin, nauttii, nautti	*stiff*
to enjoy	**hissi, -n, -ä, hissejä** *lift*
pelätä, pelkään, pelkää, pelkäsi	**harjoitella, harjoittelen,**
to be afraid, to fear	**harjoittelee, harjoitteli** *to practise*
sitäpaitsi *besides*	**loiva, -n, -a, loivia** *gentle (of a hill)*

ilmai/nen, -sen, -sta, -sia *free of charge*	**ranne, ranteen, rannetta, ranteita** *wrist*
laskettelu, -n, -a *downhill skiing*	**työntää, työnnän, työntää, työnsi** *to push*
hiihto/latu, -ladun, -latua, -latuja *cross-country ski track*	**kone, -en, -tta, koneita** *machine*
hiihto, hiihdon, hiihtoa, hiihtoja *cross-country skiing*	**portti, portin, porttia, portteja** *gate*
maisema, -n, -a, maisemia *landscape, terraine*	**aueta, aukeaa, aukesi** *to open up*
välineet, välineiden, välineitä *equipment*	**viihtyä, viihdyn, viihtyy, viihtyi** *to have a good time*
paikanpäältä *on location, on the spot*	**muuten** *by the way*
	levätä, lepään, lepää, lepäsi *to rest*
Minkä numeron jalka? *What size feet?*	**munkki, munkin, munkkia, munkkeja** *doughnut*

Hyvä tietää

---

1 *Suomen ilmasto* Finnish climate

Finland is, after Iceland, the most northern country in the world. About one third of its total length lies north of **napapiiri** *the Arctic Circle*. But thanks to the Gulf Stream, Finland is much warmer than other countries at the same latitude. Finnish summers are warm and winters are cold.

In the summer the sun shines through the night in Northern Finland for 73 days of the year. **Keskiyönaurinko** *midnight sun* gives up to 19 hours of daylight in the south of the country. **Kaamos** is the unending Arctic darkness, which in the North of the country lasts 51 days around Christmas. **Revontulet** *the Aurora Borealis* can be seen most winters.

Lapland is snow-covered up to seven months of the year, the south of the country about five months. The winter temperatures can fall as low as –40 degrees and the summer temperatures can be as high as 30 degrees. The autumn comes early to Lapland, bringing with it the magnificent colours of **ruska**, *a popular time to go trekking in Lapland*.

Sademäärä *rainfall* is about 700 mm in the South and about 400 mm in Lapland.

2 *Läänit* The administrative areas of Finland

As you have seen from the weather forecasts at the beginning of this unit, Finland is divided into 12 **lääni** *administrative regions*.

Uudenmaan lääni has Helsinki as its capital. Turku is the capital of **Turun ja Porin lääni**, Hämeenlinna of **Hämeen lääni**, Vaasa is the largest town and the capital of **Vaasan lääni**. The university town Jyväskylä is the capital of **Keski-Suomen lääni**. **Kuopion, Oulun ja Mikkelin läänit** have all been named after their capitals. Joensuu is the most important town in **Pohjois-Karjalan lääni** and its capital. **Kymen lääni** has several large industrial towns, but its capital is Kouvola, which is an important railway junction. By far the largest of the regions is **Lapin lääni**, with its capital in Rovaniemi. **Ahvenanmaa** is the smallest. It is an autonomous province with special rights. It is a demilitarised zone. **Ahvenanmaa** is Swedish speaking.

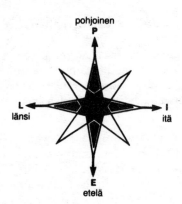

3 *Ilmansuunnat* The points of the compass

All these words are very old Finnish words and some of the declensions are a little difficult:

pohjoinen *north*: pohjoisen, pohjoista; **pohjoisessa** *in the north*

in compound words:

Pohjois-Suomi	*Northern Finland*
Pohjois-Amerikka	*North America*
Pohjoismaat	*the Nordic countries*

etelä   *south*: etelän, etelää; **etelässä** *in the south* –

Etelä-Suomi	*Southern Finland*
Etelä-Eurooppa	*Southern Europe*
Etelä-Afrikka	*South Africa*

itä   *east*: idän, itää; **idässä** *in the east* –

Itä-Suomi	*Eastern Finland*
Itä-Afrikka	*Eastern Africa*
Lähi-Itä	*Middle East*

länsi   *west*: lännen, länttä; **lännessä** *in the west*, **länteen** *to the west* –

Länsi-Suomi	*Western Finland*
Länsirannikko	*the West coast*
Länsi-Eurooppa	*Western Europe*

koillinen   *north east*: koillisen, koillista; **koillisessa** *in the north west* –

Koillis-Suomi	*North East Finland*
koillistuuli	*north-easterly wind*
Koillis-Lappi	*North East Lapland*

kaakko   *south east*: kaakon, kaakkoa; **kaakossa** *in the south east;* **kaakkois** (– in compound words) –

Kaakkois-Suomi	*South Eastern Finland*
Kaakkois-Aasia	*South East Asia*
kaakkoistuuli	*south-easterly wind*

lounas   *south west*: lounaan, lounasta; **lounaassa** *in the south west,* **lounaaseen** *to the south west;* **lounais** – (in compound words)

Lounais-Suomi	*Southwest Finland*
Lounais-Afrikka	*Southwest Africa*
lounaistuuli	*southwest wind*

luode   *north west*: luoteen, luodetta; **luoteessa** *in the north west,* **luoteeseen** *to the north west;* **luoteis** (– in compound words) –

Luoteis-Lappi	*northwest Lapland*
luoteistuuli	*northwest wind*

4 *Huomenna on pilvistä* It will be cloudy tomorrow

The partitive is used when describing weather in sentences where the adjective is a compliment to the verb **olla** *to be*. There is no word *it* in this type of sentence in Finnish, just the verb to be in the third person singular: **on** or **oli, on ollut**, etc.

On tuulista.	*It is windy.*
Eilen oli aurinkoista.	*It was sunny yesterday.*
Viime viikolla oli sateista.	*It was rainy last week.*
Tänä aamuna oli sumuista.	*It was foggy this morning.*

Notice words describing temperature are usually in the nominative:

On kylmä.	*It is cold.*
On lämmin.	*It is warm.*
On kuuma.	*It is hot.*

5 *Tuulee ja sataa* It is windy and it is raining

Notice the verbs **tuulla** *to be windy, to blow* (of wind) and the verb **sataa** *to rain*, **sataa lunta** *to snow* and other verbs with similar meanings do not have a separate subject:

Tuulee.	*It is windy.*
	(Lit. *the wind is blowing.*)
Sataa.	*It is raining.*
Sataa lunta.	*It is snowing.*
Sataa räntää.	*It is coming down with sleet.*
Sataa rakeita.	*There is a hail storm.*
Pyryttää.	*There is a snow storm.*

6 *Sääkartan merkit* Weather symbols

(*a*) aurinkoista
(*b*) pilvistä
(*c*) puolipilvistä
(*d*) ukkosta
(*e*) sumua
(*f*) lumisadetta

(*g*) räntäsadetta
(*h*) vesisadetta
(*i*) sadekuuroja
(*j*) ilmavirran suunta
(*k*) kelivaroitus
(*l*) huomautus veneilijöille

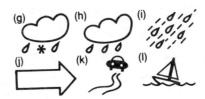

7 *Parhaimmillaan* At its best

This construction is made with the plural adessive of the superlative with a possessive suffix:

paras *the best*: parhaimman, parhaimmilla, parhaimmillaan
at its / their best –

Kesä on nyt kauneimmillaan. | *The summer is at its most beautiful.*
Mansikat ovat halvimmillaan. | *The strawberries are at their cheapest.*
Järvet ovat lämpimimmillään. | *The lakes are at their warmest.*

8 *Alapuolella — yläpuolella* Below — above

Alapuolella *below, underneath* and **yläpuolella** *above* are postpositions. They are used with the genitive case.

Lämpötila on nollan yläpuolella. | *The temperature is above zero.*
Lämpötila on vähän nollan alapuolella. | *The temperature is just below zero.*
He asuvat meidän alapuolella. | *They live below us.*
Hän asuu meidän yläpuolella. | *He lives above us.*
Punnan arvo on vähän seitsemän markan yläpuolella. | *The value of the pound is a little above seven marks.*

9 *Pilvetön taivas* A cloudless sky

Some adjectives have their opposites expressed with the suffix **-ton/ -tön**:

pilvinen *cloudy*: **pilvetön** *cloudless* (suffix is added to the inflectional stem): pilvi *a cloud*, pilve/n → pilvetön.

luminen *snowy*: **lumeton** *snowless* (lumi, lume/n)

There are many of these adjectives. Notice their conjugation:

pilve**tön**, pilve**ttömän**, pilve**töntä**; pilve**ttömiä**

Aurinko paistoi pilvettömältä taivaaalta.	*The sun was shining from a cloudless sky.*
Tiet olivat lumettomia.	*The roads were free of snow.*

10 *Keväällä* In the spring

Notice the addessive ending **-lla/-llä** is used with the seasons to express *in*:

keväällä	*in the spring*
kesällä	*in the summer*
syksyllä	*in the autumn*
talvella	*in the winter*

If you use the words **ensi** *next*, **viime** *last*, **tänä** *this*, then the words go into the essive case;

ensi keväänä	*next spring*	viime keväänä	*last spring*
ensi kesänä	*next summer*	viime kesänä	*last summer*
ensi syksynä	*next autumn*	viime syksynä	*last autumn*
ensi talvena	*next winter*	viime talvena	*last winter*

tänä keväänä	*this spring*
tänä kesänä	*this summer*
tänä syksynä	*this autumn*
tänä talvena	*this winter*

Notice with the dates:

Kesällä 1992	*in the summer of 1992*
Talvella 1939	*in the winter of 1939*
Keväällä 1995	*in the spring of 1995*
Syksyllä 1993	*in the autumn of 1993*

keskitalvella	*in mid-winter*
keskikesällä	*in the middle of the summer*
talven alussa	*in the beginning of the winter*
kesän lopussa	*at the end of the summer*

11 *Paljon lunta* Lots of snow

Notice the conjugation of the word **lumi** *snow*: **lumi, lumen, lunta; lumia**

Yöllä satoi melkein 10 senttiä lunta.	*It snowed nearly 10cm in the night.*
Lapset leikkivät lumessa.	*The children are playing in the snow.*
Lumi on jäistä.	*The snow is icy.*

12 *Odotettavissa sadetta* Rain is expected

Notice the conjugation of the words **sade** *rain*: **sade, sateen, sadetta; sateita**

Älä seiso sateessa.	*Don't stand in the rain.*
Sateen jälkeen on oikein raikasta.	*It is very fresh after rain.*
Elokuussa oli paljon sateita.	*There was a lot of rain in August.*
Istuin terassilla ja katselin sadetta.	*I sat on the terrace and watched the rain.*

Harjoitellaan!

1 You have just woken up and you have not looked outside yet.

(a) Ask what the weather is like.

(b) You are told: **Sataa lunta ja on kymmenen astetta pakkasta**. What is the weather like?

(c) What is the Finnish name of the season in (b)

2 If you are told: **Aurinko paistaa, taivas on pilvetön ja on oikein lämmin.**

(a) What is the weather like?

(b) What is the name of the season in Finnish in (a)?

3 How would you ask what the weather is going to be like at the weekend?

4 You want to know what the weather is going to be like at the weekend. You are told: **Viikonloppuna on odotettavissa sadekuuroja. Lämpötila on vähän nollan yläpuolella**. What is it going to be like?

5 How would you ask in Finnish:

    (*a*) Is it raining?
    (*b*) Is it snowing?
    (*c*) Is the sun shining?
    (*d*) Is it cold?
    (*e*) Is it warm?
    (*f*) Is it windy?
    (*g*) Is there any fog?
    (*h*) Is it cloudy?
    (*i*) How cold is it?
    (*j*) Is it hot?

6 Here are the answers to the questions above. Answer the questions in Finnish.

    (*a*) It is raining.
    (*b*) No, it is not snowing
    (*c*) Yes it is.
    (*d*) It is quite cold.
    (*e*) Yes it is, it is very warm.
    (*f*) It is very windy.
    (*g*) There is no fog.
    (*h*) It is cloudy.
    (*i*) It is –2 degrees.
    (*j*) It is very hot, a real heatwave.

7 You are downhill skiing. Here are some of the things you will need. What is what?

(*a*)	sukset	(i)	ski sticks
(*b*)	hissikortti	(ii)	hat
(*c*)	hiihtokengät	(iii)	lift pass
(*d*)	sauvat	(iv)	skis
(*e*)	hattu	(v)	skiboots

8 What is **säätiedotus**?

9 Here are some phrases and words connected with weather. Select the ones most suitable to describe typical winter weather.

helle, aurinko, lumi, vesisade, pakkanen, kylmä, lämmin, räntä, ukkoskuuro, hyvä hiihtokeli

10 You are talking on the telephone to a friend in Finland. You ask what the weather is like. You get this description: listen to it on the cassette if you have one.

Tuulee kovasti ja sataa räntää. Lämpötila on noin +1 astetta. Maassa on vähän lunta, mutta ei ole vielä hyvä hiihtokeli.

(a) Is it snowing?
(b) Is it calm?
(c) Is there a lot of snow on the ground?
(d) Are the conditions good for skiing?

11 When you listen to weather forecasts or read the weather reports in the newspapers, you find Finland divided into regions. What is the Finnish name for these administrative areas? There are twelve of them.

12 What are the names of the four seasons in Finnish?

13 You are downhill skiing. You need to hire the equipment. Complete this dialogue.

Nuori mies	Hyvää päivää. Kuinka voin auttaa?
Sinä	(*Say you would like to hire equipment for skiing.*)
Nuori mies	Minkä numeron kenkä teillä on?
Sinä	(*Say you are size 39.*)
Nuori mies	Ovatko nämä hiihtokengät sopivat?
Sinä	(*Say they are fine.*)
Nuori mies	Haluatteko vuokrata välineet koko päiväksi?
Sinä	(*Say you would like them just for half a day.*)
Nuori mies	Hyvä on.
Sinä	(*Say you would like a lift pass.*)
Nuori mies	Olkaa hyvä.

14 Answer the following:

(a) If the wind is described as **pohjoistuuli**, where is it blowing from?
(b) If the temperature is **nollan yläpuolella**, is it above or below zero?
(c) If the temperature is described as **nollassa,** what is the reading on the thermometer?
(d) What time of year are you most likely to hear **ukkonen**?

—————— **Vähän lisää** ——————

Kesäaamuna On a summer morning

This conversation takes place at the summerhouse one beautiful summer Sunday. The hot weather has been going on for days.

Tyyne Aijai, mikä ihana aamu!

Kerttu Ihan pilvetön taivas. Ja on melkein 20 astetta lämmintä, vaikka kello on vasta kahdeksan aamulla. Tulee varmasti kuuma päivä.

Tyyne Tämä on suomalaista kesää parhaimmillaan.

Kerttu Niin on, en käsitä miksi niin monet suomalaiset matkustavat ulkomaille, kun kesä täällä Suomessa on kauneimmillaan. On eri asia, jos haluaa matkustaa aurinkoon talvilomalla tai marraskuussa, mutta keskellä kesää!

Tyyne Nytkään ei tuule yhtään. Järvi on aivan tyyni. Aurinko paistaa. Tulee varmasti helle.

Kerttu Vesi on myös lämmintä, koska on ollut monta päivää hellettä.

Tyyne Nyt mennään uimaan!

Kerttu Hyvä on, mennään vaan.

---

jossain *somewhere*	**kauneimmillaan** *at its most*
aijai *oh*	*beautiful*
ihana -n, -a, ihania *wonderful*	**eri asia** *different matter*
pilvetön, pilvettomän, pilvetöntä,	**keskellä kesää** *in the middle*
pilvettömiä *cloudless*	*of summer*
kuuma, -n, -a, kuumia *hot*	**tyyni, tyynen, tyyntä, tyyniä** *calm*
parhaimmillaan *at its best*	
käsittää, käsitän, käsittää, käsitti	
to understand, to comprehend	

15

HIRVIVAARA!

Beware of elks on the road!

In this unit you will learn

- to hire a car
- about driving in Finland
- about roads and road signs

Dialogeja

Haluaisin vuokrata auton I would like to hire a car

Steve Smith has arrived at the Helsinki-Vantaa airport. He needs a car for the duration of his visit. He goes to a car rental firm to find out what to do.

Steve	Hyvää päivää.
Virkailija	Hyvää päivää. Kuinka voin auttaa?
Steve	Haluaisin vuokrata auton.
Virkailija	Milloin haluaisitte sen?
Steve	Haluaisin auton nyt heti, jos se on vain mahdollista.
Virkailija	Kuinka pitkäksi aikaa?
Steve	Haluaisin auton viikoksi.

Avis-palveluhinnasto

Autoryhmät		Esimerkit autotyypeistä	Normaalihinnat Aika- ja km-veloitus		Viikko ilman km-rajaa	CDW Omavastuun poisto	PAI yksityistapa-turmavakuutus
		Henkilöautot	mk/vrk	mk/km		mk/vrk	mk/vrk
SMALL	A	Opel Corsa / Ford Fiesta	165,-	1,82	2.450,-	55,-	15,-
	B	Mitsubishi Colt / Ford Escort	188,-	1,99	2.660,-	55,-	15,-
MEDIUM	C	Mitsubishi Lancer / Opel Kadett Sedan	208,-	2,22	2.940,-	65,-	15,-
	D	Mitsubishi Lancer STW 4 WD / Opel Vectra, Ford Sierra	248,-	2,78	3.850,-	65,-	15,-
LARGE	E	Mitsubishi Galant / Saab 900	298,-	2,98	4.060,-	65,-	15,-
	F	Rover 820 Si / Volvo 740	378,-	3,98	5.530,-	70,-	15,-
SPECIAL	G	Mitsubishi Pajero Wagon 4 WD Turbodiesel 7 henk./pax.	350,-	3,85	5.250,-	70,-	15,-
BUS	J	Mitsubishi L-300 Minibus VW Syncro 4 WD 9 henk./pax.	350,-	3,85	5.250,-	70,-	15,-
AUTO-MATIC	M	Mitsubishi Lancer Automatic	248,-	2,78	3.980,-	70,-	15,-
	N	Mitsubishi Galant Automatic	340,-	3,70	4.995,-	70,-	15,-
LUXUS	H	Mercedes Benz 230 E(A) Saab 9000 CD i A	495,-	5,85	N/A	85,-	15,-

Tavara-autot *) Tavara-autojen omavastuu aina väh. 500,- **) Sisältyy poikkeuksellisesti 300 km/vrk Autopuhelin 80,-/vrk + puhelut Hinnat sisältävät liikevaihtoveron

VAN	K	Mitsubishi L-300 Van Kevyt pakettiauto (n. 6 m³)	185,-	2,00	2.800,-	65,-*)	15,-
	L	Mitsubishi Canter Raskas pakettiauto	250,-	2,80	4.000,**)	65,-*)	15,-
TRUCK	O	Mitsubishi Fuso Kuorma-auto	400,-	4,20	7.000,**)	70,-*)	15,-

Virkailija Millaisen auton te haluaisitte?

Steve Haluaisin mahdollisimman edullisen pienen auton.

Virkailija Hetkinen, katsotaan mitä meillä on tällä het
kellä...Meillä on Opel Corsa tai Ford Fiesta.
Kummankin hinta on 165 markkaa vuorokaudelta ja
kilometrimaksu on 1,82 markkaa. Niin ja sitten meillä
on Mitsubishi Colt tai Ford Escort, jotka ovat vähän
kalliimpia: 188 markkaa vuorokausi ja niiden kilo-
metrimaksu on 1,99 markkaa.

Steve Mitä maksaa yksi viikko?

Virkailija Viikko halvimmassa hintaluokassa on 2450 markkaa
ilman kilometrirajaa.

Steve Minä tarvitsen auton viikoksi, joten se sopisi oikein
hyvin. Entä vakuutus?

Virkailija Autot ovat täysin vakuutettuja palon, murron ja var-
kauden varalta. Vuokraajan oma vastuu liikennevahin-
goissa on korkeintaan 5000 markkaa. Mutta jos haluatte

	poistaa omavastuun on lisämaksu 55 markkaa vuorokaudelta.
Steve	Hyvä on. Otan Ford Fiestan. Maksan lisämaksun. Onko mahdollista vuokrata myös autopuhelin? Olen nimittäin liikematkalla ja tarvitsen puhelinta.
Virkailija	Kyllä se on mahdollista. Autopuhelin maksaa 80 markkaa vuorokausi ja tietysti puhelut erikseen.
Steve	Mikä on ennakkomaksu?
Virkailija	Ennakkomaksu on arvioitu vuokra.
Steve	Ja vielä yksi kysymys. Voinko jättää auton Joensuuhun?
Virkailija	Kyllä voitte, mutta sitten teidän täytyy maksaa lisämaksu 280 markkaa.
Steve	Haluaisin siis auton ja autopuhelimen viikoksi. Ja jätän sen sitten Joensuun lentoasemalle, jos se sopii?
Virkailija	Kyllä se sopii. Teidän täytyy täyttää tämä kaavake, olkaa hyvä.
Steve	Voinko maksaa Visa-kortilla?
Virkailija	Totta kai!

vuokrata, vuokraan, vuokraa, vuokrasi *to rent*
Kuinka pitkäksi aikaa? *For how long?*
mahdollisimman edullinen *the cheapest possible*
kumpikin, kummankin, kumpaakin *each, both*
maksu, -n, -a, -ja *fee, payment*
kalliimpi, kalliimman, kalliimpaa, kalliimpia *more expensive*
halvin, halvimman, halvinta, halvimpia *the cheapest*
hinta/luokka, -luokan, -luokkaa, -luokkia *price category*
raja, -n, -a, rajoja *limit, border*
joten *so, thus, and consequently*
vakuutus, vakuutuksen, vakuutusta, vakuutuksia *insurance*
täysin *fully, comprehensively*
vakuutettu, vakuutetun, vakuutettua, vakuutettuja *insured*

palon, murron ja varkauden varalta *in case of fire, break-in and theft*
vuokraaja, -n, -a, vuokraajia *tenant, leaseholder, lessee*
oma, -n, -a, omia *own*
vastuu, -n, -ta *responsibility, liability*
liikenne/vahinko, -vahingon, -vahinkoa, vahinkoja *damage caused by a road accident*
korkeintaan *at most*
lisämaksu, -n, -a, -ja *additional/extra fee*
nimittäin *as it happens*
ennakkomaksu *advance fee, deposit*
arvioitu, arvioidun, arvioitua, arvioituja *estimated*
kaavake, kaavakkeen, kaavaketta, kaavakkeita *form*

Anteeksi, voisitteko neuvoa tien... Excuse me, could you tell me the way...

Steve is approaching a town, but he is rather low on petrol. He asks a passer-by where the nearest petrol station is.

Steve   Anteeksi, voisitteko neuvoa minulle tien lähimmälle huoltoasemalle?

Ohikulkija   Hetkinen, jatkakaa tästä seuraaviin liikennevaloihin. Kääntykää liikennevaloissa oikealle. Huoltoasema on sitten heti oikealla.

Steve   Siis suoraan liikennevaloihin ja valoissa vasemmalle?

Ohikulkija   Ei, vaan valoissa oikealle.

Steve   Ai, anteeksi. Ymmärsin väärin. Siis valoissa oikealle?

Ohikulkija   Aivan niin.

Steve   Kiitos neuvosta.

Ohikulkija   Ei kestä.

---

neuvoa, neuvon, neuvoo, neuvoi *to advise, to tell*	**seuraava, -n, -a, seuraavia** *next, following*
lähin, lähimmän, lähimpää, lähimpiä *the nearest*	**liikenne/valot, -valojen, -valoja** *traffic lights*
huoltoasema, -n, -a, -asemia *petrol station*	**Ymmärsin väärin.** *I misunderstood.*
	neuvo, -n, -a, -ja *advice*

Steve needs to do a little shopping. He stops the car and asks a passer-by the way to the nearest supermarket.

Steve   Anteeksi, voisitteko neuvoa minulle tien lähimpään supermarkettiin?

Ohikulkija   Jaa-a, hetkinen. Lähin supermarket on noin kolmen kilometrin päässä. Ajakaa ensin tuohon suuntaan, kunnes tulee liikenneympyrä. Ja sitten liikenneympyrästä keskustan suuntaan. Sitten noin kilometri suoraan eteenpäin. Jatkakaa sillan yli. Kun olette ylittänyt joen, tulee risteys, jossa teidän täytyy kääntyä vasemmalle. Supermarket näkyy risteykseen. Supermarketin luona on iso pysäköintialue.

Steve   Hetkinen... Ensin tästä suoraan eteenpäin. Sitten on liikenneympyrä ja siinä vasemmalle?

Ohikulkija Ei, vaan oikealle, keskustaan päin ja sitten vielä noin kilometri. Ja sitten tulee silta ja sillan jälkeen tulee risteys. Luuletteko, että te löydättekö sen nyt?
Steve Kyllä luulen niin. Kiitoksia vaan.

kolmen kilometrin päässä *at a distance of 3 km*	**silta, sillan, siltaa, siltoja** *bridge*
suunta, suunnan, suuntaa, suuntia *direction*	**risteys, risteyksen, risteystä, risteyksiä** *crossroads*
kunnes *until*	**pysäköintialue, -en, -tta, -ita** *parking area*
liikenneympyrä, -n, -ä, -ympyröitä *roundabout*	

Autossa on jotakin vikaa There is something wrong with the car

Steve's friend Helena is trying to start her car. There seems to be something wrong with it. Steve offers to have a look.

Steve Mikä hätänä?
Helena Autossa on jotakin vikaa. Se ei lähde käyntiin.
Steve Oletko tarkistanut, että autossa on bensaa?
Helena Totta kai olen. En ymmärrä mitä vikaa siinä voi olla. Eilen illalla se toimi vielä normaalisti.

Steve   Anna minä katson. Avaa konepelti...Hei, täällä on joku johto irti. Odota vähän, minä panen sen paikoilleen. No niin, yritäpä nyt panna auto käyntiin.

Helena   Kuulostaa lupaavammalta...Hei, se lähti käyntiin. Kiitos! Olen iloinen. ettei se ole rikki, minulla ei ole varaa korjauttaa autoa tällä hetkellä. Mutta kun saan tilin, vien auton heti huoltoon.

Mikä hätänä? *What's up?*
Autossa on jotakin vikaa. *There is something wrong with the car.*
vika, vian, vikaa, vikoja *fault*
lähteä käyntiin *to start*
tarkistaa, tarkistan, tarkistaa, tarkisti *to check*
kone/pelti, -pellin, -peltiä *bonnet, hood*
johto, -n, -a, -ja *lead*
irti *loose*

panna paikoilleen *to put back in its place*
lupaavampi, lupaavamman, lupaavampaa, lupaavampia *more promising*
rikki *broken*
korjauttaa, korjautan, korjauttaa, korjautti *to have mended*
saada tili *to be paid, to get wages*
viedä huoltoon *to take to be serviced*

Hyvä tietää

1 *Erilaiset tietyypit*   Different types of roads

Main roads in Finland are categorised as **valtatie** or **päätie** (main road). **Sivutie, pikkutie** or **kylätie** are all words for different types of *minor roads*. There are also **moottoritie** *motorways* in the South of the country. The *motorway system* which connects parts of Helsinki together and links the main roads out of Helsinki is called **kehätie. Ohitustie** is a *by-pass*. **Yksisuuntainen liikenne** is *one-way traffic*.

There are still a number of **soratie** *gravel roads* in Finland. They are probably the main reason for the large number of world class rally drivers that Finland has produced! Don't practise your rally driving skills on ordinary roads, the **liikkuvapoliisi** *Finnish traffic police* are very vigilant.

Notice also that you have to use **ajovalot** *headlights* all the time, when driving outside built up areas.

Talviajo *winter driving* is a different story altogether. Special tyres **talvirenkaat** are needed during the winter months.

2 *Huoltoasemalla* At the petrol station

Most service stations are **itsepalvelu** *self service*. Almost all have **seteliautomaatti** *automatic pumps*, which are operated with 50 or 100 mark notes. There are also pumps which work with a credit card, they are called **korttiautomaatti**. These facilities mean you can **tankata** *fill up* at any time. If you come across a service station which is not self-operated and you want to have your tank filled, you can say: **tankki täyteen, kiitos** (*Fill up the tank, please*). It is worth remembering that distances are very long in Finland, particularly in Eastern and Northern Finland and Lapland therefore it is worth checking, where the next **huoltoasema** a *petrol station* is, so that you don't get stranded.

Polttoaine is *fuel* or *petrol*. In every day language **bensa** or **bensiini**. **Lyijytön bensiini** is *lead-free petrol*. **Öljy** is *oil* and **öljynvaihto** is a *change of oil*. **Voitelu** is *lubrication*. **Rengaspaineen tarkastus** is a *tyre-pressure check*. **Akku** is a *battery* and **sytytystulppa** is a *spark plug*. **Jarrujen säätö** is a *brake adjustment*. If you need repairs to your car, you need to find **autokorjaamo** a *car repair shop*, they are often part of a petrol station.

Turvavyöt *seat belts* are compulsory in Finland both in the front and the back seats.

Rattijuoppous *driving under the influence of alcohol* is a punishable offence in Finland. The police may order anyone to take a breath test. The limit for punishment is 0.5 per mil.

JOS OTAT, ET AJA, JOS AJAT ET OTA.
If you drink, don't drive, if you drive, don't drink.

Etuajo-oikeus oikealta *priority from the right* is in force, unless otherwise indicated. Remember **pyöräilijät** *cyclists* are equal to motorists on the roads.

Nopeusrajoitus *speed limit* on the main roads varies from 60km/h to 100km/h. On the motorway the limit is 120km/h. If there is no sign indicating otherwise, the limit is 80km/h. In densely populated areas the speed limit is 50km/h or less, when indicated.

3 *Hirvivaara tai porovaara* Beware of elks or reindeer

These signs warn of possible hazard of these animals crossing the road. The worst times are dawn and dusk. In the most populated areas there are **hirviaita** *elk fences* to stop the animals from crossing the road where the traffic is busy.

Remember if there is an accident **hätänumero** *the emergency number* is 112.

You can find out more about motoring in Finland from the motoring organisations in your country or the Finnish Embassy.

4 *Liikennemerkit* Traffic signs

Here are some traffic signs you might not have encountered elsewhere in the world.

taajama *(residential street)*   pihakatu *(urban area)*

5 *Tienviittoja ja neuvontatauluja* Roadsigns and information

Here are some typical signs you might need to be able to read and understand when driving in Finland.

In Helsinki

Kehä III itään   *Ring road III to the East*
Kehä III länteen   *Ring road III to the West*

Aja hitaasti.   *Drive slowly.*
Kokeile jarruja.   *Test the brakes*
(*approaching **lossi** a ferry*).
Kelirikko.   *Frost damage.*
Paannejää.   *Ice on road.*
Ajo sallittu omalla vastuulla.
  Drive at own risk.
Kaiteet puuttuvat.   *No guard rails.*

Päällystevaurioita.   *Damaged road surface.*
Sateella liukas.   *Slippery in rain.*
Valmistaudu pysähtymään.
  Prepare to stop.
Ajoittain sumua.   *Occasional fog.*
Kiertotie.   *Detour.*
Tietyö.   *Road works.*
Yksityistie.   *Private road.*

Vähän kielioppia

About the object

The accusative object is in the nominative or genitive case in the singular and the nominative plural in the plural.

Only personal pronouns have a special accusative ending **-t**:

minut, sinut, hänet, meidät, teidät, heidät, kenet?   *whom?*

Kenet sinä näit?   *Whom did you see?*
Minä näin **sinut**.   *I saw you.*

The accusative object expresses resultative action.

Here are some examples from this unit:

Haluaisin vuokrata **auton**.   *I would like to rent a car.*
Voinko jättää **auton**...?   *Can I leave the car...?*
Minä tarvitsen **auton**.   *I need a car.*

Notice the object is always in the partitive in a negative sentence:

En halua vuokrata **autoa**.   *I don't want to hire a car.*
En jätä **autoa** Helsinkiin.   *I will not leave the car in Helsinki.*
En tarvitse **autoa**.   *I don't need a car.*

The accusative object is in the nominative with:

(a) some verbs of obligation;

Teidän täytyy täyttää **tämä kaavake**.	*You must fill in this form.*
Sinun pitää korjata **auto** itse.	*You must mend the car yourself.*

(b) the imperative in the second person singular and plural;

Pysäytä **auto**!	*Stop the car!* (singular)
Pysäyttäkää **auto**!	*Stop the car!* (plural)
Osta **kartta**!	*Buy a map!* (singular)
Ostakaa **kartta**!	*Buy a map!* (plural)

(c) passive verbs;

Ostetaan **kartta**!	*Let's buy a map!*

The partitive is the more common object case. So first consider, whether the object should be in the partitive, if it does not seem appropriate, only then use the accusative.

Remember also that many verbs always take a partitive object. All verbs that express incomplete action or continuous or habitual action, for example **etsiä** *to search*, **odottaa** *to wait for*, take a partitive object. Also verbs which express emotion have a partitive object: such as **rakastaa** *to love*, **vihata** *to hate*, **pelätä** *to fear*.

Minä etsin autotallin avainta.	*I am looking for the garage key.*
Minä odotan taksia.	*I am waiting for a taxi.*
Minä rakastan suomalaisia metsiä.	*I love Finnish forests.*
Minä vihaan bensan hajua.	*I hate the smell of petrol.*
Minä pelkään lentämistä.	*I am afraid of flying.*

Remember also that food and drinks are in the partitive, unless you are talking about a whole unit or an object:

Syön leipää.	*I eat (some) bread.*

But:

Lapset söivät leivän.	*The children ate the loaf. (whole of it)*
Join olutta.	*I drank beer.*

But:

Join oluen.	*I had a beer. (drank it up)*
Söin omenan.	*I ate an apple.*

The plural illative

The illative case is the case which answers the question **mihin?** *where to?* In the singular its ending is a long vowel plus **n: taloon**, **kaupunkiin**. The ending for short words which end in two vowels: **maa, työ** the ending is **h** plus the vowel plus **n: maahan, työhön**.

There is also a third ending **-seen**, which is used with some longer words which end in two vowels: **Lontooseen, Porvooseen, Espooseen**. It is also the ending for words which have a stem which ends in two vowels: kauniin → kauniiseen, huoneen → huoneeseen.

The plural marker **-i** means that many words have a stem in plural which ends in two vowels.

(a) Notice that the plural illative has **-h** plus **in** after some stems that end in two vowels:

liikennevaloi**hin**	*up to the traffic lights*
näi**hin** liikennevaloihin	*to these traffic lights*
noi**hin** liikennevaloihin	*to those traffic lights*
nii**hin** liikennevaloihin	*to those, to the traffic lights*
kaupunkei**hin**	*to towns*
sairaaloi**hin**	*to hospitals*
pankkei**hin**	*to banks*

(b) When the singular illative is **-seen** the plural is **-siin**:

kaavakkee**seen** – kaavakkei**siin**	*into the form, forms*
osoittee**seen** – osoittei**siin**	*to the address, addresses*
huonee**seen** – huonei**siin**	*into the room, rooms*

Otherwise the normal rules of the plural vowel changes as in the other plural cases:

lehteen – lehtiin	*into the paper, papers*
Kirjoitan lehteen.	*I am writing to a paper.*
Kirjoitan lehtiin.	*I write to papers.*
suomalaiseen – suomalaisiin	*to / into Finn – Finns*
Tutustuin suomalaiseen.	*I got to know a Finn.*
Tutustuin suomalaisiin.	*I got to know some Finns.*

Palon varalta In case of fire

Varalta is a postposition and it is preceded by the genitive case. It means *in case of.*

Otan sen sateen varalta.	*I'll take it in case of rain.*
Vakuutimme auton murron ja varkauden varalta.	*We insured the car in case of break-in and theft.*

The pronoun **kumpikin** *each one of two, both (of two).* This pronoun means *each one of two.* Here is the conjugation:

nominative:	kumpikin	**adessive:**	kummallakin
genitive:	kummankin	**ablative:**	kummaltakin
partitive:	kumpaakin	**allative:**	kummallekin
inessive:	kummassakin	**essive:**	kumpanakin
elative:	kummastakin	**translative:**	kummaksikin
illative:	kumpaankin		

Kumpikin oli siellä.	*Both were there.*
Kummankin nimi on Laura.	*They are both called Laura.*
Pyysin kumpaakin tulemaan.	*I asked them both to come.*
Kummassakin autossa oli sama vika.	*Each of the two cars had the same fault.*
Soitin kumpaankin numeroon.	*I rang both the numbers.*
Tapasimme kumpanakin päivänä.	*We met on both days.*

The plural of this pronoun is used with words that are always in the plural:

Olin kummissakin häissä.	*I was at both the weddings.*
Kummillakin syntymäpäivillä oli paljon vieraita.	*There were lots of guests at both the birthday parties.*

Mitä vikaa siinä on?   What is wrong with it?

If you want to know what is wrong with something, a car for instance, you can use: **Mikä vika/Mitä vikaa siinä on?** *What is wrong with it/what fault has it?* If something is broken you can say:

Se on rikki.	*It is broken.*
Se ei toimi.	*It is not working/functioning.*
Se on epäkunnossa.	*It is out of order.*

If something is working you can say:

Se ei ole rikki.	*It is not broken.*
Se toimii.	*It is working.*
Se on kunnossa.	*It is fixed.*

Mikä hätänä? means *What is up? What is wrong? What is the emergency?*
Liikennevahinko is damage caused by accident
Onnettomuus or **kolari** is a traffic accident or a crash.

Auto oli kolarissa.	*The car was involved in a crash.*
On tapahtunut onnettomuus.	*There has been an accident.*

Harjoitellaan!

1 You meet a motorist who seems to be having some trouble.

(a) How would you ask him what the matter is?
(b) He tells you: **Auto on rikki**. What has happened?
(c) You know a little bit about cars. Ask if you can help.
(d) The fault turns out to be fairly major. Offer to phone a garage.

2 You are running low on petrol.

(a) Stop a passer-by and ask him the way to the nearest petrol station.
(b) He answers by saying: **Se on tällä tiellä. Noin neljän kilometrin päässä.** Where is it?

3 You are approaching a town, you are going to camp for the night. You need to buy some food, as it is late Saturday afternoon.

(a) Ask a local person, if they can tell you the way to the nearest supermarket.
(b) This is the answer you get: **Lähin supermarket on jo kiinni.** What have you just been told?
(c) How would you ask if there is another supermarket in the town which is still open.
(d) You are told: **Kaupungin keskustassa on supermarket Ässä, joka on auki kuuteen**. What have you learnt?
(e) Ask for instructions to get there.

4 Your friend has been having some trouble with his car. He says:

Vien auton huoltoon. What is he going to do?

5 Here are some words connected with cars and driving. Match up the Finnish words with their English equivalents.

(a)	bensiini	(i)	traffic lights
(b)	öljy	(ii)	by-pass
(c)	autokorjaamo	(iii)	roundabout
(d)	huoltoasema	(iv)	pedestrian crossing
(e)	turvavyö	(v)	petrol
(f)	moottoritie	(vi)	garage
(g)	ohitustie	(vii)	oil
(h)	liikenneympyrä	(viii)	motorway
(i)	liikennevalot	(ix)	petrol station
(j)	suojatie	(x)	seat belt

6 Your car has developed a minor fault. Stop at a road side café and ask where the nearest car repair shop is.

 7 You are hiring a car.

(a) Tell the car rental people that you would like a car for the day.

(b) Ask how much the rent is?

(c) You want to know whether the insurance is included in the price quoted. Ask them?

(d) You want to know whether the mileage is separate. Ask what the mileage charge is?

(e) You have been shown the available cars. Say: I'll have this car.

(f) Ask what the deposit is.

8 Here are six traffic signs, match the pictures with the text:

(a)   (b)   (c)

(d)   (e)   (f)

- (i) Suojatie
- (ii) Hiihtolatu
- (iii) Lautta, laituri tai ranta
- (iv) Tietyö
- (v) Liikennevalot
- (vi) Uintipaikka

9 When you see this sign, what are you approaching? Give the name in Finnish.

10 When you see this sign, what will you find nearby? Give the name in Finnish.

11 What does **etuajo-oikeus** mean?

12 What is **liikenneympyrä**?

13 You are approaching a ferry. There is a notice which says: **Kokeile jarruja**. What are you expected to do?

──────── Vähän lisää ────────

Korttiautomaatti Card-operated petrol pump

You have arrived at a petrol station. You have decided to use a credit card to buy petrol. Here are the instructions for using the automatic pump.

Näin se toimii *This is how it operates*

(a) Tervetuloa.
Syötä kortti
automaattiin.

(b) Näppäile
korttisi
salainen
tunnusluku.

(c) Valitse
bensiini tai
dieselöljy.

(d) Ota korttisi
ja tankkaa
normaaliin
tapaan.

(e) Jos haluat kuitin,
syötä kortti
uudelleen automaattiin.
Ota kortti ja odota
hetki. Ota kuitti.
Hyvää matkaa!

toimi/a, toimin, toimii, toimi
to operate, to work
syöttä/ä, syötän, syöttää, syötti
to feed
näppäil/lä, näppäilen, näppäilee,
näppäili *to press buttons*
salainen tunnusluku *secret code,*
pin number

tanka/ta, tankkaa, tankkaa,
tankkasi *to fill up*
normaaliin tapaan *in the*
usual way
kuitti, kuitin, kuittia, kuitteja
receipt

16

ILTAUUTISET
The evening news

In this unit you will learn

- to talk about entertainments: television, radio, cinema and theatres
- to make suggestions and to state preferences
- about broadcasting and entertainments in Finland

---------- **Dialogeja** ----------

Mitä tehtäisiin tänä iltana? What could we do tonight?

Steve is staying with his friend Helena. They are trying to decide what to do in the evening.

Helena Mitä tehtäisiin tänä iltana?
Steve En tiedä. Mitä sinä haluaisit tehdä?
Helena Voisimme ehkä mennä teatteriin.
Steve En tiedä. Jos minä ymmärtäisin suomea paremmin, se olisi ehkä mahdollista, mutta minä puhun suomea vielä niin huonosti. Sitä paitsi minä en oikein välitä teatterista. Minusta teatterissa on vähän tylsää.
Helena Pidätkö sinä sitten elokuvista?
Steve Joo, pidän.

Helena	Katsotaan mitä elokuvia menee tällä hetkellä. Missä on tämän päivän lehti? Tässä se on. Katsotaanpa... Kinossa on ranskalainen elokuva, Cyrano de Bergerac, siinä on Gerard Depardieu. Sanotaan, että se on hyvä elokuva.
Steve	Millä kielellä se on?
Helena	Se on ranskaksi. Mutta ulkomaisissa elokuvissa on aina teksti. Suomeksi ja ruotsiksi.
Steve	Mutta minä en ymmärrä ruotsia ja niin kuin sanoin puhun ja ymmärrän suomea liian vähän. Enkä ymmärrä ranskaa yhtään!
Helena	Entäpä tämä: "Tanssii susien kanssa". Se on amerikkalainen elokuva. Siinä on Kevin Costner. Sanotaan, että se on myös oikein hyvä. Se sai monta Oscaria. Ja englantia sinä ainakin ymmärrät!
Steve	Joo, mutta minä näin sen jo Lontoossa.
Helena	Millaisista elokuvista sinä pidät? Katso itse, onko täällä jotakin, jota haluat nähdä.
Steve	Minä pidän vanhoista James Bond-elokuvista. Ehkä voisimme vuokrata videon?
Helena	Joo, miksei. Tuossa meidän kioskilla on videovuokraamo. Käydään katsomassa, onko siellä vuokrattavana joku vanha James Bond-elokuva.
Steve	Hyvä on, mennään.

sitä paitsi   *besides*
välittää, välitän, välittää, välitti   *to care for*
tylsä, -n, -ä, tylsiä   *dull, boring*
Mitä menee?   *What's on?*
sanotaan   *it is said; people say*
teksti, -n, -ä, tekstejä   *text, subtitltes*
vieraskieli/nen, -sen, -stä, siä   *foreign language* (adj.)

'Tanssii susien kanssa'   *'Dances with Wolves'*
vuokrata, vuokraan, vuokraa, vuokrasi   *to rent*
video, -n, -ta, -ita   *video*
videovuokraamo, -n, -a, -ita   *video rental place*
vuokrattavana   *for rental*
Mennään!   *Let's go!*

Mitä on telkkarissa tänä iltana?   What's on telly tonight?

Helena and Steve are going to spend the evening watching television. They are trying to decide what channel to watch.

Steve	Hei, mitä telkkarissa on tänä iltana?
Helena	Millä kanavalla?
Steve	Ykkösellä.
Helena	Odota, minä katson lehdestä. Ykkösellä on Risto Jarvan elokuva 'Loma'. Se on oikein hauska kotimainen komedia. Se kertoo miehestä, joka on menossa Inssbrückin talvi-olympialaisiin, mutta joutuu vahingossa väärään lentokoneeseen Helsingissä ja päätyy Rodokselle. Se on tosi hauska.
Steve	Mitä muuta on telkkarissa?
Helena	Uutiset tietysti ja urheiluruutu.
Steve	Mihin aikaan uutiset ovat?
Helena	Ne alkavat kello puoli yhdeksän.
Steve	Minä haluaisin nähdä Englannin liigan jalkapallotulokset urheiluruudusta.
Helena	Hyvä on. Katsotaan uutiset ja urheiluruutu. Kakkosella on joku sarjafilmi uutisten jälkeen.
Steve	Minä en pidä sarjafilmeistä. Ne ovat täyttä roskaa.
Helena	Tämä on australialainen sarjafilmi. Se on minusta aika hyvä. Olen nähnyt kaikki jaksot tähän asti. Minä voin nauhoittaa sen, jos sinä haluat katsoa jotakin muuta. Haluatko sinä nähdä dokumenttielokuvan Saimaan vesistöstä?
Steve	Se kuulostaa mielenkiintoiselta. Olen aina halunnut mennä veneellä tai laivalla Lappeenrannasta Kuopioon.
Helena	No nyt voit tehdä sen matkan teeveen välityksellä. Super-kanavalla on englanninkielistä ohjelmaa. On myös kaapelikanava ja filmikanava. On vaikka miten paljon valinnanvaraa!
Steve	Minä katsoisin mieluummin suomenkielistä ohjelmaa. Haluan oppia suomea, vaikka se on niin vaikeaa. Eikä television katseleminen vaadi liian paljon energiaa. Minä olen oikein laiskalla tuulella tänään.

---

telkkari, -n, -a, telkkareita *telly (television)*
kanava, -n, -a, kanavia *channel*
ykkö/nen, -sen, -stä, -siä *number one* (noun)
loma, -n, -a, lomia *holiday, vacation*
kotimai/nen, -sen, -sta, -sia *Finnish domestic*

jalkapallotulokset *football results*
kakko/nen, -sen, -sta, -sia *number two* (noun)
sarjafilmi, -n, -ä, -filmejä *TV series, soap opera*
täyttä roskaa *absolute rubbish*
dokumenttielokuva, -n, -a, -kuvia *documentary film*

FINNISH

komedia, n, -a, komedioita	**Saimaan vesistö, -n, -ä**
comedy	the Saimaa lake system, waterway
on menossa is on the way, is going	**kuulostaa mielenkiintoiselta**
talvi-olympialaisiin to the	sounds interesting
winter olympics	**teeveen välityksellä** via TV
olympialai/set, -sten, -sia olympic	**kaapelikanava, -n, -a, -kanavia**
games	cable channel
joutua, joudun, joutuu, joutui	**Vaikka miten paljon valinnanvaraa.**
to end up	No end of choices.
vahingossa by accident	**Katsoisin mieluummin...** I would
väärä, -n, -ä, vääriä wrong	rather watch...
päätyä, päädyn, päätyy, päätyi	**suomenkieli/nen, -sen, -stä, -siä**
to end up	Finnish language (adj.)
tosi hauska really funny	**vaatia, vaadin, vaatii, vaati**
uuti/set, -sten, -sia the news	to demand
urheilu/ruutu, -ruudun, -ruutua	**energia, -n, -a** energy
sports news	**Olen oikein laiskalla tuulella.**
	I feel really lazy.

Lipputoimistossa At the ticket office

Helena has decided that she should take Steve to the opera festival in Savonlinna. She makes enquiries about tickets. She goes to a local ticket service to ask. **Lipunmyyjä** is the *box-office clerk*.

Lipunmyyjä Hyvää iltapäivää. Kuinka voin auttaa?

Helena Hyvää iltapäivää. Haluaisin tiedustella onko saatavissa lippuja Savonlinnan oopperajuhlille?

Lipunmyyjä Mihin oopperaan?

Helena Aidaan. Milloin Aidaa esitetään?

Lipunmyyjä Ensi-ilta on maanantaina 2.heinäkuuta, muuta se on valitettavasti loppuunmyyty. Seuraava esitys on keskiviikkona 4.heinäkuuta kello 20.30. Siihen esitykseen on vielä saatavissa muutamia lippuja. Halvimmat liput ovat loppuneet, meillä on vain muutama 500 markan ja muutama 390 markan lippu jäljellä.

Helena Mitä maksavat halvimmat liput?

Lipunmyyjä Ne maksavat 290 markkaa. Maanantaina 9.heinäkuuta on vielä niitä. Sopisiko teille se näytäntö?

Helena Kyllä se sopii. Haluaisin kaksi lippua.

Lipunmyyjä Liput ovat rivillä 35, numerot 1433 ja 1434. Jos

— 284 —

haluaisitte vain varata liput nyt, teidän täytyy
maksaa ja lunastaa ne viimeistään näytöstä edel-
lisenä päivänä.

Helena Minä maksan ne nyt. Kuinka monta väliaikaa
oopperassa on?

Lipunmyyjä Vain yksi, se on II ja III näytöksen välillä.

Helena Esitetäänkö ooppera suomeksi?

Lipunmyyjä Ei, se esitetään alkuperäisellä kielellä eli italiaksi.

Helena Kuka esittää Aidaa?

Lipunmyyjä Taru Valjakka.

Helena Kiitos oikein paljon.

Lipunmyyjä Olkaa hyvä ja tässä lippunne.

Helena Näkemiin.

Lipunmyyjä Näkemiin.

---

tiedustella, tiedustelen,
  tiedustelee, tiedusteli *to enquire,*
saatavissa *available*
esittää, esitän, esittää, esitti
  to perform, to present
ensi-ilta, -illan, -iltaa, -iltoja
  first night
loppuunmyyty *sold out*
esitys, esityksen, esitystä,
  esityksiä *performance*
jäljellä *left, remaining*
näytäntö, näytännön, näytäntöä,
  näytäntöjä *show, performance*

viimeistään *at the latest*
edellisenä päivänä *the*
  previous day
väli/aika, -ajan, -aikaa, -aikoja
  interval
II ja III näytöksen välillä *between*
  the 2nd and 3rd acts
välillä *between*
näytös, näytöksen, näytöstä,
  näytöksiä *act*
alkuperäi/nen, -sen, -stä, -siä
  original
eli *in other words*

Hyvä tietää

1 *Televisio ja radio* Television and radio

YLE or **Suomen Yleisradio** is the Finnish Broadcasting Company,
which is state owned. It runs two television channels: **TV-1**, **TV-2**
and four radio channels: YLE 1/**Ylen ykkönen**, YLE 2/**Radiomafia**,
YLE 3/**Radio Suomi**. These three programmes are broadcast in
Finnish.

YLE 4/**Riksradion** broadcasts in Swedish. YLE 3 broadcasts abroad under the name Radio Finland in Finnish, Swedish, English, German, French and Russian. If you want to listen to these broadcasts, see the address at the beginning of the book that you can write to for details.

MTV or **Mainostelevisio** is the commercial television. It runs its own channel TV-3, it has broadcasting time within the state network. In TV programme information their broadcasting time is marked with MTV after the name of the programme.

The most popular programmes on television are **iltauutiset** *the evening news* and the commercial television's **kymmenen uutiset** *ten o'clock news* **Urheiluruutu** the *sports review* is very popular. **Ajankohtainen kakkonen** and **A-studio** are popular current affairs programmes with a large number of regular viewers.

More than a million Finns watch **Lotto** the weekly national lottery every Saturday evening. Quiz shows like **Kymppitonni** and **Ruutuässä** and the Finnish version of Blind Date **Napakymppi** are great favourites. **Kotimaiset komediat** domestic comedy shows with Vesa-Matti Loiri, Heikki Kinnunen and other popular Finnish comedians have a faithful following.

The most popular programmes on radio are **Sävellahja 22000**, which is a record request programme, which collects donations for disaster and charity funds. **Metsäradio** is another *record request programme*, which concentrates on traditional Finnish popular music for older people. **Rockradio** and **Nuorten sävellahja 22001** are favourites with younger audiences.

Taivaskanavat *sky channels*, as they are known in everyday speech, are the same as all over Europe: Super, Eurosport, TV-5 (French) and BBC TV Europe and CNN among others. There are also many cable and film channels. You can also watch Russian, Estonian and Swedish television.

A network of various **paikallisradiot** *local radio stations* covers the whole country. There are both state and commercially run local radio stations. YLE 3 broadcasts local programmes.

2 *Elokuvateatterit ja teatterit* Cinemas and theatres

There is still a fair number of **elokuvateatteri** *cinemas* around the country. All foreign language films are subtitled. So going to the cinema is a good way to learn more Finnish, listen to the English and read the subtitles: **teksti**!

Only films meant for very young audiences are dubbed. Foreign language television programmes are also always subtitled. If you want to use the television to learn seriously, you can always turn the sound off and just read the subtitles. The reason why so many Finns speak such good English is that they have grown up hearing English on the television daily. If you get a chance to stay in Finland, treat yourself to an easy lesson: **välityksellä**, (with the aid of television).

Notice in everyday speech the Finns use the word **filmi** or **leffa** as well as the word **elokuva** to mean a *film*. **Yöleffa** is a *midnight movie*. **Jännityselokuva** or **jännäri** is a *thriller*. **Kauhuelokuva** is a *horror film*, **piiretty elokuva** is a *cartoon film*. **Rakkauselokuva** is a *romantic film* and **komedia** is a *comedy*. **Pornoelokuva** is a *soft-porn film*. There is a ban in Finland for importing the so-called video nasties.

The following abbreviations are used to indicate which age group a film is suitable for:

S-sallittu	*suitable for all*
K12- kielletty alle 12-vuotiailta	*forbidden for under 12 year olds*
K16- kielletty alle 16-vuotiailta	*forbidden for under 16 year olds*
K18- kielletty alle 18-vuotiailta	*forbidden for under 18 year olds*

As you can see from the detailed regulations the censorship is taken seriously in Finland, this is done in an attempt to protect children from violence and cruelty on the screen.

You will find cinema and theatre listings in the local newspaper **paikallinen sanomalehti** or you can ring the entertainments guide telephone service. You'll find the number in **puhelinluettelo** *the telephone directory*.

Most Finnish towns have a **kaupunginteatteri** *municipal theatre*. Some of the larger cities have several theatres. **Kansallisteatteri** in Helsinki is the National Theatre of Finland. **Kansallisooppera** the National Opera is also in the capital. **Helsingin kaupunginteatteri**, **Svenska Teatern** and **Intiimiteatteri** are some of the other famous theatres in Helsinki. Tampere is the second theatre city in Finland with the famous **Tampereen Työväenteatteri** and **Tampereen Kaupunginteatteri**.

There are numerous **kesäteatteri** *summer open-air theatres* in the summertime both in towns and in the countryside. These are an essential part of the Finnish theatre scene. The most famous of these is **Pyynikki** in Tampere with its revolving auditorium. In Helsinki there are summer theatres in Suomenlinna and Seurasaari as well as in Linnanmäki.

Harrastelijateatterit *amateur theatres* are very popular in Finland and a lot of the summer theatres are run by amateur actors.

The main event of the opera is the annual opera festival in Savonlinna. There are many music festivals through the summer. **Kuhmon kamarimusiikkijuhlat** *Kuhmo Chamber Music festival* is one of the most famous. The others range from folk music in Kaustinen to jazz in Pori. There are also many rock music festivals.

Lipputoimisto or **Lippupalvelu** are *centralised ticket agencies*, where you can buy tickets for all kinds of venues from theatre to sport. You can of course buy the tickets at the venues themselves.

Vähän kielioppia

Sanoisin, jos tietäisin! I would tell you, if I knew!

The conditional: this is the form of the verb which means you *would do* something.

The sign for the conditional is **-isi-**: it is added to the verb before the personal ending.

The easiest way to form the conditional is to look at the third person singular form of the verb in the present tense. The consonants are always in the strong grade in the conditional.

asua	to live:	asu/u	he lives,	asuisi	he would live
antaa	to give:	anta/a	he gives,	antaisi	he would give
tietää	to know:	tietä/ä	he knows,	tietäisi	he would know
lukea	to read:	luke/e	he reads,	lukisi	he would read
tehdä	to do:	teke/e	he does,	tekisi	he would do
kirjoittaa	to write:	kirjoitta/a	he writes,	kirjoittaisi	he would write
ymmärtää		ymmärtä/ä		ymmärtäisi	
	to understand:		he understands		he would understand

Personal endings are the same as in the present and the past tenses, except in the third person singular, where there is no lengthening of the vowel.

tietäisin	I would know	tekisin	I would do
tietäisit	you would know	tekisit	you would do
tietäisi	he would know	tekisi	he would do
tietäisimme	we would know	tekisimme	we would do
tietäisitte	you would know	tekisitte	you would do
tietäisivät	they would know	tekisivät	they would do

en tietäisi	I wouldn't know	en tekisi	I wouldn't do
et tietäisi	you wouldn't know	et tekisi	you wouldn't do
ei tietäisi	he wouldn't know	ei tekisi	he wouldn't do
emme tietäisi	we wouldn't know	emme tekisi	we wouldn't do
ette tietäisi	you wouldn't know	ette tekisi	you wouldn't do
eivät tietäisi	they wouldn't know	eivät tekisi	they wouldn't do

Notice the vowels e and i in the stem disappear:

hän tekee	he does,	hän tekisi	he would do
hän etsii	he searches,	hän etsisi	he would search

A long vowel in the stem becomes short:

hän saa	he gets,	hän saisi	he would get

The dipthongs uo, yö, ie in the stem lose the first vowel:

hän juo	he drinks,	hän joisi	he would drink
hän syö	he eats,	hän söisi	he would eat
hän vie	he takes,	hän veisi	he would take

Notice also the verb käydä to go y becomes v before -isi-:

käyn	*I go*	kävisin	*I would go*
käyt	*you go*	kävisit	*you would go*
käy	*he goes*	kävisi	*he would go*
käymme	*we go*	kävisimme	*we would go*
käytte	*you go*	kävisitte	*you would go*
käyvät	*they go*	kävisivät	*they would go*

The perfect tense for the conditional is formed with the conditional of the verb **olla** *to be* and the past participle of the verb.

olisin tehnyt	*I would have done*
olisit tehnyt	*you would have done*
olisi tehnyt	*he would have done*
olisimme tehneet	*we would have done*
olisitte tehneet	*you would have done*
olisivat tehneet	*they would have done*
en olisi tehnyt	*I would not have done*
et olisi tehnyt	*you would not have done*
jne.	*etc.*

Some more examples:

Mitä tekisit, jos voittaisit veikkauksessa miljoona markkaa?	*What would you do, if you won a million marks in the football pools?*
Minä jäisin pois työstä, ja matkustaisin ympäri maailmaa.	*I would stop work and travel around the world.*
Minä ostaisin talon Espanjasta ja muuttaisin sinne asumaan.	*I would buy a house in Spain and move there to live.*
Minä ostaisin kesämökin ja uuden veneen.	*I would buy a summerhouse and a new boat.*
Minä antaisin rahat hyväntekeväisyyteen.	*I would give the money to charity.*

The passive conditional: this is the form of the verb which means that something would be done. There is no specified subject, in other words we don't know *who* is doing, but we know *what* is being done. There is a fuller account of the passive in the next unit. Here are just some forms, which appear in this unit.

To form the conditional for the passive:
Take the passive past tense (eg. tehtiin, sanottiin) change the **-iin** to **-a** or **-ä** and add **-isi** and lengthen the vowel **-i** and add **-n**:

teht/iin	teht+ä+isi+n	tehtäisiin	*would be done*

sanott/iin	sanott+a+isi+in	sanoittaisiin *would be said*
annett/iin	annett+a+isi+in	annettaisiin *would be given*
tiedett/iin	tiedett+ä+isi+in	tiedettäisiin *would be known*

The negative of the passive conditional: Simply use the word **ei** and the passive conditional *minus* **-in**:

tehtäisiin	ei tehtäisi	*would not be done*
sanottaisiin	ei sanottaisi	*would not be said*
annettaisiin	ei annettaisi	*would not be given*
tiedettäisiin	ei tiedettäisi	*would not be known*

Notice that in everyday spoken Finnish the passive form is also used for the first person plural:

me mentäisiin   *we would go,*   me ei mentäisi   *we would not go*
me sanottaisiin   *we would say,*   me ei sanottaisi   *we would not say*

Review of the pronouns *tämä, tuo, se* and *nämä, nuo, ne.*

Here is a revision of all the cases for the demonstrative pronouns:

	tämä *this*	tuo *that*	se *it*
nominative:	tämä	tuo	se
genitive:	tämän	tuon	sen
partitive:	tätä	tuota	sitä
inessive:	tässä	tuossa	siinä
elative:	tästä	tuosta	siitä
illative:	tähän	tuohon	siihen
adessive:	tällä	tuolla	sillä
ablative:	tältä	tuolta	siltä
allative:	tälle	tuolle	sille
essive:	tänä	tuona	sinä
translative:	täksi	tuoksi	siksi

	nämä *these*	nuo *those*	ne *they*
nominative:	nämä	nuo	ne
genitive:	näiden	noiden	niiden
partitive:	näitä	noita	niitä
inessive:	näissä	noissa	niissä
elative:	näistä	noista	niistä
illative:	näihin	noihin	niihin

adessive:	näillä	noilla	niillä
ablative:	näiltä	noilta	niiltä
allative:	näille	noille	niille
essive:	näinä	noina	niinä
translative:	näiksi	noiksi	niiksi

Here are some examples of the use of these pronouns from the unit:

Mitä tehtäisiin **tänä** iltana?	*What should we do tonight?*
Onko **siinä** teksti?	*Are there subtitles in it?*
Minua näin **sen** jo Lontoossa.	*I saw it already in London.*
Se sai monta Oscaria.	*It received several Oscars.*
Ne ovat täyttä roskaa.	*They are absolute rubbish.*
Olen nähnyt kaikki jaksot **tähän** asti.	*I have seen all episodes until now.*
Siihen esitykseen on saatavissa lippuja.	*There are tickets available to that performance.*
Niitä on vielä.	*There are still some of them.*

Ykkönen ja kakkonen Number one and number two

There are nouns in Finnish which correspond to numbers. (cf. English ten and 'tenner'). These are used particularly in the everday language.

yksi	– ykkönen	kuusi	– kuutonen or kutonen
kaksi	– kakkonen	seitsemän	– seiska
kolme	– kolmonen	kahdeksan	– kasi
neljä	– nelonen	yhdeksän	– ysi
viisi	– viitonen or vitonen	kymmenen	– kymppi
		sata	– satanen
		tuhat	– tonni
		viisisataa	– viisisatanen/viissatanen

They are used when talking about money. **Kymppi** is number ten and the everyday name for a ten-mark note, **satanen** is a 100-mark note, **viissatanen** or **viisisatanen** is the 500-mark note and **tonni** is a thousand marks.

Se maksoi kaksi kymppiä.	*It cost 20 marks.*
Voitko lainat minulle kympin?	*Could you lend me ten marks?*
	(cf. quid in English)

Se maksaa satasen/tonnin.	*It costs 100/1 000 marks.*
Se maksoi pari tonnia.	*It costs about 2 000 marks.*

They are also used to refer to the TV channels:

Mitä on ykkösellä?	*What is on channel one?*
Kolmosella on uutiset.	*There are news on channel three.*
Kakkosella on hyvä filmi.	*There is a good film on channel two.*

They are used when talking about buses and trams:

Mihin seiska menee?	*Where does number seven go?*
Ykkönen menee Kauppatorille.	*The number one (tram) goes to Kauppatori.*
Kasi menee asemalle.	*The number eight goes to the station.*

also:

Listan ykkönen on tänään Bohemian Rhapsody.	*The number one (record) today is 'Bohemian Rhapsody'.*
Bestselleri-listan ykkönen.	*The number one on the bestseller list.*

Uutiset The news

Uutiset is the news in a newspaper, on TV or radio. It also means the news broadcast or programme. **Uutinen** is a *piece of news*.

Se oli hyvä uutinen.	*It was a good piece of news.*

You can also say:

Sain hyviä uutisia.	*I received some good news.*
Katsoin uutisia.	*I was watching the news.*
Kuuntelin uutisia.	*I was listening to the news.*
Katsoin uutiset televisiosta.	*I watched the news on television.*
Uutisten jälkeen on elokuva.	*There is a film on after the news.*
Sanomalehden uutissivu.	*The news page of a newspaper.*

Hän joutui sairaalaan He ended up in hospital

The verb **joutua** means *to end up somewhere* (either against your will or by force of circumstance).

Hän joutui sairaalaan.	*He ended up in hospital.*
Hän joutui vankilaan.	*He ended up in prison.*
Hän joutui työttömäksi.	*He was made redundant.*
	(became unemployed)

Kuulostaa hyvältä Sounds good

The verb **kuulostaa** is combined with **-lta/ltä** ending to mean *to sound like*.

Filmi kuulostaa hyvältä.	*The film sounds good.*
Ohjelma kuulostaa	*The programme sounds*
mielenkiintoiselta.	*interesting.*
Hän kuulostaa amerikkalaiselta.	*He sounds American.*

In the same way: **näyttää** *to look* (like something), **maistua** *to taste* (like something).

Ilma näyttää kylmältä.	*The weather looks cold.*
Kahvi maistuu hyvältä.	*The coffee tastes good.*

Television välityksellä Via television

välityksellä means *via* or *through the medium of*:

satelliitin välityksellä	*via satellite*
puhelimen välityksellä	*via the telephone*
Hän pysyy ajan tasalla	*He keeps up to date by reading*
sanomalehtien välityksellä.	*newspapers.*

 ———— **Harjoitellaan!** ————

 1 About television.

(a) How would you ask what is on television tonight?
(b) You are told there is a good film on. How would you ask what channel is it on?

2 You and your friend are planning what to do.

(a) How would you ask your friend what he would like to do?

(*b*)   He says: **Haluaisin mennä teatteriin**. What would he like to do?

(*c*)   You are not very keen on the idea. How would you tell that to your friend?

(*d*)   Suggest going to the cinema.

(*e*)   Your friend thinks it is a good idea. He asks: **Mitä menee elokuvissa?** What does he want to know?

(*f*)   There is a variety of films on offer. How would you ask your friend what kind of films he likes?

(*g*)   Your friend tells you: **Pidän amerikkalaisista poliisi-filmeistä**. What kind of films does he like?

(*h*)   You cannot agree on a film in the cinema. Suggest to your friend that you would like to hire a video.

3   You are watching television.

(*a*)   Your friend asks **Millä kanavalla uutiset ovat?** What does he want to know?

(*b*)   Tell him they are on channel one at 8.30.

4   What would you expect to find out about, if you watch **urheiluruutu** on television?

5   There is a film on one of the other channels that you would like to see, but your friend is watching the football. Ask him, if he could record the film for you.

6   This is the choice of films in the local cinemas in Joensuu.

Answers in Finnish, please!

(a) Which day is Kevin Costner's 'Field of Dreams' on and at what time?

(b) You want to see the 'Three Men and a Little Lady'. Which days is it on? How many shows are there on Saturday?

(c) When could you go and see 'Pretty Woman'?

(d) Your friend wants to take his little sister to the cinema. She is 12 years old. Could you take her to see the John Schlesinger film?

(e) How much do the tickets cost for the Gene Hackman-Dan Aykroyd movie?

7 You are looking at the listings for television programmes in the newspaper. Your friend comments: **On paljon valinnanvaraa.** What does he mean by that?

8 What is **ensi-ilta** in the theatre, opera or cinema?

9 If you see this sign **loppuunmyyty** in the cinema or the theatre, what does it mean?

10 You have called in to book some tickets for the theatre. Complete this dialogue as prompted.

Virkailija Hyvää päivää. Kuinka voin auttaa?
Sinä (*Say you would like tickets for the new play 'näytelmä'.*)
Virkailija Mihin esitykseen?
Sinä (*Ask if they have any tickets for tomorrow night.*)
Virkailija Valitettavasti huominen esitys on loppuunmyyty. Tiistaiksi on vielä lippuja.
Sinä (*Say you would like two tickets for Tuesday. Ask how much the cheapest tickets are.*)
Virkailija Ne maksavat 85 markkaa.
Sinä (*Say that will be fine. You'll have two tickets. Ask what time the performance starts.*)
Virkailija Esitys alkaa kello 19.00. Tulevatko liput käteisellä?
Sinä (*Say yes you will pay cash.*)

11 You and your friends are dreaming of winning the Lotto.

(a) Ask your friends what they would do if they won it?

(b) One person says: **Panisin kaikki rahat pankkiin.** What would he do?

(c) Another says: **Menisin heti lomalle Seychellien saarille.** What are his plans?

12 Complete these sentences with the word in brackets:

(a) Filmi kuulostaa _____ _____ _____(mielenkiintoinen)
(b) Ohjelma kuulostaa _____ _____ _____ (jännittävä)
(c) Olut maistuu _____ _____ _____ (hyvä)
(d) Tuo mies näyttää _____ _____ _____ (italialainen)

13 What would you do if you won the lotto? How would you say in Finnish:

(a) I would buy a house.
(b) I would travel.
(c) I would put the money in the bank.
(d) I don't know what I would do.

14 You have learnt to make suggestions. How would you say:

(a) Let's watch the news!
(b) Let's go to the cinema!
(c) Let's hire a video!
(d) Let's listen to the radio!

Vähän lisää

On perjantai-ilta... It is Friday night...

Two friends, Kaija and Tuulikki, are discussing the possibilities for Friday night's entertainment. One of them is keen to stay in and the other wants to go out.

Kaija   Ihanaa, on perjantai-ilta ja huomenna ei tarvitse mennä töihin!

Tuulikki   Eikö olekin! No niin, mihin mennään tänä iltana?

Kaija   Minä olen väsynyt, en halua mennä mihinkään. Haluan käydä saunassa ja katsoa televisiota.

Tuulikki   Mutta on perjantai! Täytyyhän meidän mennä johonkin vähän tuulettumaan, eihän sitä aina voi vain istua kotona ja tuijottaa televisiota. Missä on Karjalainen? Katsotaan, mitä tekemistä löytyy Joensuusta tänään.

Kaija	Karjalainen on keittiön pöydällä.
Tuulikki	Huhmarissa on tanssit. Voisimme mennä sinne.
Kaija	En minä jaksa lähteä tanssimaan, johan minä sanoin että olen rättiväsynyt.
Tuulikki	No, mennään sitten syömään johonkin. Stella on hyvä ravintola tai uusittu asemaravintola. Tai Teatteriravintola. Mitäs sanot?
Kaija	No, voisihan sitä ajatella.
Tuulikki	Ja ravintolasta voisimme mennä yökerhoon tai diskoon, vai mitä?
Kaija	No katsotaan nyt.

ihana, -n, -a, ihania *wonderful*
ei tarvitse *it is not necessary*
eikö olekin... *isn't it just...*
väsynyt, väsyneen, väsynyttä,
 väsyneitä *tired*
ei mihinkään *nowhere*
johonkin *somewhere*
mennä tuulettumaan *to go and
 have a change of scenery*
tuijottaa, tuijotan, tuijottaa, tuijotti
 to start, to gaze at

tanssit, tanssien, tansseja
 a dance
jaksaa, jaksan, jaksaa, jaksoi
 to have the strength, to feel up to
rättiväsynyt *dead tired*
uusittu, uusitun, uusittua, uusittuja
 renovated, redecorated
yökerho, -n, -a, -ja *night club*
disko, -n, -a, -ja *discotheque*

17

ONNEA!
Congratulations!

In this unit you will learn

- about seasonal festivals like Christmas and Midsummer
- about birthdays and namedays
- about the rites of passage in an ordinary Finnish life from christenings to weddings

---

Dialogeja

Steve Smith is getting married to Helena Kolehmainen. The wedding invitations have been sent out. We attend the wedding ceremony.

Kirkossa At the church

pappi *priest*
morsian *bride*
sulhanen *bridegroom*

Pappi   Tahdotko sinä, Steve Henry Smith, ottaa tämän, Helena Marjatta Kolehmaisen, lailliseksi aviovaimoksesi ja rakastaa häntä niin myötä-kuin vastoinkäymisissäkin?

Sulhanen Tahdon.

Meillä on ilo kutsua teidät
tyttäremme Helenan
ja Steve Smithin
vihkiäisiin

Pielisensuun kirkkoon
lauantaina 19. kesäkuuta 1993
kello 14

ja sen jälkeen osallistumaan
morsiamen kodissa
pidettävään vastaanottoon.

JUKKA ja MIRJA
KOLEHMAINEN

Pappi	Tahdotko sinä, Helena Marjatta Kolehmainen, ottaa tämän, Steve Henry Smithin, lailliseksi aviomieheksesi ja rakastaa häntä niin myötä- kuin vastoinkäymisissäkin?
Morsian	Tahdon.
Pappi	Minä julistan teidät täten mieheksi ja vaimoksi.

tytär, tyttären, tytärtä, tyttäriä
daughter
vihkiäiset, vihkiäisten, vihkiäisiä
wedding ceremony
osallistua, osallistun, osallistuu,
osallistui *take part, attend*
pitää vastaanotto *hold a*
reception
vastaan/otto, -oton, -ottoa, -ottoja
reception
morsian, morsiamen, morsianta,
morsiamia *bride*
sulha/nen, -sen, -sta, -sia
bridegroom

pappi, papin, pappia, pappeja
priest
tahtoa, tahdon, tahtoo, tahtoi
to want
myötäkäymi/nen, -sen, -stä, -siä
success
vastoinkäymi/nen, -sen, -stä, -siä
adversity
lailli/nen, -sen, -sta, -sia *legal*
aviomies, -miehen, -miestä,
-miehiä *husband*
aviovaimo, -n, -a, -ja *wife*

Ennen häitä Before the wedding

Sirpa and Kaija are friends of Helena's. They are discussing what to give Helena and Steve as a wedding present.

Sirpa Mitä sinä aiot ostaa Helenalle ja Stevelle häälahjaksi?
Kaija En tiedä vielä. Mehän voisimme ostaa jotakin yhdessä, vai mitä?
Sirpa Se olisi hyvä idea. Koska Steve ja Helena aikovat asua Englannissa, olisi kiva ostaa heille jotakin aitoa suomalaista.
Kaija Voisimme ostaa esimerkiksi Alvar Aallon lasimaljakon. Se on kaunis ja hyvin suomalainen. Tai sitten Arabian posliinia.
Sirpa Entäpä joku Oiva Toikan lasilintu. Ne ovat hyvin moderneja ja hyvin suomalaisia.
Kaija Voisimme lähteä käymään Sokoksen lahjatavaraosastolla ja katsella ja vertailla myös hintoja.
Sirpa Lähdetään vaan!

---

häälahja, -n, a, -lahjoja *wedding present*
aito, aidon, aitoa, aitoja *genuine, real, authentic*
lasimaljakko, -maljakon, -maljakkoa, -maljakkoja *glass vase*

posliini, -n, -a *china, porcelain*
lahjatavaraosasto, -n, -a, -ja *giftware department*
katsella, katselen, katselee, katseli *look around*
vertailla, vertailen, vertailee, vertaili *to compare*

Jouluaatto Suomessa Christmas Eve in Finland

Helena tells Mike, an English friend, what a Finnish Christmas is like.

Mike Miten joulua vietetään Suomessa?
Helena Jouluaatto on joulun tärkein päivä. Jouluaattoaamuna tuodaan joulukuusi sisälle. Se koristellaan ja siihen pannaan kynttilät.
Mike Mitä sitten tehdään?
Helena Jokaisessa perheessä on omat tapansa, mutta kello kaksitoista päivällä julistetaan joulurauha Turusta. Se on vanha tapa. Nykyisin seremonia televisioidaan ja radioidaan.

Mike   Ja sitten?

Helena   Monissa perheissä käydään iltapäivällä tai alkuillasta sukulaisten haudoilla. Haudoille pannaan kynttilät palamaan. Tämä on myös vanha suomalainen tapa.

Mike   Hautausmaalla on varmaan oikein kaunista, kun on pimeää ja kynttilät palavat valkoisella lumella.

Helena   Niin on, oikein kaunista ja tunnelmallista. Suomessa joulua vietetään hiljaisemmin kuin esimerkiksi Englannissa.

Mike   Mihin aikaan jouluaattona syödään?

Helena   Se riippuu siitä, mihin aikaan joulupukki tulee! Lapsiperheissä syödään jo ehkä kello neljä tai viisi, koska lapset eivät jaksa enää odottaa joulupukkia ja joululahjoja pitempään.

Mike   Mitä jouluaattona syödään?

Jouluateria

Lasimestarinsilli
Tuoresuolattu kirjolohi
Rosolli
Lipeäkala

Kinkku
Lanttulaatikko
Maksalaatikko
Imelletty perunalaatikko
Karjalanpaisti

Ruisleipä
Karjalanpiirakat

Joulupuuro

Helena   Alkuruokana syödään tavallisesti lipeäkalaa, silliä tai lohta. Pääruokana syödään kinkkua, perunoita, maksalaatikkoa, lanttulaatikkoa ja porkkanalaatikkoa. Rosolli on joulusalaatti. Ruokalajit vaihtelevat vähän eri puolilla Suomea. Esimerkiksi Itä-Suomessa syödään aina myös karjalanpiirakoita ja karjalanpaistia.

Mike Mitä jouluna tavallisesti juodaan?

Helena Se vaihtelee myös. Ennen vanhaan tehtiin jouluksi sahtia, varsinkin Hämeessä. Nykyisin juodaan ehkä olutta tai viiniä tai vain maitoa ja mehua tai kotikaljaa. Jouluna juodaan myös glögiä.

Mike Jouluna syödään oikein hyvin.

Helena Vähän liiankin hyvin!

Mike Joulupukki tulee jouluaterian jälkeen.

Helena Niin tulee. Joulupukki koputtaa ovelle ja tulee sisälle lahjoineen. Joulupukki jakaa lahjat. Tavallisesti hän ei viivy kauan, koska hänen täytyy käydä niin monessa paikassa.

Mike Ja miten loppuiltaa vietetään?

Helena Juodaan joulukahvit ja syödään piparkakkuja, joulutorttuja ja joulukakkua.

Mike Kuinka joulupäivää vietetään Suomessa?

Helena Jotkut käyvät joulukirkossa aamulla ja sitten päivää vietetään perheen parissa. Lapset kokeilevat uusia suksia ja luistimia. Vieraillaan ehkä sukulaisten luona. Mutta tapaninpäivä on varsinainen vierailupäivä. Ennen vanhaan käytiin tapaninajelulla reellä, mutta nykyisin ajelu tapahtuu pääasiassa autolla!

jouluaatto, -aaton, -aattoa *Christmas Eve*	**hautausmaa, -n, -ta, -maita** *cemetery*
joulukuusi, -kuusen, -kuusta, -kuusia *Christmas tree*	**palaa, paloi** *to burn*
koristella, koristelen, koristelee, koristeli *decorate*	**panna palamaan** *to light*
koristellaan, koristeltiin *is decorated, was decorated*	**joulunvietto, -vieton, -viettoa** *Christmas celebrations*
tuoda, tuon, tuo, toi *to bring*	**jatkaa, jatkan, jatkaa, jatkoi** *continue*
tuodaan, tuotiin *is brought, was brought*	**jatketaan, jatkettiin** *is continued, was continued*
viettää, vietän, viettää, vietti *celebrate, spend*	**lapsiperhe, -perheen, -perhettä, -perheitä** *family with children*
vietetään, vietettiin *is celebrated, was celebrated*	**joulupukki, -pukin, -pukkia** *Father Christmas*
julistaa, julistan, julistaa, julisti *announce, declare*	**lipeäkala, -n, -a, kaloja** *salted cod*
	maksalaatikko, -laatikon, -laatikkoa *baked liver paté*

julistetaan, julistettiin *is declared,* was declared	**lanttulaatikko** *baked swede dish*
	porkkanalaatikko *baked carrot*
joulurauha, -n, -a *Christmas peace*	*dish*
radioida, radioidaan *to broadcast,* is broadcast	**rosolli, -n, -a** *special Christmas* salad
televisioida, televisioidaan *to televise, is televised*	**karjalanpaisti, -n, -a** *Karelian stew*
käydä haudoilla *visit the graves*	**kokeilla, kokeilen, kokeilee, kokeili** *to try out*
panna, panen, panee, pani *put, place*	**tapaninajelu, -n, -a** *Boxing Day* ride
pannaan, pantiin *is placed,* was placed	**reki, reellä** *horse drawn sledge,* by sledge
kynttilä, -n, -ä, kynttilöitä *candle*	

Juhlapäivät Suomessa
Finnish celebrations

1 *Hyvää uutta vuotta!* Happy new year!

Uudenvuodenaatto *New Year's Eve* is an important celebration in the Finnish calendar. The evening culminates in **ilotulitus** *fireworks* in the city centres at midnight. **Uudenvuodenvastaanotto** the ceremony to see in the new year at Senaatintori is televised with the Helsinki city fireworks. Around midnight a ceremony of melting tin horseshoes **tinan valaminen** takes place in people's houses. The tin horseshoe is melted on a ladle over a fire and the molten tin is poured into a bucket of snow or water. The resolidified tin is then held against candlelight and from the shadows predictions for the future are made!

Uudenvuodenpäivänä on *New Year's Day* at noon the Finnish president makes his annual speech to the people. In the afternoon scores of Finns traditionally watch the ski jumping competition from Garmisch-Partenkirchen. There are usually strong Finnish contenders at this event. **Loppiainen** *the Twelfth Day of Christmas* is also a bank holiday.

2 *Iloista Pääsiäistä!* Happy Easter!

Maalatut kananmunat *decorated eggs* and **suklaa** *chocolate* are part of the Easter festival.

Palmusunnuntaina on *Palm Sunday* particularly in Eastern parts of Finland children go around wishing parents, grandparents and godparents good health by symbolically 'beating' them with decorated willow branches and reciting an old rhyme:

Virvon, varvon vitsallani, tuoreeks' terveeks',
tulevaks' vuodeks'
Sulle vitsa, mulle palkka.

---

and for their good wishes they are given chocolates in return. In Western Finland on Easter Saturday children dress up as witches and trolls and go around houses also expecting gifts.

A plateful of **raeruoho** *grass* is grown in the house as a symbol of the greenery of the new growing season, because most of Finland is still covered in snow around Easter time.

The Orthodox Church has its special Easter Mass with its ceremony of circling the church at midnight on Easter Saturday.

3 *Hauskaa Vappua!* Merry Mayday!

Vapunaatto *May Day's eve* is the official celebration of spring. Restaurants and dance halls are full and people dance in the streets. **Sima** a special *lemonade* and **tippaleivät** special *doughnuts* are eaten. Alcohol is also consumed in larger than usual quantities. At midnight people sing the traditional song: **Rullaati, rullaati, rullaati, rullaa**. Old student hats are dug out of bags and placed on the head for the whole day.

Vappuaamuna on *May Day morning* choirs all around the country serenade in the spring. The modern workers' festival of May Day follows with marches through city centres followed by speeches and rallies. **Vappulounas** *May Day lunch*, traditionally fish, is eaten in restaurants with the whole family present.

4 *Hauskaa juhannusta!* Happy Midsummer!

Juhannus is the celebration of midsummer. Houses are cleaned and then decorated with branches of fresh birch. Many Finns like spending midsummer in the country. There is a real exodus to the country for this festival. **Juhannusaattona** *on the eve of midsummer* the day is at its longest. The sun doesn't set at all in northern Finland and only sets for a short while even in the southernmost parts of the country. **Yötön yö** *'nightless night'* it is the phrase used to describe the white nights.

Juhannuskokko special *midsummer bonfires* are lit around midnight. Nobody goes to bed until the early hours of the morning. Special outdoor dances are held in the countryside. **Juhannus** is the most popular time of year for weddings.

5 Itsenäisyyspäivä Independence Day

The Finnish Independence Day is on December the sixth. In 1917 the Finnish Senate declared Finland independent on that day. There is a big gala celebration at the Presidential Palace. The reception is televised. It is a society event. The ladies' dresses are scrutinised by the viewers like hats at Ascot in England. It is regarded a great honour to be invited to the reception.

At six o'clock in the evening it is customary to turn the lights out and place two lit candles on the window sill, as a mark of respect for those who fought for Finnish independence under the repression of the last few years of Russian rule.

6 Rauhallista Joulua Peaceful Christmas

Christmas itself is preceded by **pikkujoulu** *Christmas parties* at work places, schools and clubs. Various cabaret style performances are prepared for these jollifications. More lighthearted Christmas songs are an important part of these parties. Here is an example of one:

> *Porsaita äidin oomme kaikki,*
> *oomme kaikki, oomme kaikki*
> *Sinä ja minä , sinä ja minä!*

(We all mother's little piglets,
you and I, you and I...)

You already know what Finnish Christmas itself is like from the unit's dialogues.

7 *Merkkipäivät* Personal celebrations

50-vuotissyntymäpäivät *50th birthday* is the biggest birthday celebration in a Finn's life. For people in the public eye the birthday is announced in the local or national press. You are expected to have open house on the day. Presents are delivered with speeches to which **päivänsankari** the *person celebrating* is expected to answer. Both relatives, friends, neighbours and acquaintances as well as people from your work and all the social and sport organisations you belong to will remember you on your 50th birthday.

Nimipäivät *namedays* are yet another celebration.

Other events of importance are **ristiäiset** *christenings*, **konfirmaatio** *confirmation* at about 14 and **lakkiaiset** *graduation party* at 18 or 19, when you have passed your matriculation exams.

Kihlajaiset *engagement party* and **häät** *wedding* are the next big events in the cycle of life. **Hautajaiset** is a *funeral*.

--------- **Vähän kielioppia** ---------

Passiivi The passive

The passive is used extensively in Finnish. It corresponds to the English *one* and German *man* and the French *on* passive. In other words it refers to action by an unspecified person or persons.

The passive occurs in all tenses:

present tense: sanotaan, tehdään, opiskellaan, halutaan, valitaan
past tense: sanottiin, tehtiin, opiskeltiin, haluttiin, valittiin
perfect: on sanottu, on tehty, on opiskeltu, on haluttu, on valittu
pluperfect: oli sanottu, oli tehty, oli opiskeltu, oli valittu

and in the negative:

present: ei sanota, ei tehdä, ei opiskella, ei haluta, ei valita

past: ei sanottu, ei tehty, ei opiskeltu, ei haluttu, ei valittu
perfect: ei ole sanottu, ei ole tehty, ei ole opiskeltu, ei ole haluttu,
ei ole valittu
pluperfect: ei ollut sanottu, ei ollut tehty, ei ollut opiskeltu,
ei ollut haluttu, ei ollut valittu
conditional: sanottaisiin, tehtäisiin, opiskeltaisiin, haluttaisiin,
valittaisiin
negative: ei sanottaisi, ei tehtäisi, ei opiskeltaisi, ei haluttaisi,
ei valittaisi

The present tense

Group I verbs:

The passive is formed from the first person singular stem of the present tense by adding the passive sign **-ta/-tä** and lengthening the vowel and adding **-n**. Consonants subject to gradation will be in the weak grade. If the last vowel of the stem is **-a** or **-ä** it changes to **-e**:

sano/a	*to say* → sano/n → sano + ta (the passive sign) + an
	→ sanotaan *is said*
anta/a	*to give* anna/n → final a→ e + taan → annetaan *is given*
lentä/ä	*to fly* lennä/n → final ä → e + tään → lennetään *is flown*
kirjoitta/a	*to write* kirjoita/n → final a→ e+ taan → kirjoitetaan
	is written
luke/a	*to write* lue/n → lue + taan → luetaan *is read*

Group II, III, IV and V verbs:

Simply add **-a/-ä** and **-n** to the first infinitive:

Group II verbs

syö/dä	*to eat*	+än → syödään	*is eaten*
juo/da	*to drink*	+an → juodaan	*is drunk*
teh/dä	*to do*	+än → tehdään	*is done, is made*

Group III verbs

men/nä	*to go*	+än → mennään	*is gone*
tul/la	*to come*	+an → tullaan	*is come*
opiskel/la	*to study*	+an → opiskellaan	*is studied*

Group IV verbs

halu/ta	*to wish*	+an → halutaan	*is wanted*
tava/ta	*to meet*	+an → tavataan	*is met*
pela/ta	*to play*	+an → pelataan	*is played*

Group V verbs

| vali/ta | *to choose* | +an → valitaan | *is chosen* |
| tarvi/ta | *to need* | +an → tarvitaan | *is needed* |

The negative present tense of the passive is formed by using the negation **ei** followed by the passive form minus the last vowel and **-n**:

ei sanota, ei anneta, ei lennetä, ei kirjoiteta, ei lueta
ei syödä, ei juoda, ei tehdä
ei mennä, ei tulla, ei opiskella
ei haluta, ei tavata, ei pelata
ei valita, ei tarvita

The past tense

When the passive present tense ends in **-taan/-tään**, the passive past tense is **-ttiin**, for other endings the past tense is **-tiin**.

sanotaan	sanottiin
annetaan	annettiin
lennetään	lennettiin
kirjoitetaan	kirjoitettiin
luetaan	luettiin
halutaan	haluttiin
tavataan	tavattiin
pelataan	pelattiin
valitaan	valittiin
tarvitaan	tarvittiin
syödään	syötiin
juodaan	juotiin
tehdään	tehtiin
mennään	mentiin
tullaan	tultiin
opiskellaan	opiskeltiin

The negative past tense, the perfect and the pluperfect

These are formed by using the past participle passive which in turn is formed by changing the passive past **-iin** to **-u/-y**.

> sanottu, annettu, lennetty, kirjoitettu, luettu
> haluttu, tavattu, pelattu
> valittu, tarvittu
> syöty, juotu, tehty
> menty, tultu, opiskeltu

negative past

		perfect tense	
ei sanottu	*was not said*	on sanottu	*has been said*
ei haluttu	*was not wanted*	on haluttu	*has been wanted*
ei valittu	*was not chosen*	on valittu	*has been chosen*
ei syöty	*was not eaten*	on syöty	*has been eaten*
ei menty	*was not gone*	on menty	*has been gone*

For the negative of the perfect tense change **on → ei ole**:

ei ole sanottu	*has not been said*
ei ole haluttu	*has not been wanted*
ei ole valittu	*has not been chosen*
ei ole syöty	*has not been eaten*
ei ole menty	*has not been gone*

For the pluperfect change **on** of perfect to **oli**:

oli sanottu	*had been said*
oli haluttu	*had been wanted*
oli valittu	*had been chosen*
oli syöty	*had been eaten*
oli menty	*had been gone*

And for the negative of the pluperfect change **oli** to **ei ollut**:

ei ollut sanottu	*had not been said*
ei ollut haluttu	*had not been wanted*
ei ollut valittu	*had not bee chosen*
ei ollut syöty	*had not been eaten*
ei ollut menty	*had not been gone*

The singular accusative object in a passive sentence is in the nominative:

Kirja ostetaan huomenna.	*The book will be bought tomorrow.*
Asia selvitetään heti.	*The matter will be cleared up straightaway.*
Sanotaan, että suomalaiset ovat hiljaisia.	*It is said that Finns are quiet.*
Luultiin, että hän oli muuttanut.	*It was thought that he had moved.*
Ei tiedetty, missä hän oli.	*It was not known where he was.*
Meillä ei tarjoilla alkoholia.	*No alcohol is served at our establishment.*
Ovet suljetaan kello 20 00.	*The doors are closed at 20.00.*
On aina sanottu, että suomi on vaikea kieli.	*It has always been said that Finnish is a difficult language.*

The passive form is used in everyday language for the first person plural:

It is used together with the pronoun **me** *we* to mean *we do* or it is implied that *we do.*

Pietarista matkustettiin junalla Moskovaan.	*We travelled from St. Petersburg to Moscow by train.*

In everyday spoken language it is very common to use the passive forms for the first person plural and to add the pronoun '**me**'.

me mennään	*we go*
me ei mennä	*we won't go*
me mentiin	*we went*
me ei menty	*we didn't go*
me mentäisiin	*we would go*
me ei mentäisi	*we wouldn't go*
me ei oltaisi menty	*we wouldn't have gone*

Notice also that the present tense of the passive is used to mean *let us do something:*

Mennään!	*Let's go!*
Syödään!	*Let's eat!*

Jouluksi kotiin Home for Christmas

The translative case ending in **-ksi**, which is added to the inflectional stem, taking into account consonant and vowel changes.

This case is used when a change is implied, like in the phrase:

Kuinka sanotaan suomeksi...?   *How do you say in Finnish...?*
Ilma muuttui kylmäksi.   *The weather turned cold.*
Hän opiskelee lääkäriksi.   *He is studying to be a doctor.*

The translative also occurs in expressions of time to mean for a certain period of time or for an occasion.

Hän tuli Suomeen viikoksi.   *He came to Finland for a week.*
Sen täytyy olla valmiina   *It has to be ready for Monday.*
maanantaiksi.
Menetkö sinä jouluksi kotiin?   *Are you going home for Christmas?*

Hän asui Suomessa lapsena He lived in Finland as a child

The essive ending is **-na/-nä**, which is added to the inflectional stem, BUT it has no consonant gradation. It is used to express temporary state of being or a function:

Minkäikäisenä sinä muutit   *At what age did you move to*
Suomeen?   *Finland?*
Hän jäi eläkkeelle   *He retired at 50.*
50-vuotiaana.
Hän käyttää olutlasia   *He used a beer glass as a vase.*
maljakkona.

In expressions of time:

jouluna *at Christmas*	**maanantai-iltana** *on Monday evening*
jouluaattona *on Christmas Eve*	
uudenvuodenaattona *on New Year's Eve*	**maanantaiaamuna** *on Monday morning*
pääsiäisenä *at Easter*	**viime kesänä , talvena, keväänä**
vappuna *on May Day*	**syksynä** *last summer, winter, spring, autumn*
juhannuksena *at Midsummer*	
maanantaina, tiistaina, keskiviikkona, torstaina, perjantaina, lauantaina, sunnuntaina, viikonloppuna *on Monday, Tuesday, etc.*	**ensi kesänä, talvena, keväänä, syksynä** *next summer, etc.*
	tänä kesänä *this summer*

Häät ja hautajaiset Weddings and funerals

Notice how many of the words in Finnish indicating celebrations and occasions are in the plural:

häät *wedding*	**syntymäpäivillä** *at a birthday party*
häissä *at a wedding*	**nimipäivät** *nameday*
ristiäiset *christening*	**nimipäivillä** *at a nameday party*
ristiäisissä *at a christening*	
syntymäpäivät *birthday,*	
birthday party	

 ——————— # Harjoitellaan! ———————

 1 Answer the following:

(*a*) You have just been wished **Hyvää uutta vuotta!** What is the occasion?

(*b*) You have just been wished **Rauhallista joulua!** What festive season is it?

(*c*) When someone wishes you something like **Hyvää viikon-loppua!**, do you remember how to say in Finnish *the same to you*?

(*d*) Who is **joulupukki**?

2 What would you buy at **lahjatavaraosasto** in a department store?

3 Someone has just made a suggestion you think is very good. How would you tell him that it is a good idea?

4 Answer the following:

(*a*) Finns are very fond of **kynttilä**. What is **kynttilä** in English?

(*b*) If something happens **alkuillasta**, is that early evening or late evening?

(*c*) A friend announces **Tulen Suomeen jouluksi**. When is he intending to come?

(*d*) Which part of a meal is **alkuruoka**?

 5 The dialogue overleaf takes place during a Christmas evening meal. Complete the dialogue where prompted: listen to it on the cassette if you have one.

Jukka Pidätkö sillistä?
Sinä (*Say I don't.*)
Jukka Haluaisitko vähän lohta?
Sinä (*Say yes please. I like salmon.*)
Jukka Mitä haluaisit juoda?
Sinä (*Say I would like to taste the hot mulled wine.*)
Jukka Onko sinulla kaikkea mitä haluat?
Sinä (*Say I would like some of the special Christmas salad.*)

6 You are eating a meal. The bread is at the other end of the table. Ask if you could have some bread.

7 Which one of these is not a drink? olut, kalja, sahti, glögi, puuro, sima, maito, piimä.

8 Look at the Christmas menu in this unit. If you are a vegetarian, which items on the menu are not for you?

9 You get a card from a Finnish friend. The message on the card says: **Onnea syntymäpäivänäsi!** What are you celebrating?

10 You get an invitation to a concert. It reads:

**Perjantaina 23. lokakuuta klo 20 Joensuun
Yliopiston Carelia-salissa.**

(*a*) Which day of the week is that?
(*b*) Which month?
(*c*) What is the venue?

11 Answer the following:

(*a*) You know that the verb *to meet* is **tavata** in Finnish. How would you say: Let's meet tomorrow!
(*b*) When you are shopping for things to take home from Finland, you can ask **Onto tämä aitoa suomalaista tuotetta?** (**tuote** = *product*) What are you after?
(*c*) If someone says: **Suomessa juodaan paljon kahvia**. What do you learn about the Finns?

12 Here are some expressions of time. See if you can remember what they all mean.

(*a*) viime keväänä
(*b*) tiistai-iltana
(*c*) ensi talvena
(*d*) jouluaattona

(e) viikonloppuna
(f) juhannuksena
(g) tänä kesänä

13 You need to know the Finnish for an English word. How do you ask: *How do you say in Finnish...?*

14 Someone tells you: **Asuin lapsena Englannissa**. When did this person live in England?

15 How would you ask someone: What age were you when you moved to Finland?

16 You have just spent a very pleasant Christmas with some Finnish friends. You are writing them a thank you letter. How would you say: *Thank you for a nice Christmas?*

———— Vähän lisää ————

Here is a recipe for the traditional Finnish Christmas drink.

Glögi *Hot mulled wine*
puoli litraa mustaherukkamehua
yksi pullo punaviiniä
puoli litraa mustaherukkaviiniä
vähän votkaa tai Koskenkorvaa oman maun mukaan
kanelia
rusinoita
vähän sokeria
manteleita

Kuumenna mehu ja viini, mutta älä anna kiehua. Lisää mausteet ja
votka tai Koskenkorva ja rusinat. Kaada laseihin. Tarjoa kuumana.
Kippis!

mustaherukka *blackcurrant*	**oman maun mukaan** *according*
kaneli *cinnamon*	*to taste*
rusinoita *raisins*	**lisä/tä, lisään, lisää, lisäsi** *to add*
manteleita *almonds*	**mauste, -en, -tta, mausteita** *spice*
kuumenta/a, kuumennan,	**kaata/a, kaadan, kaataa, kaatoi**
kuumentaa, kuumensi *to heat*	*to pour*
kiehu/a, kiehuu, kiehui *to boil*	**tarjo/ta, tarjoan, tarjoaa, tarjosi**
	to serve

18

SUOMALAISELLA SISULLA
With true Finnish grit

In this unit you will learn

- about dates
- and you will take a look at Finnish History

Dialogeja

Kari, copyright © 1987 by arrangement with Helsingin Sanomat

Suomi itsenäistyi vuonna 1917 Finland became independent in 1917

 Helena quizzes Steve about his knowledge of Finnish history.

Helena Mitä sinä tiedät Suomen historiasta?
Steve Tiedän, että Suomi itsenäistyi joskus 1910-luvulla.
Helena Suomi julistettiin itsenäiseksi kuudes joulukuuta 1917.
Steve Sitä ennen Suomi oli osa Venäjää.
Helena Aivan niin, Suomi oli autonominen suuriruhtinaskunta. Venäjän tsaari oli Suomen suuriruhtinas. Suomessa oli oma senaatti, oma raha ja omat lait.
Steve Kuinka kauan Suomi oli osa Venäjää?
Helena Vuodesta 1809 asti. Sitä ennen Suomi oli ollut monta sataa vuotta Ruotsin hallinnassa.
Steve Miksi ruotsalaiset tulivat Suomeen?
Helena He tekivät ristiretkiä Suomeen ja toivat Suomeen katolisen kirkon. Yksi ensimmäisistä ristiretkeläisistä oli englantilaissyntyinen piispa Henrik. Hänet surmattiin Suomessa ja hänestä tuli myöhemmin Suomen suojeluspyhimys.
Steve Suomi on nyt luterilainen maa. Milloin luterilaisuus tuli Suomeen?
Helena Suunnilleen samoihin aikoihin kuin Englantiin. Ruotsin kuningas aloitti reformaation aivan niinkuin Henrik VIII Englannissa.

itsenäistyä, itsenäistyy, itsenäistyi
  to become independent
julistaa, julistettiin   *to declare,*
  was declared
kuudes, kuudennen, kuudetta
  the sixth
osa, -n, -a, osia   *part*
autonomi/nen, -sen, -sta, -sia
  autonomous
suuriruhtinaskunta   *Grand Duchy*
tsaari, -n, -a, tsaareja   *czar*
suuriruhtinas, -ruhtinaan,
  -ruhtinasta   *Grand Duke*
senaatti, senaatin, senaattia
  senate
laki, lain, lakia, lakeja   *law*
Ruotsin hallinnassa   *under*
  Swedish rule

ristiretki, -retken, -retkeä, -retkiä
  crusade
englantilaissyntyi/nen, -sen,
  -sta, -sia   *English born*
piispa, -n, -a, piispoja   *bishop*
katoli/nen, -sen, -sta, -sia   *catholic*
surmattiin   *was killed*
suojeluspyhimys   *patron saint*
luterilai/nen, -sen, -sta, -sia
  lutheran
suunnilleen   *about, approximately*
samoihin aikoihin   *same time*
kuningas, kuninkaan, kuningasta,
  kuninkaita   *king*
reformaatio, -n, -ta   *reformation*
Henrik VIII   *Henry VIII*

Millainen maa Suomi on nyt? What sort of country is Finland now?

Steve wants to know more about modern Finland. He sets about asking Helena lots of questions.

Steve Kerro minulle lisää Suomesta 1900-luvulla.

Helena Suomessa oli sisällissota vuonna 1918. Se ei kestänyt kauan, vain muutaman kuukauden. Talvisota syttyi syksyllä 1939. Sitten vuonna 1940 tuli välirauha. Jatkosota alkoi 1941. Sota loppui 1944.

Steve Millaista Suomessa oli sodan jälkeen?

Helena Kaikesta oli puutetta. Mutta vähitellen olot paranivat. Suomessa järjestettiin olympialaiset kesällä 1952.

Steve Olen kuullut YYA-sopimuksesta, mikä se oli?

Helena Se oli Suomen ja Neuvostoliiton välinen sopimus. YYA tarkoittaa ystävyys, yhteistyö ja avunanto. Sopimus lopetettiin talvella 1991 ja sen tilalle tuli naapuruussopimus, sen jälkeen kun Neuvostoliitto hajosi.

Steve Onko Suomella hyvät suhteet uusien valtioiden kanssa?

Helena On, ja erityisesti Suomella on läheiset suhteet Viroon ja muihin Baltian maihin.

Steve Mitä muuta tärkeää on tapahtunut Suomessa toisen maailman sodan jälkeen?

Helena Vuonna 1975 Helsingissä allekirjoitettiin niin sanottu "Helsinki agreement".

Steve Kuinka monta presidenttiä Suomessa on ollut?

Helena Ensimmäinen presidentti oli K.J.Ståhlberg. Sen jälkeen on ollut kahdeksan presidenttiä, mm.Urho Kekkonen, joka oli presidenttinä vuodesta 1956 vuoteen 1982. Seuraavat presidentinvaalit ovat vuonna 1994. Tällä hetkellä Suomen presidentti on Mauno Koivisto. Hän on ollut presidenttinä vuodesta 1982. Presidentin vaalit ovat joka kuudes vuosi.

Steve Miksi Suomen parlamenttia sanotaan?

Helena Eduskunnaksi. Eduskuntavaalit ovat joka neljäs vuosi. Eduskunnassa on 200 kansanedustajaa. Ja paljon eri puolueita, Suomessa on monipuoluejärjestelmä. Sosiaalidemokraatit, keskustapuolue ja kokoomus olivat suurimpia puolueita vuoden 1991 vaaleissa.

Steve Mitä Suomessa tapahtuu tulevaisuudessa?

FINNISH

Helena Sitä on mahdotonta tietää. Maaliskuussa 1992 Suomi
päätti anoa Euroopan Yhteisön jäsenyyttä. Luultavasti
Suomesta tulee EY:n jäsen 1990-luvun puolivälissä.
Suomen kannalta on mielenkiintoista seurata mitä tapah-
tuu entisessä Neuvostoliitossa.

kertoa, kerron, kertoo, kertoi
 to tell
1900-luvulla   in the 1900s
sisällissota, -sodan, -sotaa, -sotia
 civil war
muutaman kuukauden   a few
 months
Talvisota syttyi.   The winter war
 broke out.
välirauha, -n, -a   truce
jatkosota   the continuation war
loppua, loppuu, loppui   to end
Kaikesta oli puutetta.   There was a
 shortage of everything.
vähitellen   little by little, gradually
olot paranivat   living conditions
 improved
järjestää, järjestän, järjestää,
 järjesti   to organise
olympialaiset   Olympic games
YYA-sopimus   treaty with the
 USSR
sopimus, sopimuksen, sopimusta,
 sopimuksia   agreement, treaty
lopettaa, lopetan, lopettaa, lopetti
 to terminate, to finish
sen tilalle   in its place, to replace it
naapuruussopimus
 'neighbourhood treaty'
hajota, hajoaa, hajosi   to break up,
 to fall apart
suhteet, suhteiden suhteita
 relations
Viro, -n, -a   Estonia
Baltian maat, -maiden, -maita   the
 Baltic countries

maailma, -n, -a   world
allekirjoittaa, allekirjoitan,
 allekirjoittaa, allekirjoitti   to sign
Eduskunta, eduskunnan,
 eduskuntaa   the Finnish
 parliament
kansanedustaja, -n, -a, -edustajia
 member of the parliament
puolue, -en, puoluetta, puolueita
 party (political)
sosiaalidemokraatti, -demokraatin,
 -demokraattia, -demokraatteja
 Social democrat
keskustapuolue   Centre party
kokoomus   national coalition party
 (conservative)
suurin, suurimman, suurinta,
 suurimpia   the largest, the biggest
tulevaisuus, tulevaisuuden,
 tulevaisuutta   future
mahdoton, mahdottoman,
 mahdotonta, mahdottomia
 impossible
EY (Euroopan Yhteisö)   EC
 (European Community)
jäsen, jäsenen, jäsentä, jäseniä
 member
Suomen kannalta.   From Finland's
 point of view.
seurata, seuraan, seuraa, seurasi
 to follow
enti/nen, -sen, -stä, entisiä   former
IVY (Itsenäisten valtioiden yhteisö)
 CIS (Commonwealth of Independent
 states)

———— Hyvä tietää ————

1 Mitä on sisu? What is sisu?

Sauna and **sisu** are the only two Finnish words that have acquired their place in international terminology. Sauna is, of course, the name for the native Finnish steam bath. Sisu is a characteristic described as peculiar to the Finnish people. Sisu is described as *"fortitudinous staying power and tenacity in the face of adversity, against insurmountable odds"*. In plain language, that means *guts and perseverance!* A characteristic that will not do any harm to a student of the language either! For older generations around the world the snowsuit clad Finnish soldier of the Winter war is the personification of sisu. In the modern world the Finnish rally drivers, long-distance runners and cross-country skiers represent the same unwillingness to give up whatever the odds.

Every year thousands of Finns take part in gruelling events like the Finlandia ski marathon and rowing events that last for a week at a time to prove that they have **sisu**. And furthermore they actually enjoy these events!

2 Suomi on tasavalta Finland is a republic

Finland is **demokraattinen tasavalta** a *democratic republic*. The head of state is a democratically elected **tasavallan presidentti** *president of the republic*. The president has **toimeenpanovalta**

Eduskuntavaalit 1991 *Parliamentary elections 1991*	
puolueet	kansanedustajien määrä
Keskustapuolue	55
Suomen Sosialidemokraattinen puolue	48
Kansallinen Kokoomus	40
Vasemmistoliitto	19
Ruotsalainen Kansanpuolue	12
Vihreät	10
Suomen Kristillinen Liitto	8
Suomen Maaseudun Puolue	7
Liberaalinen Kansanpuolue	1
	200

executive power together with **hallitus** *the government*. The **lainsäädäntövalta** *legislative power* and **verotus** *taxation* is with the **eduskunta** *parliament*. Eduskunta is elected by the people by proportional representation.

In April 1991 Esko Aho of the **Keskustapuolue** *Centre Party* became the new **pääministeri** *prime minister*.

ulkoasiainministeri *minister of foreign affairs*	**asuntoministeri** *minister of housing*
valtiovarainministeri *minister of finance*	**puolustusministeri** *minister of defence*
ulkomaankauppaministeri *minister of foreign trade*	**maa-ja metsätalousministeri** *minister of agriculture and forestry*
opetusministeri *minister of education*	**liikenneministeri** *minister of transport*
kulttuuriministeri *minister of culture*	**kauppa- ja teollisuusministeri** *minister of trade and industry*
oikeusministeri *minister of justice*	**sosiaali- ja terveysministeri** *minister of health and social affairs*
sisäasiainministeri *minister of internal affairs*	**työministeri** *minister of employment*
ympäristöministeri *minister of environment*	

Finnish women received the vote in 1906. Finland was the second nation in the world after New Zealand to give women the vote.

3 *Alueellinen hallinto* Local government

For regional government Finland is divided into 12 **lääni** *administrative regions*, each with their own capital. Each lääni is divided into

Läänit	Pääkaupunki
Uudenmaan lääni	Helsinki
Turun ja Porin lääni	Turku
Ahvenanmaa	Maarianhamina
Hämeen lääni	Hämeenlinna
Kymen lääni	Kouvola
Mikkelin lääni	Mikkeli
Pohjois-Karjalan lääni	Joensuu
Kuopion lääni	Kuopio
Keski-Suomen lääni	Jyväskylä
Vaasan lääni	Vaasa
Oulun lääni	Oulu
Lapin lääni	Rovaniemi

local authorities called **kunta**. There are 461 local authorities in the country. They are governed by **kunnanvaltuusto** *elected councils.* Elections are held every four years.

4 *Vuodesta vuoteen* From year to year

1900-luvulla	*in the 1900s, in the 20th century*
1800-luvulla	*in the 1800s, in the 19th century*
1960-luvulla	*in the 1960s*
1990-luvulla	*in the 1990s*

Rokki oli muotia 1950-luvulla.
: *Rock 'n roll was in fashion in the 1950s.*

'Juppi' oli 80-luvun ilmiö.
: *Yuppies were a phenomenon of the eighties.*

Vuonna 2000.
: *In the year 2000.*

Sota alkoi vuonna 1939.
: *The war began in 1939.*

Suomi itsenäistyi vuonna 1917.
: *Finland became independent in 1917.*

Minä olen syntynyt vuonna 1950.
: *I was born in 1950.*

vuoden 1992 alussa	*in the beginning of 1992*
vuoden 1992 lopussa	*at the end of 1992*
vuoden 1992 aikana	*during 1992*
vuodesta 1809 vuoteen 1917	*from 1809 to 1917*

Minä vuonna se tapahtui?	*In which year did it take place?*
tänä vuonna	*this year*
viime vuonna	*last year*
ensi vuonna	*next year*
toissa vuonna	*year before last*

kesällä 1952	*in the summer of 1952*
talvella 1993	*in the winter of 1993*
keväällä 1994	*in the spring of 1994*
syksyllä 1939	*in the autumn of 1939*

joka toinen vuosi	*every second year*
joka kuudes vuosi	*every sixth year*

vuosikymmen	*decade*
vuosisata	*century*

tällä vuosikymmenellä	*this decade*
viime vuosisadalla	*last century*
vuodesta 1917 asti	*since 1917*
vuodesta 1917 saakka	*since 1917*
vuoteen 2000 asti	*until the year 2000*
vuoteen 2000 saakka	*until the year 2000*
vuoteen 2000 mennessä	*by the year 2000*

5 *Järjestysluvuista* About ordinal numbers

Ordinal numbers decline in the following way:

	basic form	genitive	partitive	illative
1	ensimmäinen	ensimmäisen	ensimmäistä	ensimmäiseen
2	toinen	toisen	toista	toiseen
3	kolmas	kolmannen	kolmatta	kolmanteen
4	neljäs	neljännen	neljättä	neljänteen
5	viides	viidennen	viidettä	viidenteen
6	kuudes	kuudennen	kuudetta	kuudenteen
7	seitsemäs	seitsemännen	seitsemättä	seitsemänteen
8	kahdeksas	kahdeksannen	kahdeksatta	kahdeksanteen
9	yhdeksäs	yhdeksännen	yhdeksättä	yhdeksänteen
10	kymmenes	kymmenennen	kymmenettä	kymmenenteen
11	yhdestoista	yhdennentoista	yhdettätoista	yhdenteentoista
12	kahdestoista	kahdennentoista	kahdettatoista	kahdenteentoista
13	kolmastoista	kolmannentoista	kolmattatoista	kolmanteentoista

20 kahdeskymmenes kahdennenkymmenennen kahdettakymmenettä kahdenteenkymmenenteen

100 sadas sadannen sadatta sadanteen
1000 tuhannes tuhannennen tuhannetta tuhannenteen

Millä luokalla sinä olet koulussa?	*Which year are you in at school?*
Olen toisella luokalla.	*I am in the second year.*
Konferenssi kestää kolmannesta päivästä viidenteen päivään.	*The conference lasts from the third to the fifth.*
Menen kolmanteen kerrokseen.	*I am going to the third floor.*
Hän on Suomessa viidettä kertaa.	*He is in Finland for the fifth time.*

Olen syntynyt kesäkuun seitsemäntenätoista päivänä.	*I was born on June the 17th.*
Vappa on toukokuun ensimmäisenä päivänä.	*May Day is on the 1st of May.*

You can take a short cut here and say:

Olen syntynyt kesäkuun seitsemästoista.
In other words just use the ordinal number in its basic form.
You can also say:
Kokous on 3.-5.kesäkuuta (kolmas **viiva** viides) .

The first 31 are useful to master in order to be able to say and understand dates.

Kuinka mones? or **Monesko?** means literally '*how manyeth*' and you can use this question to find out either the date that something happens?

Monesko päivä sinä menet lomalle?	*Which date are you going on holiday?*

or if you want to know the order:

Monesko hän oli kilpailussa?	*Where did he come in the competition?*
Hän oli toinen.	*He was second.*

The exercises in this unit are aimed to revise material from the whole book as well as practise the new material in this unit.

 —————— **Harjoitellaan** ——————

1   Read out loud the following dates:

   (*a*) 6.12 (*b*) 1.1 (*c*) 24.12 (*d*) 18.8 (*e*) 26.6 (*f*) 4.3.

2   You need to tell a friend in Finland your arrival date. Say out loud the following dates.

   Saavun...   *I'll be arriving on...*

   (*a*) Monday 6th July.
   (*b*) Tuesday 12th April.

(c) Sunday 2nd October.

(d) Saturday 21st November.

3 Say when you were born (date, month and year).

4 What is the Finnish word for the administrative regions that divide Finland?

5 Here is a general knowledge quiz about Finland. Please answer in Finnish. You could listen to the quiz on the cassette.

(a) Mikä on Suomen entinen pääkaupunki?

(b) Missä maanosassa Suomi on?

(c) Mitkä ovat Suomen lipun värit?

(d) Minkämaalainen Jean Sibelius oli?

(e) Kuka oli Suomen presidentti 1960-luvulla?

(f) Mikä on Suomen raha?

(g) Millä kadulla Stockmann on?

(h) Missä kaupungissa Suomessa on isot oopperajuhlat joka kesä?

(i) Mikä on Suomen toiseksi suurin kaupunki?

(j) Mikä on Suomen parlamentin nimi?

6 Here are some questions in Finnish. Please answer them using the word in brackets.

(a) Mitä sinä kirjoitat? (kirje)

(b) Mitä sinä luet? (sanomalehti)

(c) Mitä sinä soitat? (piano)

(d) Mitä sinä katsot? (televisio)

(e) Mitä sinä opiskelet? (suomi)

(f) Mitä kieliä sinä puhut? (englanti ja espanja)

(g) Mitä sinä opetat? (historia)

(h) Mitä sinä pelaat? (tennis)

(i) Mitä sinä odotat? (bussi)

(j) Mitä sinä rakastat? (luonto)

(k) Mitä sinä vihaat? (melu-noise)

(l) Mitä sinä ajat? (auto)

(m) Mistä sinä pidät? (klassinen musiikki)

(n) Millaisesta musiikista sinä pidät? (pop-musiikki)

(o) Mistä kaupungista sinä pidät? (Pariisi)

(p) Mistä maasta sinä pidät? (Italia)

(q) Mistä ruoasta sinä pidät? (kala)

(r) Mistä suomalaisesta oluesta sinua pidät? (Lapin Kulta)

(s) Mistä te puhutte? (suomalainen ruoka)

(t) Mistä te keskustelette? (suomalainen politiikka)

7 How would you say:

    (*a*) I eat meat.
    (*b*) I don't eat fish.
    (*c*) I'll buy some white wine.
    (*d*) I'll buy a bottle of Coca Cola.
    (*e*) Could I have a beer?
    (*f*) Would you like some coffee?
    (*g*) I never use sugar.
    (*h*) I don't drink milk.
    (*i*) I buy the newspaper every morning.
    (*j*) I am studying Finnish.
    (*k*) I watch a lot of television.
    (*l*) I play tennis.
    (*m*) Could I have some water?
    (*n*) I speak English, Russian and Spanish.
    (*o*) I have read this book.

8 You have offered to cook for some friends. They are going to do the shopping for you. Here is a list of the things you need. Now tell your friend in Finnish what you need. *Chicken, potatoes, some salad and tomatoes for the main course. Bananas, apples, pineapple, oranges and grapes for the fruit salad.*

9 You are at a friend's house. You have just returned from a bicycle ride. It is a very hot day. Complete the dialogue as prompted.

Elli   Haluatko jotakin juotavaa?
Sinä   (*Say I would love a glass of cold beer.*)
Elli   Ole hyvä.
Sinä   (*Say thank you and say that the beer is very good.*)

—————— Vähän lisää ——————

 Use the vocabulary below to learn about the statistics on page 328.

keskimäärin *on average*	**henkilö, -n, -ä** *person*
kuolla, kuolen, kuolee, kuoli *to die*	**ottaa avioero** *to divorce* **tieliikenneonnettomuus** *road*
syntyä, synnyn, syntyy, syntyi *be born*	*accident* **ryöstö, -n, -ä, -jä** *robbery*
solmia avioliitto *to get married*	**murha, -n, -a, murhia** *murder*

avioliitto, -liiton, -liittoa, -liittoja
  marriage
	tappo, tapon, tappoa, tappoja
	  manslaughter

Mitä Suomessa tapahtuu keskimäärin yhden päivän aikana
(*What happens in Finland on an average day*)

Mitä Suomessa tapahtuu keskimäärin yhden päivän aikana

Lähde: tilastokeskus (tiedot 31.12.1988)

Hyvä tietää

Solmitaan 72 avioliittoa

Lapsia syntyy 173   Kuolee 134 henkilöä

Otetaan 36 avioeroa

Maahan muuttaa 28 henkilöä   Maasta muuttaa 23 henkilöä

Tapahtuu 127   10 986 henkilöä   Valmistuu
tieliikenneonnettomuutta   matkustaa lentokoneella   129 asuntoa

Tehdään 5 ryöstöä   Tehdään 0,3 murhaa   Juodaan 7,29 litraa
                     tai tappoa   absoluuttista alkoholia

KEY TO THE EXERCISES

Unit 1

1 (a) Anteeksi, en ymmärrä. (b) Hitaasti,
olkaa hyvä. (c) Hyvää huomenta. (d)
Hyvää yötä. (e) Saanko esitellä. (f)
Puhutteko englantia? (g) Hei. Mitä kuu-
luu? (h) Entä sinulle? (i) Hauska tutus-
tua. 2 (a) (v) (b) (xi) (c) (viii) (d) (vi) (e)
(x) (f) (i) (g) (ii) (h) (iv) (i) (vii) (j) (xii)
(k) (ix) (l) (iii) 3 huomenta-huomenta-
kuuluu-hyvää-sinulle-erikoista 4 (a) Hei
hei! or Moi moi! (b) Kiitos or Kiitos paljon
or Paljon kiitoksia (c) Olen...(your name).
Olen...eg. englantilainen. (d) Puhun
englantia ja ranskaa. (e) Ole hyvä. (f)
Ymmärrän vähän. 5 (a) Olen Juan
Ramirez. Olen meksikolainen. Puhun
espanjaa ja englantia. (b) Olen Catherine
Edwards. Olen englantilainen. Puhun
englantia ja saksaa. (c) Olen Monique
Pillier. Olen ranskalainen. Puhun rans-
kaa ja espanjaa. (d) Olen Ingrid
Johansson. Olen ruotsalainen. Puhun
ruotsia ja englantia. (e) Olen Tiia
Riikonen. Olen suomalainen. Puhun
suomea ja englantia. 6 (a) Turku (b)
Moskova (c) Berliini (d) Pariisi (e)
Tukholma (f) Rovaniemi (g) Bristol (h)
Madrid (i) Hong Kong (j) Praha (Prague
in English) 7 When you are leaving. 8
Puhutteko englantia? 9 Anteeksi. 10
anteeksi, ole hyvä, puhun, olen, joo, en,
kiitos, moi, hei, ahaa, tässä, on, kyllä, se,
ja, nyt, terve 11 (a) Hyvää iltaa (b) Iltaa
(c) Mitä kuuluu? (d) Kiitos hyvää.

Unit 2

1 Olen...(your name) Olen e.g.
Brightonista (name or your town)
Englannista (name of your country) 2 (a)
Olen Bill Aberdeenista Skotlannista (b)
Olen Mike Torontosta Kanadasta (c) Olen
Sarah Lontoosta Britanniasta (d) Olen
Pete Melbournesta Australiasta. 3 Olen
työssä toimistossa (give the place you
work) 4 (a) Mistä te olette? (b) Missä te
asutte? (c) Missä te olette työssä? 5 (a)

Mirja on työssä pankissa. (b) Kari on
työssä autokaupassa. (c) Mika on työssä
tavaratalossa. (d) Jouko on työssä hotel-
lissa. (e) Tiina on työssä ravintolassa. (f)
Pekka on työssä kirjastossa. (g) Ake on
työssä supermarketissa. (h) Jussi on
työssä postissa. 6 (a) Olin lomalla
Joensuussa ja Kuopiossa. (b)
Rovaniemellä ja Inarissa. (c) Loviisassa ja
Porvoossa. (d) Turussa ja Tampereella. (e)
Jyväskylässä ja Oulussa. (f)
Hämeenlinnassa ja Joensuussa. (g)
Lappeenrannassa ja Imatralla. (h)
Haminassa ja Kotkassa. 7 (a) Olen
Lontoosta (b) Milanosta (c) Salosta (d)
Jyväskylästä (e) Järvenpäästä (f) Kemistä
(g) Tampereelta. 8 Olen Saksasta,
Ranskasta, Kanadasta, Brasiliasta,
Nigeriasta, Pakistanista, Australiasta. 9
Asun Helsingissä, Joensuussa,
Tampereella, Lontoossa, Moskovassa,
Milanossa. 10 (a) from Lieksa (b) in
Joensuu (c) computer engineer (d) in the
post-office. 11 Puhun vähän Suomea. 12
(a) (iv) (b) (vi) (c) (vii) (d) (viii) (e) (ix)
(f) (x) (g) (iii) (h) (i) (i) (ii) (j) (v). 13
Mistä sinä olet? – Missä sinä olet työssä?
– Missä hotelli on? – Asutko Joensuussa?
14 (a) Mistä kaupungista sinä olet? (b)
She is not from a town.

Unit 3

1 (a) Anteeksi, missä lähin pankki on? (b)
Right next to the hotel. (c) Haluaisin
vaihtaa rahaa. (d) Proof of identity (e)
She wants you to sign the cheques. 2 (a)
Anteeksi, missä lähin pankkiautomaatti
on? (b) Anteeksi, mihin aikaan pankit
menevät kiinni? (c) Onko pankki auki? 3
The shop is closed on Saturday and
Sunday. Late opening is on Friday. 4 (a)
Anteeksi, mitä kello on? (b) It is half past
ten. 5 (a) kaksitoista (b) viisitoista nolla
viisi or viisi minuuttia yli kolme. (c)
kymmenen kolmekymmentä or puoli
yksitoista (d) kolmetoista viisikymmentä
or kymmenen minuuttia vaille kaksi (e)

kaksikymmentäneljä nolla nolla or kaksi-
toista yöllä (*f*) kaksitoista viisitoista or
viisitoista minuuttia yli kaksitoista (*g*)
kuusitoista nolla nolla or neljä iltapäiväl-
lä (*h*) kaksikymmentäkaksi neljäkym-
mentä or kaksikymmentä minuuttia
vaille yksitoista illalla (*i*) yhdeksän
neljäkymmentäviisi or viisitoista minuut-
tia vaille kymmenen aamulla (*j*) kaksi
kolmekymmentä tai puoli kolme yöllä
(aamulla) (*k*) seitsemäntoista kolmekym-
mentä or puoli kuusi illalla (*l*) neljätoista
kymmenen or kymmenen minuuttia yli
kaksi päivällä (iltapäivällä). **6** (*a*) Liisa
on maanantaina Joensuussa, tiistaina
Kuopiossa, keskiviikkona ja torstaina
Savonlinnassa, perjantaina
Lappeenrannassa, lauantaina ja sunnun-
taina Helsingissä. (*b*) Pekka on maanan-
taina Lieksassa, tiistaina Kajaanissa,
keskiviikkona Oulussa, torstaina
Kemissä, perjantaina Kokkolassa, lauan-
taina Vaasassa, sunnuntaina
Jyväskylässä. **7** bussi **8** 24 hours **9** mark-
ka and penni **10** kello **11** perjantai **12**
lauantai ja sunnuntai **13** neljä **14** tens **15**
Anteeksi, että häiritsen, mutta **16** in the
evening **17** Monday

Unit 4

1 (*a*) Anteeksi... (*b*) Anteeksi, missä on
taksiasema? (*c*) It is next to the railway
station **2** Anteeksi, voisitteko sanoa,
missä on lähin pankki? **3** (*a*) Anteeksi,
voitteko sanoa, missä Stockmann on? (*b*)
It is on the corner of Mannerheimintie
and Aleksanterinkatu (*c*) Anteeksi, voisit-
teko näyttää kartasta. (*d*) Onko se
kaukana? **4** about half a kilometre **5**
matkailutoimisto **6** (*a*) Mannerheimintie
(*b*) to the right (*c*) Forum and Lasipalatsi
(*d*) Kansallismuseo (the National
Museum). **7** tie is road and katu is street
8 matkailutoimisto **9** (*a*) Straight on (*b*)
Go past the main post-office. (*c*) approxi-
mately (*d*) trains (*e*) a tram (*f*) traffic
lights (*g*) the river **10** Kiitos neuvosta.

Unit 5

1 (*a*) Mihin aikaan lähtee ensimmäinen
juna aamulla Helsingistä Savonlinnaan?
(*b*) Mihin aikaan ensimmäinen juna saa-
puu Savonlinnaan? **2** (*a*) Mihin aikaan
lähtee ensimmäinen lento Savonlinnaan?

(*b*) Mihin aikaan on seuraava lento? (*c*)
Kuinka paljon lento maksaa? (*d*)
Haluaisin menolipun. (*e*) Voinko maksaa
Visa-kortilla? **3** Kuinka pitkä matka on
Helsingistä Savonlinnaan? (*a*)
Helsingistä Rovaniemelle (*b*) Helsingistä
Joensuuhun (*c*) Joensuusta Savonlinnaan
(*d*) Tampereelta
Helsinkiin (*e*) Turusta Helsinkiin. **4** an
economy fare **5** meno-paluulippu **6**
Helsingistä Mikkeliin, Mikkelistä
Kuopioon, Kuopiosta Jyväskylään,
Jyväskylästä Vaasaan, Vaasasta Poriin,
Porista Turkuun, Turusta Tampereelle,
Tampereelta Hämeenlinnaan,
Hämeenlinnasta Helsinkiin **7** (*a*)
Helsingistä Varsovaan, Varsovasta
Prahaan, Prahasta Budapestiin (*b*)
Helsingistä Lontooseen, Lontoosta New
Yorkiin, New Yorkista Torontoon (*c*)
Helsingistä Osloon, Oslosta
Kööpenhaminaan, Kööpenhaminasta
Hampuriin (*d*) Helsingistä Moskovaan,
Moskovasta Tokioon, Tokiosta Hong
Kongiin, Hong Kongista Helsinkiin (*e*)
Helsingistä Pietariin, Pietarista Kiovaan,
Kiovasta Moskovaan, Moskovasta
Helsinkiin (*f*) Lontoosta Roomaan,
Roomasta Ateenaan, Ateenasta
Venetsiaan, Venetsiasta Lontooseen (*g*)
Helsingistä New Yorkiin, New Yorkista
Los Angelesiin, Los Angelesista
Washingtoniin **8** Hyvää matkaa! **9**
polkupyörällä (by bicycle) **10** (*a*) cash (*b*)
ensimmäinen (*c*) sleeper on a train (*d*)
nopein **11** Minulla ei ole aikaa. **12**
Minulla ei ole rahaa. **13** Minä mietin
asiaa. **14** Whether you are travelling on
holiday or business.

Unit 6

1 Minun puhelinnumeroni on ...(your
number) **2** Kotinumero is a home phone
number and työnumero is a work number
3 (*a*) Täällä and then your name. (*b*)
Milloin hän tulee kotiin? (*c*) Soitan
uudelleen tunnin kuluttua. (*d*) Milloin
sinulle sopii? (*e*) Minulla ei ole mitään
ohjelmaa huomenna. (*f*) Kiitos soitosta.
(*g*) Otan yhteyttä myöhemmin (*h*)
Hetkinen. **4** Onko Petri kotona? **5** Onko
Leena Vartiainen tavattavissa? **6**
Anteeksi, väärä numero. **7** (*a*) You have
called a number which belongs to the
family called Virtanen and Liisa is the

member of the family who has answered the phone. (b) To leave a message. (c) The general emergency services number. 8 Täällä...(your name). Onko Ari kotona? –Mihin aikaan hän tulee kotiin? –Soitan myöhemmin uudelleen. –Hei. 9 huhtikuu and elokuu 10 The beginning of June. 11 Kiitos soitostasi. 12 (a) Hei (b) Valitettavasti en ole kotona (c) Olen tavattavissa huomenna (d) Voit jättää viestin (e) Kiitos soitosta (f) Hei!

Unit 7

1 (a) Kyllä kiitos. (b) Ei kiitos. 2 En pidä kalasta. 3 (a) Haluaisin oluen. (b) Haluaisin kaksi olutta. (c) Haluaisin appelsiinimehun. (d) Haluaisin ison kupin kahvia. (e) Haluaisin Coca Colan. (f) Haluaisin lasin vettä. (g) Haluaisin kupin kaakaota. (h) Haluaisin lasin maitoa. 4 Haluaisin ruisleipää. 5 Pidän / En pidä (a) maidosta (b) viskistä (c) teestä (d) punaviinistä (e) piimästä (f) votkasta (g) kaakaosta (h) valkoviinistä (i) appelsiinimehusta (j) kahvista (k) limonaatista (l) shampanjasta 6 word search 7 Pidän / En pidä (a) klassisesta musiikista (b) jatsista (c) kansanmusiikista (d) pop-musiikista (e) rock and rollista (f) tanssimusiikista 8 Tämä on oikein hyvää. 9 middle of the day or early afternoon. 10 (a) Mitä sinä haluaisit juoda? (b) Haluaisitko maistaa lakkalikööriä? (c) Se on oikein hyvää. 11 (a) Haluaisin yhden ison oluen. (b) Kippis! 12 Päivää. Mitä te suosittelette? –Haluaisin kalaa. –Otan silakkapataa. –Haluaisin oluen. –Otan hedelmäsalaattia.

Unit 8

1 Kenen vuoro? 2 Haluaisin ruisleivän. 3 Mitä kalaa teillä on? 4 (a) Mitä teillä on tänään tarjouksessa? (b) Otan neljä porsaankyljystä. 5 (a) Kuinka paljon maksaa ruisleipä? (b) Mitä karjalanpiirakat maksavat? (c) Paljonko kirjolohi maksaa? 6 (a) Minun vuoro. (b) To ask for what you want. (c) Kiitos, ei muuta. 7 (a) (ix) (b) (v) (c) (i) (d) (x) (e) (ii) (f) (viii) (g) (iv) (h) (vii) (i) (iii) (j) (vi). 8 Haluaisin (a) 200 grammaa kinkkua (b) 6 porsaankyljystä (c) 12 pulloa olutta (d) yhden ruisleivän (e) puoli kiloa jauhelihaa (f) 300 grammaa savustettua poronli-

haa (g) kilon perunoita. 9 (a) (ii) (b) (iv) (c) (i) (d) (v) (e) (iii). 10 (a) (iv) (b) (vii) (c) (i) (d) (ii) (e) (vi) (f) (x) (g) (ix) (h) (iii) (i) (v) (j) (viii). 11 (a) Hyvää päivää. Mitä saa olla? (b) Päivää. Onko teillä paistijauhelihaa. (c) On. (d) Mitä se maksaa kilo? (e) 52 markkaa. (f) Olkaa hyvä. Saako olla muuta? (g) Kiitos, ei muuta. 12 lohi, the others are all drinks 13 (a) No change (b) a bread roll (c) tuliaiset (d) Otan yhden. (e) Onko teillä jo iltalehti? (f) In the open air. 14 (a) kappale (b) kilogramma (c) litra (d) desilitra (e) paketti (f) tölkki

Unit 9

1 (a) Hyvää huomenta (b) Hyvää päivää (c) Hyvää iltaa. 2 (a) Hyvää huomenta or Huomenta (b) Hyvää päivää or Päivää (c) Hyvää iltaa or Iltaa. 3 Ole hyvä or Olkaa hyvä 4 Kiitos/Kiitos paljon/ Paljon kiitoksia/ Kiitoksia paljon 5 Hei/Moi/Terve/Heippa 6 Anteeksi 7 Hyvää yötä 8 (a) Hyvää viikonloppua (b) Kiitos samoin 9 Onko Kari Anttila tavattavissa 10 (a) Täällä ... (your name) (b) Puhutteko englantia? (c) The person does not speak English. (d) Puhun vähän suomea (e) Anteeksi, en ymmärrä. 11 (a) Mitä kuuluu? / Kuinka menee? (b) Kiitos, hyvää or Kiitos, ei erikoista / Kiitos, hyvin or Ei hassummin. (c) Mistäpäin Suomea te olette? 12 (a) Olen Itä-Suomesta (b) Olen Länsi-Suomesta (c) Olen Pohjois-Suomesta (d) Olen Etelä-Suomesta 13 Missä te olette työssä? 14 Mikä teidän osoite ja puhelinnumero on? 15 Olen _____ (your name). Minun osoite on _____ (your address). Olen työssä _____ (your workplace). Asun _____ (place where you live). Puhun _____ (the language/s you speak) 16 Do you like Finland? 17 Pidän Suomesta oikein paljon. 18 Pidän (a) saunasta (b) Helsingistä (c) kahvista (d) kesästä (e) ruisleivästä 19 (a) (xi) (b) (vii) (c) (ix) (d) (xiv) (e) (i) (f) (ii) (g) (xiii) (h) (iii) (i) (xii) (j) (iv) (k) (vi) (l) (v) (m) (viii) (n) (x)

Unit 10

1 Kuinka sinä voit? 2 (a) He has a headache. (b) Haluaisitko aspiriinin? (c) Oletko väsynyt (d) Toivottavasti voit

paremmin huomenna. **3** Minulla on kurkku kipeä **4** Minussa/minulla on flunssa. **5** Minulla on vähän kylmä. **6** Minulla on yskä. Mitä te suosittelette yskään? **7** Haluaisin varata ajan lääkärille. **8** Niin pian kuin mahdollista. **9** Minulla on varattu aika. **10** To sit down and wait. **11** (*a*) A course of antibiotics. (*b*) One tablet every four hours. (*c*) apteekki **12** He/she is tired. **13** (*a*) His/her foot is hurting (*b*) He/she has a cough (*c*) He/she has hurt a hand (*d*) He/she has a sore throat (*e*) He/she has something in the eye **14** (*a*) (*v*) (*b*) (*iii*) (*c*) (*vi*) (*d*) (*vii*) (*e*) (*ix*) (*f*) (*viii*) (*g*) (*x*) (*h*) (*i*) (*i*) (*iv*) (*j*) (*ii*) **15** koulu

Unit 11

1 Kiva tavata pitkästä aikaa. **2** nearly finished **3** Someone moving to a new house or a flat **4** the beginning **5** maanantai, tiistai, keskiviikko, torstai, perjantai, lauantai, sunnuntai **6** He/she has moved house **7** Welcome **8** (*a*) Kiitos kutsusta. (*b*) Tulen mielelläni. (*c*) She wants you to come in. **9** large **10** keittiö **11** (*a*) sauna (*b*) the living room (*c*) a car (*d*) outside a house **12** isäntä is host and emäntä is hostess **13** Kuinka monta huonetta teillä on? **14** Have some coffee. **15** (*a*) A one family house (*b*) hospitality (*c*) Anteeksi, missä on kylpyhuone? (*d*) Kuinka kauan olet asunut talossa?

Unit 12

1 (*a*) Your age (*b*) Your height (*c*) The colour of your eyes (*d*) Whether you are dark or fair. (*e*) Onko sinulla siskoja tai veljiä? (*f*) Whether you do any sport. (*g*) Whether you like reading. **2** (*a*) No. (*b*) at the Technical University (*c*) an electrical engineer (*d*) in Espoo (*e*) from Lieksa in Northern Karelia (*f*) no (*g*) no (*h*) yes (*i*) yes (*j*) move back to Northern Karelia **3** (*a*) from Helsinki (*b*) he is a teacher (*c*) in an upper school in Käpylä (*d*) he has two sons (*e*) no, he is divorced (*f*) no, they live with their mother (*g*) every second weekend (*h*) ice-hockey and football (*i*) ice-hockey (*j*) football **4** Olen Sandra Johnson. –Olen Lontoosta, Britanniasta. –Olen työssä teatterissa. –Pidän lukemisesta ja musiikista. –En erityisesti, mutta minusta on mukava ulkoilla. –En katso koskaan televisiota. **5** golf, tennis, jogging and watching ice-hockey and football

6 If you like music. **7** (*a*) What the caller looked like. (*b*) Hän oli noin 20 vuotta vanha, pitkä, vaalea ja hyvännäköinen **8** He/she is dark, slim and has brown eyes **9** (*a*) Olen kotoisin Liperistä. Olen nyt eläkkeellä. Olin työssä toimistossa. (*b*) Olen naimisissa ja minulla on kolme lasta. (*c*) Käyn englanninkurssilla maanantaisin. Katson mielelläni suomalaisia elokuvia televisiosta. Pidän myös englantilaisista ja australialaisista elokuvista. (*d*) Ulkoilen kesällä ja talvella. Kesällä ajan paljon polkupyörällä ja talvella hiihdän. (*e*) Meidän perheellä on kesämökki Joensuun lähellä. Kesällä me vietämme paljon aikaa kesämökillä. **10** Hän on noin 19 tai 20 vuotta vanha. Hänellä on pitkät vaaleat hiukset. Hän ei ole oikein pitkä. Hän on sievä. **11** (*a*) no (*b*) grey (*c*) no (*d*) not particularly. **12** he/she is divorced **13** mother-in-law **14** Whether you are married **15** Olen noin 30 vuotta vanha. Olen eronnut. Minulla on yksi lapsi. Olen työssä pankissa. Olen kiinnostunut teatterista, oopperasta ja klassisesta musiikista. Pidän matkustamisesta/Matkustan mielelläni. **16** hair **17** Oletko kiinnostunut politiikasta? **18** (*a*) Pidätkö lukemisesta (*b*) Katsotko paljon televisiota?

Unit 13

1 (*a*) Why are you learning Finnish? (*b*) Haluaisin asua Suomessa. **2** Onko saami samanlainen kieli kuin suomi? **3** Puhutko sinä englantia työssä? **4** Missä sinä olet oppinut puhumaan englantia niin hyvin? **5** Sinä puhut englantia oikein hyvin. **6** (*a*) He wants to know how long you are planning to stay in Finland. (*b*) Olen tullut tänne kahdeksi viikoksi (*c*) puoleksi vuodeksi (*d*) viikonlopuksi (*e*) vuodeksi (*f*) kolmeksi kuukaudeksi. **7** Haluan oppia puhumaan suomea paremmin. **8** Minulla on monta suomalaista kollegaa. **9** Mikä teidän ammattinne on? **10** (*a*) Missä te opiskelitte? (*b*) Mitä te opiskelitte? **11** He wants to know where you went to school. **12** –Olen syntynyt Etelä-Australiassa. –Opiskelin Melbournen yliopistossa. –Opiskelin kemiaa ja biologiaa. –Olen sukulaisten luona. –Minulla on monta serkkua Suomessa. Minun isoisä muutti Australiaan. **13** a profession **14** Onko teillä lapsia? **15** (*a*) nuorempi sisko (*b*) vanhempi veli (c) vanhin veli (d) nuorin veli (e) Minulla on kaksi nuorempaa veljeä (f) Minulla on yksi vanhempi veli **16** Opiskelen (a) opettajaksi (b) toimittajaksi (c) insinööriksi (d) lääkäriksi (e) mekaanikoksi **17** (a) (vii) (b) (v) (c) (vi) (d) (viii) (e) (ii) (f) (iv) (g) (i) (h) (iii). **18** (a) Turku on vanhempi kuin Helsinki. (b) Espoo on suurempi kuin Kauniainen. (c) Suomi on vaikeampi kieli kuin englanti. (d) Lampi on pienempi kuin järvi. (e) Ilma on kylmempi tammikuussa kuin maaliskuussa. **19** (a) Hanko (b) Halti (c) Saimaa (d) Kemijoki (e) Yes. **20** –Olen Kanadasta. –Opiskelen suomea Jyväskylän yliopistossa. –Minun isoäiti oli suomalainen ja puhuin suomea pienenä. –Aion olla Suomessa kolme kuukautta. **21** (a) (iv) (b) (iii) (c) (ii) (d) (v) (e) (i)

Unit 14

1 (a) Millainen ilma ulkona on? (b) It is snowing. The temperature is minus ten. (c) talvi **2** (a) The sun is shining. There are no clouds in the sky and it is very warm. (b) kesä **3** Millainen ilma on viikonloppuna? **4** Showery weather is expected. Temperature is going to be just above zero. **5** (a) Sataako? (b) Sataako lunta? (c) Paistaako aurinko? (d) Onko kylmä? (e) Onko lämmin? (f) Tuuleeko? (g) Onko sumua? (h) Onko pilvistä? (i) Kuinka kylmä on? (j) Onko kuuma? **6** (a) Sataa. (b) Ei sada lunta. (c) Paistaa. (d) On melko kylmä. (e) On, oikein lämmin. (f) Tuulee oikein kovasti. (g) Ei ole sumuista. (h) On pilvistä. (i) On miinus kaksi astetta. (j) On oikein kuuma, todellinen helle. **7** (a) (iv) (b) (iii) (c) (v) (d) (ii) (e) (i). **8** A weather forecast. **9** lumi, pakkanen, kylmä, hyvä hiihtokeli **10** (a) Yes (b) no (c) no (d) no. **11** lääni **12** talvi, kevät, kesä, syksy **13** –Haluaisin vuokrata hiihtovarusteet. –Minun koko on 39. –Joo, ne ovat sopivat. –Haluaisin varusteet puoleksi päiväksi. –Haluaisin hissikortin. **14** (a) From the North (b) above (c) The temperature is zero. (d) kesällä

Unit 15

1 (a) Mikä hätänä? (b) His car has broken down. (c) Voinko auttaa? (d) Jos haluatte,

soitan autokorjaamoon. **2** (a) Anteeksi, missä lähin huoltoasema on? (b) On that same road, about 4 kilometres further on. **3** (a) Anteeksi, voitteko sanoa missä lähin supermarket on? (b) The nearest supermarket is closed already. (c) Onko kaupungissa joku toinen supermarket, joka on vielä auki? (d) There is a supermarket called Ässä in the centre of the town, which is still open. (e) Voisitteko neuvoa minulle tien sinne? **4** He is taking his car to be serviced. **5** (a) (v) (b) (vii) (c) (vi) (d) (ix) (e) (x) (f) (viii) (g) (ii) (h) (iii) (i) (i) (j) (iv) **6** Anteeksi, tiedättekö missä lähin autokorjaamo on? **7** (a) Haluaisin vuokrata auton päiväksi. (b) Kuinka paljon on vuokra? (c) Kuuluuko vakuutus hintaan? (d) Mikä on kilometrimaksu? (e) Otan tämän auton. (f) Mikä on ennakkomaksu? **8** (a) (iii) (b) (i) (c) (v) (d) (vi) (e) (ii) (f) (iv). **9** a hospital **10** tourist information point **11** right of way **12** a roundabout **13** Test your brakes

Unit 16

1 (a) Mitä tänä iltana on televisiossa? (b) Millä kanavalla se on? **2** (a) Mitä sinä haluaisit tehdä? (b) He would like to go to the theatre. (c) Minä en erityisesti pidä teatterista. (d) Mennään elokuviin. (e) He wants to know what is on in the cinema. (f) Millaisista elokuvista sinä pidät? (g) He likes American police films. (h) Vuokrataan video. **3** (a) He wants to know which channel the news are on. (b) Ne ovat ykkösellä kello 8.30. **4** Sports and sport results **5** Voisitko nauhoittaa filmin minulle? **6** (a) lauantaina kello 15 (b) joka päivä, lauantaina on kaksi esitystä (c) perjantaista tiistaihin (d) ei voi (e) Liput maksavat 25,– **7** There is a lot to choose from **8** the first night **9** the performance is sold out **10** –Haluaisin kaksi lippua uuteen näytelmään. –Onko teillä lippuja huomisillan näytökseen? –Haluaisin kaksi lippua tiistaiksi. Paljonko halvimmat liput maksavat? –Hyvä on. Otan kaksi lippua. Mihin aikaan esitys alkaa? –Maksan käteisellä. **11** (a) Mitä te tekisitte, jos voittaisitte lotossa? (b) He would put all the money in the bank. (c) He would go on a holiday to the Seychelles Islands. **12** (a) mielenkiintoiselta (b) jännittävältä (c) hyvältä (d) italialaiselta **13** (a) Ostaisin talon. (b)

FINNISH

Matkustaisin. (c) Panisin rahat pankkiin.
(d) En tiedä, mitä minä tekisin. **14** (a)
Katsotaan uutiset! (b) Mennään elokuvi-
in! (c) Vuokrataan video! (d) Kuunnellaan
radiota!

Unit 17

1 (a) the new year has just begun (b)
Christmas (c) Kiitos samoin. (d) Father
Christmas **2** giftware department **3** Se on
hyvä idea. **4** (a) a candle (b) early evening
(c) for Christmas (d) the first course **5**
–En pidä. –Kyllä kiitos. Pidän lohesta.
–Haluaisin maistaa glögiä. –Haluaisin
vähän rosollia. **6** Antaisitko minulle
leipää? **7** puuro **8** lasimestarinsilli, kir-
jolohi, lipeäkala, kinkku, maksalaatikko,
karjalanpaisti **9** birthday **10** (a) Friday
(b) October (c) the Carelia Hall at the
Joensuu University **11** (a) Tavataan
huomenna. (b) something genuinely
Finnish (c) They drink a lot of coffee. **12**
(a) last spring (b) Tuesday evening (c)
next winter (d) on Christmas Eve (e) at
the weekend (f) at Midsummer (g) this
summer **13** Kuinka sanotaan suomek-
si...? **14** When he was a child. **15**
Minkäikäisenä sinä muutit Suomeen? **16**
Kiitos oikein mukavasta joulusta.

Unit 18

1 (a) kuudes joulukuuta (b) ensimmäinen
tammikuuta (c) kahdeskymmenesneljäs
joulukuuta (d) kahdeksastoista elokuuta
(e) kahdeskymmeneskuudes kesäkuuta
(f) neljäs maaliskuuta. **2** Saavun
Suomeen (a) maanantaina kuudes
heinäkuuta (b) tiistaina kahdestoista
huhtikuuta (c) sunnuntaina toinen
lokakuuta (d) lauantaina kahdeskymme-
nesyhdes/ensimmäinen marraskuuta. **3**
Olen syntynyt seitsemästoista kesäkuuta
(give your own day of birth). **4** lääni. **5** (a)
Turku (b) Euroopassa (c) sininen ja
valkoinen (d) suomalainen (e) Urho
Kekkonen (f) markka (g)
Aleksanterinkadulla ja
Mannerheimintiellä (h) Savonlinnassa (i)
Tampere (j) eduskunta. **6** (a) Kirjoitan
kirjettä. (b) Luen sanomalehteä. (c)
Soitan pianoa. (d) Katson televisiota. (e)
Opiskelen suomea. (f) Puhun englantia ja
espanjaa. (g) Opetan historiaa. (h) Pelaan
tennistä. (i) Odotan bussia. (j) Rakastan

luontoa. (k) Vihaan melua. (l) Ajan autoa.
(m) Pidän klassisesta musiikista. (n)
Pidän pop-musiikista. (o) Pidän
Pariisista. (p) Pidän Italiasta. (q) Pidän
kalasta. (r) Pidän Lapin Kullasta. (s)
Puhumme suomalaisesta ruoasta. (t)
Keskustelemme politiikasta. **7** (a) Syön
lihaa. (b) En syö kalaa. (c) Ostan
valkoviiniä. (d) Ostan pullon Coca Colaa.
(e) Saisinko oluen? (f) Haluaisitko
kahvia? (g) En syö koskaan sokeria. (h)
En juo maitoa. (i) Ostan sanomalehden
joka aamu. (j) Opiskelen suomea. (k)
Katson paljon televisiota. (l) Pelaan ten-
nistä. (m) Saisinko vettä? (n) Puhun
englantia, venäjää ja espanjaa. (o) Olen
lukenut tämän kirjan. **8** Osta kanaa,
perunoita, vähän salaattia ja tomaatteja
pääruoaksi. Osta banaaneja, omenia,
ananasta, appelsiinejä ja viinirypäleitä
hedelmäsalaattia varten. **9** –Ottaisin
mielelläni lasin kylmää olutta. –Kiitos.
Olut on oikein hyvää.

FINNISH–ENGLISH VOCABULARY

aamiainen *breakfast*
aamu *morning*
aamukone *morning flight*
aamusumu *morning fog*
ahaa *oh, I see*
Ahvenanmaa *Åland Islands*
aihe *topic; cause, reason*
aika *time*
aikaisin *early*
aikoa *to intend to*
aikuinen *grown-up, adult*
ainakin *at least*
aito *genuine, real, authentic*
aivan *exactly*
ajaa polkupyörällä *to ride a bicycle*
ajaa *to drive*
ajoittain *from time to time*
akateeminen *academic*
ala-aste *lower school*
alkuperäinen *original*
allekirjoittaa *to sign*
allerginen *allergic*
aloittaa *to start, to begin*
aloittelija *beginner*
aluksi *initially, at first*
ammatti *profession, trade*
ammattikoulu *vocational / trade school*
anteeksi *sorry; excuse me*
antibioottikuuri *course of antibiotics*
apu *help, assistance*
arkkitehti *architect*
arvioitu *estimated*
asevelvollisuus *the national service*
asiantuntija *expert*
aspiriini *aspirin*
aste *degree*
astianpesukone *dishwasher*
aueta *to open up*
auki *open*
auringonlasku *sunset*
aurinko *sun*
automaattinen *automatic*
autonominen *autonomous*
autotalli *garage*
auttaa *to help*

avain *key*
aviomies *husband*
aviovaimo *wife*
avoinna *open*
baari *bar*
baarimikko *bartender*
diplomaatti *diplomat*
disko *discotheque*
dokumenttielokuva *documentary film*
edelleen *further, still*
edessä *in front*
edullinen *cheap, advantageous*
ehkä *perhaps*
ei mitään *nothing*
eli *or; in other words*
elokuu *August*
elämäkerta *biography*
emäntä *hostess; farmer's wife*
enemmän *more*
energia *energy*
englanninkielinen *English language*
(adj.)
englantilainen *English;*
an Englishman, Englishwoman
englantilaissyntyinen *English born*
enimmäkseen *mainly, mostly*
ennakkomaksu *advance fee, deposit*
ennen *before*
ennuste *prediction, forecast*
ensi *next*
ensi-ilta *first night, premiere*
ensin *first of all, firstly*
entäpä *howabout*
entinen *previous, ex-*
enää *only*
erikoissäästöhinta *special economy fare*
erityisesti *particularly*
eräs *a, certain*
esikoinen *the first born child*
esikoulu *pre-school*
esitys *performance*
eteenpäin *forwards*
eteinen *hall*
etelän puoleinen *southerly*

että *that*
etukäteen *beforehand*
etunimi *first name, Christian name*

firma *firm, company*
flunssa *flu, influenza*

grillata *to grill, to barbecue*

hajota *to fall apart*
hakea *to apply; to fetch*
haluta *to want to*
hankkia *to obtain*
harjoitella *to practise*
harmaa *grey*
harrastaa *to have as a hobby*
hautausmaa *cemetery*
hedelmä *fruit*
hei *hello*
heikkenevä *weakening, decreasing*
heikko *weak, not strong*
helle *hot weather, heat*
helteinen *hot*
henkilö *person*
herätyskello *alarm clock*
herne *pea, mange-tout*
hernekeitto *pea soup*
herra *Mr; gentleman*
hetkinen *just a moment*
hieman *a little*
hiihto *cross-country skiing*
hiihtoilma *skiing weather*
hiihtolatu *cross-country ski track*
hiihtää *to ski*
hiihtäjä *skier*
hikoilla *to sweat*
hiljainen *quiet*
hintaluokka *price category*
hirveä *terrible, awful*
hissi *lift*
hitaasti *slowly*
hoikka *slim*
hoito *family day care*
hotelli *hotel*
huoltoasema *service station*
huone *room*
huono *bad*
huumorintaju *sense of humour*
hymykuoppa *dimple*
hyönteisenpurema *insect bite*
hyttynen *mosquito*
hyttysvoide *mosquito repellent*
hyvä *fine, good*
hyvin *well*

häälahja *wedding present*

ihana *wonderful*
ihmiset *the people*
ilmainen *free of charge*
ilmestyä *to be published*
intialainen *Indian; an Indian*
irti *loose*
iso *big*
istuttaa *to plant*
isä *father*
isäntä *host; farmer*
itikka *mosquito*
itsenäistyä *to become independent*

ja *and*
jaksaa *to have the strength, to feel up to*
jalkapallotulokset *football results*
jatkaa *continue*
jauheliha *mince meat*
jo *already*
joenranta *riverbank*
johto *lead*
joki *river*
jokunen *some*
joo *yes*
jopa *even*
joskus *sometimes*
jotakin *something*
joten kuten *just about, somehow*
joten *so, thus, consequently*
jouluaatto *Christmas Eve*
joulukuusi *Christmas tree*
joulunvietto *Christmas celebrations*
joulupukki *Father Christmas*
joulurauha *Christmas peace*
joutua *to end up*
julistaa *announce, declare*
juna *train*
juoda *to drink*
juominen *drink; drinking*
juuri *just*
jäinen *icy*
jälkiruoka *dessert; pudding*
jälleen = taas *again*
järjestää *to organise*
järvi *lake*
jäsen *member*
jäykkä *stiff*
jäähalli *ice-stadium*
jääkaappi *fridge*
jääkiekko *ice-hockey*
jääkiekkoilija *ice-hockey player*
jäätelö *ice-cream*

kaappi *cupboard*
kaataa *pour*
kaatua *to fall*
kaavake *form*
kai *I suppose*
kaikki *all; everybody; everything*
kaivo *well*
kakkonen *number two* (n.)
kala *fish*
kalamurekepihvi *fishcake*
kalanpyydys *fish trap*
kalenteri *diary, calendar*
kalja *beer*
kallis *expensive*
kanava *channel*
kaneli *cinnamon*
kansainvälinen *international*
kansanedustaja *member of Finnish parliament*
kantaa *to carry*
karjala *Karelian language / dialect*
karjalanpaisti *Karelian stew*
karjalanpiirakka *Karelian pasty*
karpalovotka *cranberry vodka*
kassa *cashier; booking office; box office*
kasvimaa *vegetable patch*
kasvot *face*
katolinen *catholic*
katsella *to watch, to look at, look around*
katsoa *to look at*
kattaa pöytä *to lay the table*
kauan *long*
kaukana *far*
kauppa *shop; trade*
kauppakorkeakoulu *school of economics*
kauppaopisto *commercial college*
kaupunginmuseo *city museum*
kautta *via*
kaveri *friend, mate, pal*
keittiö *kitchen*
keli *snow conditions, road conditions*
keltainen *yellow*
kenen? *whose?*
kenkä *shoe*
kerho *club, pre-school club*
kerrostalo *block of flats*
kertoa *to tell, to describe*
keskiviikko *Wednesday*
kestää *to last / to take* (of time)
kesäinen *Summer, summery* (adj.)
kesäkuu *June*
kesäteatteri *open-air theatre* (Lit. *summer theatre*)
kevät *spring*

kiehua *to boil*
kieli *language*
kielikoulu *language school*
kihara *curl; curly*
kiinni *closed*
kiinnostunut *interested*
kiire *rush; hurry*
kiisseli *fruit pudding*
kiitos *thank you*
kilo *kilogramme*
kilpailla *to compete*
kilpailu *competition*
kinkku *ham*
kipeä *sore, painful*
kippis *cheers*
kipsi *plaster*
kirjakauppa *bookshop, bookstore*
kirjallisuus *literature*
kirjasto *library*
kirjolohi *trout*
kiva *nice*
kohtalainen *moderate*
kokeilla *to try*
kokenut *experienced*
koko *size*
koko *the whole*
kokous *meeting*
kollega *colleague*
komea *handsome*
komedia *comedy*
kone *machine*
konepelti *bonnet*
konsertti *concert*
konsulaatti *consulate*
koripallo *basketball*
koristella *decorate*
korjauttaa *to have repaired / mended*
korkea *high*
korkeintaan *at most*
kortti *card*
kotiin *home*
kotimainen *domestic, Finnish*
kotoa *from home*
kotoisin *by origin*
kotona *at home*
koululainen *school child*
kova *hard*
kuinka *how*
kuinka paljon? *how much?*
kuisti *veranda*
kuitti *receipt*
kuivauskaappi *airing / drying cupboard*
kukka *flower*
kulma *corner*

kultainen *golden*
kulttuurisuhteet *cultural relations*
kuningas *king*
kunnes *until*
kunnolla *properly*
kuopus *the youngest child*
kuoria *to peel*
kupoli *cupola*
kurkku *cucumber*
kurkku *throat*
kurkkutulehdus *throat infection*
kurssi *course; exchange rate*
kutittaa *to itch*
kutsu *invitation*
kutsua *to invite*
kuuma *hot*
kuume *temperature, fever*
kuumentaa *heat*
kuvitella *to imagine*
kylpyhuone *bathroom*
kylä *village*
kynttilä *candle*
kysyä *to ask*
kysymys *question*
käsittää *to understand, to comprehend*
kävellä *to walk*
käydä kalassa *go fishing*
käydä saunassa *to have a sauna*
käydä *to go; to visit*
käyttää *to use*
käännös *translation*
kääntyä *to turn*
kääretorttu *swiss roll*

lahjatavaraosasto *gift department*
laillinen *legal*
laittaa ruokaa *to cook*
laittaa *to prepare; to set*
laki *law*
lanttulaatikko *baked swede dish*
lapsiperhe *family with children*
lasi *glass*
lasimaljakkoo *glass vase*
lasketella *to do down-hill skiing*
laskettelu *downhill skiing*
lastentarha *kindergarten*
lauantai *Saturday*
laulujuhlat *the song festival*
lautanen *plate*
lauteet *seats in the sauna*
lehtisalaatti *salad, green salad, lettuce*
leikata *to cut*
leipä *bread; a loaf* (of bread)
leipomo *bakery*

leirintäalue *camp-site*
lenkkeillä *to go jogging*
lentokenttä *airport*
lentokone *aeroplane*
lentolippu *flight ticket*
lentopallo *volleyball*
lentää *to fly*
lettu *pancake*
levätä *to rest*
liha *meat*
liha-makaronilaatikko *baked meat and pasta*
lihakeitto *meat soup*
lihapulla *meatball*
lihava *fat, overweight*
liikennevahinko *traffic accident*
liikennevalot *traffic lights*
liikenneympyrä *roundabout*
liikunnanopettaja *physical education teacher*
liikunnanohjaaja *physical education instructor*
liite *appendix*
linja *course; route*
lipputoimisto *ticket office*
lisätä *add*
litra *litre*
lohi *salmon*
loiva *gentle* (of a hill)
loma *holiday, vacation*
lopettaa *to finish, to end*
loppua *to end*
loppuunmyyty *sold out*
lounaistuuli *southwesterly wind*
lukeminen *reading*
lukio *sixth form, high school*
lumikuuro *snow shower*
lumisade *snowfall*
luonnonpuistó *nature park*
luonto *nature*
luostari *monastery*
lusikka *spoon*
luterilainen *lutheran*
lyödä löylyä *to throw water on the stove*
lyhyt *short*
läheinen *close*
lähellä *near; nearby; close; by*
lähettää *to send*
lähin *the nearest*
lähinnä *mainly*
lähteä *to depart, to leave, to go*
lämmittää *to heat, to warm up*
lämpömittari *thermometer*
lämpötila *temperature*

läpi *through*
lääkemääräys *prescription*
lääni *province*
lääkäri *doctor*

maailma *world*
maakunta *province*
maanantai *Monday*
mahdollinen *possible*
mahdoton *impossible*
mahtava *great, fantastic*
maisema *landscape, terraine*
maistaa *to taste*
maistua *to taste; to be nice; to have*
maito *milk*
maksaa *to cost; to pay*
maksalaatikko *baked liver pate*
maksu *fee, payment*
makuuhuone *bedroom*
makuuvaunu *sleeper*
makuuvaunupaikka *berth in a cabin*
mansikka *strawberry*
manteli *almond*
marjapensas *soft fruit bush / shrub*
markka *mark*
matala *shallow*
matkashekki *traveller's cheque*
matkustaa *to travel*
mauste *spice*
meille *to our place*
meksikolainen *Mexican; a Mexican*
melkein *almost*
melko *quite, fairly*
mennä *to go*
meno-paluu *return ticket*
menolippu *single ticket*
meri *sea*
merkki *sign; mark; brand*
merkonomi *graduate of commercial college*
metsäpalovaroitus *warning of possible forest fires*
mielenkiintoinen *interesting*
mies *man, husband*
mihin? *to which? into which*
mihin aikaan? *at what time?*
mikä? *what?*
mikrouuni *microwave oven*
miksei = miksi ei *why not*
miksi *why*
millainen *what kind*
milloin? *when?*
minkäikäinen *what age?*
minuutti *minute*

missä? *where? in which*
missäpäin *whereabouts*
mistä? *where from? from which?*
miten *how*
moderni *modern*
molemmat *both*
morsian *bride*
muistaa *to remember*
mukava *nice; comfortable; pleasant*
munkki *doughnut*
murre *dialect*
murtua *to break*
museo *museum*
mustaherukka *blackcurrant*
mustikka *bilberry*
mustikkapiirakka *bilberry pie*
mutta *but*
muu *else; other*
muualla *elsewhere*
muuten *by the way*
muuttaa *to move*
myöhemmin *later*
myös *also*
myymäläauto *mobile shop*

naapuri *neighbour*
naimisissa *married*
nakki *Frankfurter sausage*
nauttia *to enjoy*
ne *they*
neulominen *knitting*
neuvo *a piece of advice*
neuvoa *to advise, to tell*
niin sanottu *so called*
niin *so*
nilkka *ankle*
nimittäin *as it happens*
no *well*
noin *about; approximately*
nopea *fast, quick*
normaali *normal*
nousta *to rise; to get up, to ascend*
nuha *cold (in the nose)*
nukkua *to sleep*
nykypäivän=moderni *today's, modern*
nyt *now*
nähtävästi *obviously*
näin *thus, like this*
näköala *view*
näkyy *is visible, can be seen*
näppäillä *to select, to dial*
näyttää *to show; to seem, to look like*
näytäntö *show*
näytös *show*

odotella *to wait a while*
odotettavissa *expected*
ohi *past*
ohje *instructions*
ohjelma *programme, schedule*
oho *oh*
oikea *right; correct*
oikein *very; right, correct*
olla yötä *to stay the night*
olut *beer*
olympialaiset *olympic games*
oma *own*
omenapuu *apple tree*
onnettomuus *accident*
oopperatalo *opera house*
opas *guide* (book or person)
opaskirja *guide book*
opettaja *teacher*
opiskella *to study*
opiskeluaika *student days, time of studies*
ortodoksinen *orthodox*
osallistua *take part, attend*
ostaa *to buy*
ostoskeskus *shopping centre*
ottaa *to take; to have* (of drink, food)
ovi *door*

paikallinen *local*
paikanpäältä *on location, on the spot*
paikoin *here and there*
painaa *to weigh, to press*
paistaa *to bake, to fry, to cook*
paistaa *to shine*
pakastin *freezer*
pakkanen *frost*
pala *piece, slice*
palaa *to burn*
palapihvi *beef casserole*
pankinjohtaja *bank manager*
pankki *bank*
pankkiala *banking, field of banking*
pankkiautomaatti *cash dispensing machine*
pankkimaksu *bank charge*
panna *to put, to place*
pappi *priest*
paras *best*
paremmin *better*
parhaillaan *at present*
pari *pair, a couple*
parikymmentä *about twenty*
patikkaretki *walking trip, trekking*
patsas *statue*

pelata *to play*
pelätä *to be afraid, to fear*
penkkiurheilija *sport enthusiast, spectator*
perhe *family*
perille *to the destination*
perillä *at the destination*
perjantai *Friday*
persilja *parsley*
peruna *potato*
perunasose *mashed potato*
peruskoulu *comprehensive school*
peruutus *cancellation*
pesuhuone *wash room*
pesukone *washing machine*
pesäpallo *Finnish baseball*
pian *soon*
piimä *soured milk; buttermilk*
piispa *bishop*
pikkuleipä *cookie*
pilvetön *cloudless*
pilvinen *cloudy*
pilvistyvä *getting increasingly cloudy*
pilvisyys *cloudiness, cloud cover*
pitkä *tall; long*
pistäytyä *to drop in*
pitää loitolla *to keep away*
pitää *to like, to be fond of; to have to*
pitää vastaanotto *hold a reception*
poimia *to pick*
polttopuut *firewood*
porkkana *carrot*
porkkanalaatikko *baked carrot dish*
porsaankyljys *pork chop*
portti *gate*
posliini *china, porcelain*
posliininmaalaus *porcelain painting*
posti *post office; in a post office*
postikortti *postcard*
postilaatikko *postbox*
postimerkki *stamp*
pouta *dry weather*
puhelimitse *by phone*
puhelin *telephone*
puhelinvastaaja *answering machine*
pukuhuone *dressing room*
pulla *bun*
pullo *bottle*
punaviini *red wine*
punta (£) *pound*
puoli *half*
puolue *political party*
puutarha *garden*
puuvessa *outdoor toilet*

pyöreä *round*
pysäköintialue *parking area*
päin *towards*
pääkaupunkiseutu *Greater Helsinki area*
päänsärky *headache*
pääposti *main post office*
päästä *to get in, to get somewhere*
päästä ylioppilaaksi *to graduate from school*
päättää *to decide*
päätyä *to end up*

radioida *to broadcast*
radiotoimittaja *radio journalist*
raja *limit, border*
rajavartiosto *border guard*
rakennus *building*
rakentaa *to build*
ranne *wrist*
rannikko *coast*
ranskalainen *French; a Frenchman, Frenchwoman*
ratsastaa *to ride*
rautatieasema *railway station*
ravintola *restaurant*
reformaatio *reformation*
rikki *broken*
rinne *slope, hill*
risteys *crossroads*
ristiretki *crusade*
romaani *novel*
roska *rubbish*
rosolli *special Christmas salad*
ruisleipä *rye bread*
runo *poem*
runsas *abundant, plentiful*
ruoka *food*
ruotsalainen *Swedish; a Swede*
rusina *raisin*
ruska-aika *fall* (Lit. russet time)
ruskea *brown*
räntäsade sleet
rättiväsynyt dead-tired

saada tarpeeksi *to get enough, to have enough*
saapua *to arrive*
saaristo *island, archipelago*
sairaala *hospital*
sairasloma *sick leave*
saksalainen *German; a German*
salaatti *salad*
samanlainen kuin *similar to*

samanlainen *similar, same kind of*
sana *word*
sanakirja *dictionary*
sanoa *to say, to tell*
sarjafilmi *soap opera*
sataa lunta *to snow; it snowed*
sauna *sauna bath*
sauvat *ski sticks*
selkeä *clear*
sellainen *one like that, one of that sort*
selvä *clear*
senaatti *senate*
seteli *note; paper money*
seuraava *next; following*
seurata *to follow*
sekki *cheque*
siellä *there*
sievä *pretty*
siis *so, therefore, thus*
silakka *Baltic herring*
silli *sild, raw salted herring, herring*
silmä *eye*
sininen *blue*
sinne *there to; to there*
sisällissota *civil war*
sisämaassa *inland*
sisään *in*
sisäänpääsykokeet *entrance examinations*
sisko *sister*
sitâ ennen *before then*
sitä paitsi *besides*
sittenkin *after all*
skotlantilainen *Scottish*
soittaa *to call; to phone; to play*
soittopyyntö *request for a call*
sokeri *sugar*
sopimus *agreement, treaty*
sopiva *suitable, right*
sopivankokoinen *right size*
sosiaalidemokraatti *social democrat*
soutaa *to row*
soutuvene *rowing boat*
suhteet *relations*
suihke *spray*
suihku *shower*
sukset *skis*
sukulainen *relative*
sukunimi *surname*
sulhanen *bridegroom*
suljettu *closed*
sulkapallo *badminton*
sunnuntai *Sunday*
suojelupyhimys *patron saint*

suomalainen *Finnish; a Finn*
Suomi *Finland*
suositella *to recommend*
suunta *direction*
suuriruhtinas *Grand Duke*
suuriruhtinaskunta *Grand Duchy*
suurlähetystö *embassy*
syksy *turning*
syödä *to eat*
syöttää *to feed*
sytyttää *to light*
syvä *deep*
syyskuu *September*
sää *weather*
sähkö *electricity; electric*
sähköhella *electric cooker*
sämpylä *bread roll*
sänky *bed*
säästöhinta *economy fare*
säätiedotus *weather forecast*

taas *again*
tabletti *tablet, pill*
tahtoa *to want*
taidenäyttely *art exhibition*
takaisin *back*
takana *behind*
takapiha *backyard, back garden*
takka *open fire*
takkahuone *lounge with an open fire*
taksi *taxi*
taksiasema *taxi rank*
talo *house; building; hall*
talvi *winter*
tankata *to fill up*
tanssia *to dance*
tanssit *a dance*
tarjota *to serve; to offer*
tarjous *offer, special offer*
tarkistaa *to check*
tarpeeksi *enough*
tarpeellinen *necessary*
tarvita *to need*
tasan *exactly; on the dot of*
tasaraha *right money, exact money*
tavallinen *ordinary*
tavallisesti *usually*
tavaratalo *department store*
tavata *to meet*
tavattavissa *available*
teatteri *theatre*
tehokkaasti *efficiently*
tekninen opisto *technical college*
teksti *text; subtitles*

televisioida *to televise*
televisiosarja *television series*
telkkari *telly* (television)
tennis *tennis*
terassi *terrace*
terveellinen *healthy*
tervetuloa *welcome*
tiedustella *to inquire, to enquire*
tienviitta *road sign*
tietokone *computer*
tietysti = totta kai *of course, naturally*
tietää *to know*
tiistai *Tuesday*
tila *space, room*
tilava *spacious*
tilli *dill*
tiskipöytä *sink*
tohtori *doctor* (as a title, Dr)
toimia *to function, to work*
toimisto *office*
toimittaja *journalist*
toinen *second*
toivottavasti *hopefully, it is to be hoped*
tontti *freehold, plot of land*
tori *market square, square*
torni *tower*
torstai *Thursday*
tosi *truthful, real*
totta kai *naturally, of course*
tsaari *Czar*
tuijottaa *to stare, to gaze at*
tukka *hair*
tulevaisuudensuunnitelma *future plan*
tulevaisuus *future*
tuli *fire*
tulla *to come*
tumma *dark*
tunturi *fell*
tuo *that*
tuoda *to bring; to import*
tuolla *over there*
tuoppi *beer mug; draught beer*
tuore *fresh*
tuoremehu *fresh fruit juice*
tupaantuliaiset *house-warming party*
tuuli *wind*
tuulla *to be windy*
tuutti *cone*
tylsä *dull, boring*
tytär *daughter*
tyyni *calm*
työmatka *business trip*
työntää *to push*
tämä *this*

— **342** —

tänne *to here*
tänään *today*
täysin *fully; comprehensively*
täyttää *to fill, to fulfill*
täyttää vuosia *to celebrate a birthday*
täytyy *must*
tällä *here is*
tässä *here is*
täällä *here; over here*

uimahalli *swimming pool*
ukkoskuuro *thundery shower*
ulkoilla *to spend time outdoors*
ulkomaalainen *foreigner*
ulkomaankauppa *foreign trade*
ulkomailla *abroad*
unkarilainen *Hungarian*
unohtaa *to forget*
urheilu *sport*
urheiluopisto *sports college*
urheiluruutu *sports programme*
uudelleen *again*
uusi *new*
uusittu *renovated, redecorated*
uutiset *the news*

vaalea *fair, blonde*
vaapukka *raspberry*
vaatia *to demand*
vahingossa *by accident*
vai? *or?*
vaihtaa *to change*
vaihto-oppilas *exchange student*
vaikka = esimerkiksi *for example,
for instance*
vaille *to* (talking about time)
vaimo *wife*
vain *only*
vakavannäköinen *serious looking*
vakuutettu *insured*
vakuutus *insurance*
valitettavasti *unfortunately*
valkoinen *white*
valkosipuli *garlic*
valmis *ready*
valmistua *to graduate, to finish a course*
valtiotiede *political science*
vamma *injury*
vanha *old*
vanilja *vanilla*
vapaa *free*
vapaa-aika *leisure time*
varasto *store*
varata *to reserve, to book*
varattu aika *appointment*

varaus *reservation*
varmaan *certainly; for sure*
vasemmalla *on the left*
vasta *only* (of time)
vasta-alkaja *beginner*
vastaanottoapulainen *receptionist*
vastaanottohuone *surgery*
vastapäätä *opposite*
vastuu *responsibility, liability*
veitsi *knife*
veli *brother*
venäläinen *Russian; a Russian*
vene *boat*
verrattain *comparatively*
vertailla *to compare*
vesikuuro *rain shower*
vessa *toilet*
video *video*
videovuokraamo *video rental place*
vielä kerran *once more*
vielä *still; further; also*
vientiopisto *export college*
vieras *visitors, guest; stranger*
vieraskielinen *foreign language* (adj.)
vieressä *next to; by*
viesti *message*
viettää *to spend time*
vihkiäiset *wedding ceremony*
viihtyä *to have a good time*
viikonpäivä *day of the week*
viileä *cool*
viimeinen *the last*
viisumi *visa*
vika *fault*
vilustua *to catch a cold, to catch a chill*
Viro *Estonia*
voida *can, can be able to*
voide *cream, ointment, repellent*
vuokraaja *tenant , leaseholder, lessee*
vuokrata *to rent*
vuokrattavana *for rental*
vuoro *turn*
vuorokausi *24-hour period*
vuosi *year*
vähän *a little*
vähitellen *gradually*
väistää *to avoid*
väitöskirja *dissertation, doctoral thesis*
väliaika *interval*
välineet *equipment*
välirauha *truce*
välittää *to care for*
väsynyt *tired*
väsyttää *to feel tired*

väärä *wrong*

yhteensä *altogether*
yhteys *contact; link*
yhtäkkiä *all of a sudden*
ykkönen *number one* (n.)
yleensä *generally*
yli *past; over, across*
ylin *the highest*
yliopisto *university*
ylös *up*
yläpuolella *above*
yläste *upper school*
ympäristö *surroundings, environment*
yrittää *to try*
ystävä *friend*
ystävällinen *friendly*
yökerho *night club*

äiti *mother*
äänimerkki *signal*

APPENDICES

Appendix 1

The verb to be: Olla

olen *I am*
olet *you are*
on *he is*
olemme *we are*
olette *you are*
ovat *they are*

en ole *I am not*
et ole *you are not*
ei ole *he is not*
emme ole *we are not*
ette ole *you are not*
eivät ole *they are not*

olin *I was*
olit *you were*
oli *he was*
olimme *we were*
olitte *you were*
olivat *they were*

en ollut *I was not*
et ollut *you were not*
ei ollut *he was not*
emme olleet *we were not*
ette olleet *you were not*
eivät olleet *they were not*

olen ollut *I have been*
olet ollut *you have been*
on ollut *he has been*
olemme olleet *we have been*
olette olleet *you have been*
ovat olleet *they have been*

en ole ollut *I have not been*
et ole ollut *you have not been*
ei ole ollut *he has not been*
emme ole olleet *we have not been*
ette ole olleet *you have not been*
eivät ole olleet *they have not been*

olin ollut *I had been*
olit ollut *you had been*
oli ollut *he had been*
olimme olleet *we had been*
olitte olleet *you had been*
olivat olleet *they had been*

en ollut ollut *I had not been*
et ollut ollut *you had not been*
ei ollut ollut *he had not been*
emme olleet olleet *we had not been*
ette olleet olleet *you had not been*
eivät olleet olleet *they had not been*

olisin *I would be*
olisit *you would be*
olisi *he would be*
olisimme *we would be*
olisitte *you would be*
olisivat *they would be*

en olisi *I would not be*
et olisi *you would not be*
ei olisi *he would not be*
emme olisi *we would not be*
ette olisi *you would not be*
eivät olisi *they would not be*

olisin ollut *I would have been*

en olisi ollut *I would not have been*

olisit ollut *you would have been*

olisi ollut *he would have been*

olisimme olleet *we would have been*

olisitte olleet *you would have been*

olisivat olleet *they would have been*

et olisi ollut *you would not have been*

ei olisi ollut *he would not have been*

emme olisi olleet *we would not have been*

ette olisi olleet *you would not have been*

eivät olisi olleet *they would not have been*

ole *be*

olkaa *be*

ollaan *let's be*

älä ole *don't be*

älkää olko *don' be*

Note: the colloquial first person plural forms are as follows.

me ollaan *we are*

me oltiin *we were*

me ollaan oltu *we have been*

me oltiin oltu *we had been*

me oltaisiin *we would be*

me oltaisiin oltu *we would have been*

me ei olla *we are not*

me ei oltu *we were not*

me ei olla oltu *we have not been*

me ei oltu oltu *we had not been*

me ei oltaisi *we would not be*

me ei oltaisi oltu *we would not have been*

Appendix 2

Kysymyksiä Questions

mikä? *what? which?*

mitkä? *which ones?*

kuka?

ketkä? (plural)

missä? *where? in which?*

mistä? *from where? from which?*

mihin? *where to? to which?*

millä? *on which?*

miltä? *from which? off which?*

mille? *to which? on to which?*

mitä? *what?*

kuinka? = miten? *how?*

millainen? *what kind?*

millaista? *what (something) is like?*

minkälainen? *what kind?*

minkämaalainen? *what nationality?*

minkäikäinen? *what age?*

minkäkokoinen? *what size?*

minkävärinen? *what colour?*

minkänäköinen? *what (something or someone) looks like?*

minkähintainen? *what price?*

milloin? *when?*

mihin aikaan? *at what time?*

kuinka monta? *how many?*

montako? *how many?*

kuinka paljon? *how much?*

paljonko? *how much?*

minä päivänä? *which day?*

millä viikolla? *which week?*

missä kuussa? *which month?*

minä vuonna? *which year?*

kumpi? *which one (of two)?*

Appendix 3

Pronomineja Some pronouns

minä (mä) *I*
sinä (sä) *you*
hän *he / she*
me *we*
te *you*
he *they*

se *it*
ne *they* (things)

tämä *this*
tuo *that*
nämä *these*
nuo *those*
tällainen *like this*
tuollainen *like that*
sellainen *like that / it*

molemmat *both*
joku *someone*
ei mikään *nothing*
jokin *something*
ei kukaan *nobody*
eräs *a certain*

jokainen *everyone*
kaikki *all, everything*
moni *many*
muutama *a few*
muu *other, else*
toinen *another*

joka *who, which* (relative pronoun) mikä *which* (relative pronoun)

Prepositioita ja postpositioita Prepositions and postpositions

prepositions with partitive

ennen *before*
ilman *with*
keskellä *in the middle of*

kohti *towards*
lähellä *near, close by*

Postpositions with genitive

aikana *during*
edessä *in front of*
johdosta *due to, because of*
jälkeen *after*
kanssa *with*
kautta *via*
keskellä *in the middle of*
luona *by, near*
luo *to somebody's place*
lähellä *near*

läpi *through*
mielestä *in the opinion of*
mukana *with*
ohi *past*
puolella *on the side of*
päässä *at a distance of*
sisällä *inside of*
takana *behind, at the back of*
vieressä *next to*
yli *over, across*

INDEX

ablative case, Unit 2
adessive case, Unit 2
adjectives ending in -s, Unit 10
allative case, Unit 5
auxiliary verbs osata and voida, Unit 9
auxiliary verbs **täytyy** and **pitää**, Unit 9

change of vowel -i, Unit 2
comparative of adjectives, Unit 13
comparison of adverbs, Unit 13
conditional, Unit 16
conjugation of nouns ending -nen, Unit 7
consonant gradation, Unit 2

elative case, Unit 2
essive case, Units 12, 17

forming questions, Units 1, 2

genitive case, Units 4, 7

illative case, Units 5, 15
imperative, Units 4, 9
imperfect tense, Unit 6
inessive case, Unit 2

nominative, Units 1, 2, 3
nouns ending in -s, Unit 10
numerals, Unit 3

object in Finnish, Units 7, 8, 15
ordinal numbers, Units 6, 18

partitive case, Units 4, 7, 8
passive, Units 9, 16, 17
perfect tense, Units 11, 13
pluperfect tense, Units 11, 13
possessive suffix, Unit 6
postpositions, Unit 4
presents tense of verbs, Unit 5
pronouns, Unit 4, 16
pronunciation page 7

stress page 5
superlative of adjectives, Unit 13
syllable division

third infinitive, Units 9, 13
to have, Unit 5
translative case, Units 13, 17

verbal noun, Unit 12
verbs describing physical feelings and emotions, Unit 10
vowel harmony, Unit 2